山东艺术学院科研成果出版基金资助

中国博士后科学基金第 53 批面上项目"民族文献遗产隐性信息保护研究"（编号：2013M531626）结项成果

教育部人文社会科学研究项目"非物质文化遗产隐性信息保护研究"（编号：19YJC760098）阶段性成果

民族文献遗产隐性信息保护研究

仝艳锋◎著

中国社会科学出版社

图书在版编目(CIP)数据

民族文献遗产隐性信息保护研究／仝艳锋著.—北京：中国社会科学出版社，
2020.10

ISBN 978-7-5203-7076-9

Ⅰ.①民… Ⅱ.①仝… Ⅲ.①少数民族—文献保护—研究—中国 Ⅳ.①G253.6

中国版本图书馆 CIP 数据核字(2020)第 164064 号

出　版　人	赵剑英	
责任编辑	周怡冰　任　明	
特约编辑	芮　信	
责任校对	杨　林	
责任印制	郝美娜	

出　　版	中国社会科学出版社	
社　　址	北京鼓楼西大街甲 158 号	
邮　　编	100720	
网　　址	http：//www.csspw.cn	
发 行 部	010-84083685	
门 市 部	010-84029450	
经　　销	新华书店及其他书店	

印刷装订	北京君升印刷有限公司
版　　次	2020 年 10 月第 1 版
印　　次	2020 年 10 月第 1 次印刷

开　　本	710×1000　1/16
印　　张	13.25
插　　页	2
字　　数	217 千字
定　　价	88.00 元

凡购买中国社会科学出版社图书，如有质量问题请与本社营销中心联系调换
电话：010-84083683

序

　　2005 年 9 月，笔者进入云南大学公共管理学院档案学专业攻读硕士学位。由于云南省在民族文化遗产方面的资源优势，笔者在硕士研究阶段开始接触民族文献遗产，但此时仅限于对于民族文献的初步了解，并未有深入探索。云南省共有 56 种民族成分，其中 5000 人以上的世居少数民族25 个，云南特有民族 15 个，少数民族人口达 1500 多万人，占全省总人口的三分之一。云南历史悠久，各少数民族在长期的生存发展历程中创造了光辉灿烂的民族文化，留下了极其丰富的少数民族文化遗产，由于不同的历史条件、地理环境、语言文字和宗教信仰等，形成了不同风格类型的历史文献，使云南成为我国少数民族文献遗产特别丰富的地区。伴随着历史过程而产生并保存的少数民族文献，记录了云南各少数民族的社会历史、政治经济、宗教民俗、文学艺术、科学技术等各方面的历史内容，是中华文化遗产的重要组成部分。在攻读硕士学位期间，笔者开始参与2007 年云南省教育厅科学研究基金项目"云南少数民族记忆遗产保护模式研究——以纳西族为例"，开始对民族文献遗产有所涉及。

　　2008 年笔者继续在云南大学公共管理学院档案学专业攻读博士学位，选定了云南少数民族档案文献遗产作为研究对象，把民族文献遗产的保护作为主要研究方向。此后在攻读博士学位的学习、研究和工作的过程中，深入大理、丽江、西双版纳、迪庆、楚雄等地对民族文献遗产的保存状况进行了实地调研，对民族文献有了较为清晰的整体认识，积累了比较丰富的民族文献遗产的资料。我结合自身文化遗产保护专业技能，通过总结、归纳、演绎等深层次的研究方法，对民族文献提出了一些自己的看法，形成了多篇研究论文并发表，包括发表在 2008 年第 6 期《云南档案》上的论文《丽江东巴文献遗产保管困境与对策研究》，发表在 2008 年第 6 期

《档案学研究》上的论文《云南傣族文献遗产研究价值与开发利用探析》，发表在 2009 年第 3 期《档案学通讯》上的论文《试论云南少数民族文献遗产保护模式构建》，发表在 2010 年第 2 期《原生态民族文化学刊》上的论文《论民族文献遗产内涵信息的生存环境——以纳西族东巴文献遗产为例》。其中已经涉及了民族文献遗产内涵的隐性信息，只是此时笔者尚未接触到隐性信息、隐性知识方面的概念，尚没有将隐性信息引入文化遗产方面研究的机会。在攻读博士学位期间，笔者主持完成了 2009 年云南省教育厅科学研究基金项目"云南少数民族文献遗产内涵信息传承保护研究"，参与完成了 2009 年教育部人文社会科学研究规划项目"文化遗产抢救视野下的西部濒危少数民族历史档案保护研究"和 2010 年云南省教育厅科学研究基金项目"云南少数民族档案文献遗产保护理论与实践研究"，积累了有关民族文献遗产保护方面的研究经验。

2011 年，我的博士学位论文《云南少数民族档案文献遗产保护研究》顺利通过答辩。这一研究成果从整体上对云南地区的档案文献遗产保护有了较为深入的综合探索。在前期调研的基础上，分析云南民族档案文献遗产的保存现状，论述其形成工艺、耐久性和各种微观形态、外观特征，总结影响档案文献遗产的各种外界自然因素和社会环境因素，构建保护体系，提出各种技术性的保障措施，并且对具体组织实施的方案给予探索。在此研究过程中，积累了深厚的研究积淀，收获了更加丰富的民族文献遗产方面的研究经验。

2012 年 4 月，笔者进入山东大学中国史博士后流动站从事文化遗产保护方面的研究工作。此时，接触到了隐性信息、隐性知识方面的理论，遂将这些概念引入文化遗产保护的研究，尤其是民族文献遗产保护的研究中。2013—2014 年，笔者承担了中国博士后科学基金第 53 批面上项目"民族文献遗产隐性信息保护研究"。该项目在界定民族文献遗产隐性信息的概念范围、分析其表现特征的基础上，以民族文献遗产隐性信息的保存现状和制约其长久保存的内外因素为根据，探索隐性信息传承保护措施，建立保护理论模型。通过项目的研究，为探索全面保存民族文献遗产信息资源的传承保护模式，保持民族文化的原始特性，促进民族文献遗产传承保护综合效益的提升提供了一定的借鉴。

项目实施过程及完成后，笔者一直把民族文献遗产隐性信息保护方面的研究作为主要的研究方向，于 2013 年第 2 期《内蒙古社会科学》（汉文版）发表了论文《民族文献遗产隐性信息资源组织模式研究》，于2014年第1期《内蒙古社会科学》（汉文版）发表了论文《民族文献遗产隐性信息特征探讨》，于2015年第1期《内蒙古社会科学》（汉文版）发表了论文《民族文献遗产隐性信息保存困境研究》，于2015年第5期《档案学通讯》发表了论文《云南少数民族档案文献遗产保护研究》，于2018年第3期《档案学研究》发表了论文《民族文献遗产隐性信息传承问题探讨》，积累了比较深厚的研究基础，收获了比较丰富的研究经验。对于民族文献遗产隐性信息的表现特征、保存困境、组织模式、传承问题，有了比较清晰的认识，并且尝试探索了民族文献遗产隐性信息保护的各种措施。

2015年7月，笔者的论文《民族文献遗产隐性信息特征探讨》获得"山东艺术学院优秀科研成果奖二等奖"。2016年8月，论文《民族文献遗产隐性信息保存困境研究》获得山东省档案学会颁发的"2015—2016年度山东省档案学优秀成果奖一等奖"。2016年12月，论文《民族文献遗产隐性信息保存困境研究》获得山东省教育厅颁发的"2016年度山东省高等学校人文社会科学优秀成果奖三等奖"。2017年9月，论文《民族文献遗产隐性信息特征探讨》获得"山东省非物质文化遗产保护优秀科研成果奖一等奖"。此时，民族文献遗产的保护工作以及隐性信息的研究成果逐渐获得各方面的认可。

各个少数民族在长期的生产生活中创造了极具特色的灿烂文化，如享有极高盛誉的"大理白族文化""彝族毕摩文化""纳西族东巴文化""傣族贝叶文化"等。这些文化资源大多蕴藏于浩繁的宗教典籍、政府文书、历史文献中，内容丰富，种类繁多。记录内容包罗万象，其中以反映土司制度、宗教祭祀、民族起义、反帝斗争、边务界务、民族关系、边疆建设、外事活动等方面的文献最具特色。

民族文化方面的学者、民族文献的传承人作为熟练掌握隐性信息的人员，是隐性信息能够长久传承的主要人员保证，但是在隐性信息的保护研究方面仍然存在诸多空白，仅仅依靠这些人员难以对隐性信息实施有效的保护措施。尤其是当前现代化、全球化、信息化迅速发展的社会中，传统的传承手段遭遇到了诸多难题，有必要从全社会的角度引起对民族文化遗产保护工作的重视。有鉴于以往的研究基础，结合近15年来的深入思考，才有了本研究更加完善的研究成果。

　　民族文献中的隐性信息由于难以使用语言、文字等显性记录符号表达，对于它们的研究还处于相对空白的时期，虽然有了笔者多年的研究经验，但是作为古老遗产中存在时间久远的隐性信息，普通民族群众尚难以获得其中的详细内容。笔者以"他者"的外部研究视角，介入民族文献遗产的保护研究，必然存在诸多肤浅、疏漏之处，希望本研究成果能够唤起有关研究人员的研究热情，共同为保护民族文献遗产出谋划策，以期能够获得更加全面、高效的工作成果。

仝艳锋

2020 年 5 月

目　　录

绪　　论

第一节　研究背景

少数民族文献遗产作为一种历史记录，是借助于一定的记录符号将少数民族成员各种活动的真实场景和过程记录于一定的载体之上，因而外在的记录符号载体符合民族文化表现的基本条件，而蕴含于文献遗产中的原始知识体系所包含的思想文化信息和各式各样的隐性信息资源，必须通过使用者熟练解释并口传面授，才得以世代相继而积累传承下来。民族文献遗产使用的记载符号有文字、图画、图案、刻画符号等形式，通过文献载体直接记录能够被普通民众容易解读的少数民族传统文化信息为显性信息资源，而隐性信息资源是指如少数民族成员中的个人经验、特殊人才的技能或蕴含在少数人或普通民众的记忆中并不为文献内容所直接记载的信息资源。

民族文献遗产大多产生于传统的社会环境中，由特定人员制作、使用、维护、保管，并且在特定的场合使用和诵读。民族文献遗产由于制作传统有着自身的特点如图画、音节、文字、排列方式等，历史的局限如世袭传承制度、垄断文字的保守、书写物质材料的不足、书籍流通的限制、学习传承人员的身份限定、印刷技术普及传播范围小等，普通民众在接受信息时只能通过仪式活动听诵、听解、感受作品，而不能通过视觉的直接阅读就可获得文献信息的全部文化内涵。民族文献遗产隐性信息资源的接受并不是由个体阅读活动构成的，而大多数是由集体听诵活动构成的，并且在林林总总的宗教仪式和民间生活仪礼中完成的，此时仪式过程中的文献作为其中一部分内容承担了仪式环节中的重要功能，是引领仪式顺利进行的重要物质保证。相对于作为象形文字的汉字由八万多个汉字共同完成的表意系统，少数民族文字却用较少的文字完成了对等意义上的历史信息的储存。这说明在表意功能上，少数民族文字具有更加宽泛的表意性，所呈现的是一种整体性信息，表达出了更为广泛的内容，而在表意的具体指向上，汉字则要明确得多。

纳西族的东巴图画文字可谓是目前世界上唯一存活着的远古文字，只有纳西族的东巴们至今仍在使用，一般民众很难能够准确释读，所以东巴文献一直被视为"天书"。东巴文献大都由诗体构成，由于东巴图画文字的数量有限，所以作为记录符号的使用，往往是借助于图画文字符号的能指，通过象征与隐喻进行所指的意义转换，使图画文字符号在意义的表现上具有了多向性。图画文字符号是从一般图画中分离出来的，它脱离了艺术与宗教的范畴，而成为一种特殊的存储信息的手段。从思维发展的角度看，图画比结绳和刻木更加形象具体，所以更容易实现信息的存储与转换。同艺术和绘画不同，记事图画的线条向着简单化的方向发展，并逐渐符号化，但它又不同于后来的象形文字，它仅仅提供了一种整体性信息，又同象形文字有着极深的渊源关系。作为简洁的记录符号，东巴图画文字在完成对纳西族历史文化的记录过程的同时，也为其他人了解纳西族社会提供了原始性记录，但是这些记录符号后面的隐性信息资源的完全解读必须通过东巴等传统研习、传承人员才能顺利实现。

彝族的毕摩在各种仪式上吟诵经籍时，身边往往有数位幼年徒弟在逐字逐句地跟随轻声诵读经文。毕摩的领诵起着一种有声的演诵示范作用，学生跟着毕摩一句一句、一段一段地记诵，积段成章，直到能够背诵整部经卷后，毕摩才返回来让学生识字、抄写经文、释读并理解经书，并逐步掌握主持仪式的各种知识。学生从小就跟着老毕摩在各种仪式中修习背诵文献经典，这实际上触及了文献中的内涵隐性信息的重要问题，就是将隐性信息、文化记忆和表演仪式与文献中记录符号直接表达出来的书面显性知识的习得、掌握和运用结合为一体。学生之所以能够背诵那么多经书，就是因为老毕摩们不仅使用语言、文字的直接手段来传授各种隐性、显性知识，而且使用身体姿态和手势动作参与传授隐性信息的具体形态展示，而形象的、动态的仪式情境强化了他们对文本显性信息的理解和记忆。

学习水书同样也具有相当大的困难，首先水族古文字及运用程序学习、记忆和理解都非常困难，学习水书需要大量时间、精力，需要具备较强的记忆力，是一个长期的过程。学习水书首先要认识水族古文字，水族古文字数量虽然不是很多，但是其不同的组合却表示不同的含义，而且往往是一两个水族古文字要表示多种意义，这些都是必须掌握的。这就决定了水书文字的隐性信息具有深层次、多样性、易变性等特点。同时学习、研究水书还需要了解水族民间诸多的生活习惯、生产实践、环境变化等习俗，如水族社会文化中留存至今的七八百个鬼神信息等，这些都是水书记载内容中显性信息的社会文化环境重要组成部分。还有学习水书的过程并非全天都跟随水书先生学习，而是当水书先生在某些仪式中运用水书时，徒弟以助手的角色间断地学习，在具体的仪式操作中逐步领悟各种操作规程，学会制作各种祭器，使用一些工具、法器，吟诵口诀等，在能够独立掌握各种仪式操作规程之后，才能够"出师"成为新一代水书先生。这些学习方式就决定了水书隐性信息的学习过程和传承方式具有独特的专一性、单向性、指向性和限定性。

　　传统上民族文化传承方式大多采用口传心授的方式，面对面、辅助以身体的展示是传承的主要手段，所以传承人身体健康的好坏、记忆的长久维持将直接影响到民族文化的传承效果与质量，而目前大多数优秀民族文化传承人年事已高，隐性信息的保存、传承遭遇到了人员短缺的困境。随着时间的流逝，一些传承人健康状况开始下降，精力不济，记忆力已大不如前，甚至少部分传承人因突发疾病或其他原因，来不及将自身的民族文化记忆全部传承给下一代，就离开人间，造成民族文献遗产的间接大量流失，一些文献的隐性信息将永远无人能够准确释读。被传承人大量减少，民族文化传承呈现出后继乏人的局面，使得民族文献隐性信息的延续和传递无法得到有效保证，民族文献隐性信息传承的完整性势必遭遇挑战。

　　民族文字和语言使用范围、人群的日益缩减也制约了民族文献遗产隐性信息的传承释读。各少数民族文献遗产中有大量使用非汉文记载的文献，由于民族文字使用人口减少，而且民族语言使用者的年龄呈现偏大趋势，这些民族文献的释读人员急剧减少。民族文字、语言使用范围受到很多局限，受制于社会、经济的发展和对外交往中的汉语影响，其主要使用范围限于民间文艺、地方宗教、家庭等在现代社会生活中相对不很重要的社会领域，而在民族地区的学校教育体系中开设民族语言、文字的教育内容，其传承方式极为有限。从民族语言内部发展来看，民族语言结构发展较缓慢，词汇加入了大量现代词汇，这种语言实际上处于受到侵蚀的态势，只有部分成人和儿童使用自己的本族语言文字，另外部分人已经转用其他的语言，存在潜在流失的危险——失去儿童使用者。

各少数民族传统生活方式的改变制约了民族文献遗产原生性隐性信息的提取，民族文化自我更新能力差，传统文化内容传承方式单一、落后，内容缺乏新意，同时外来强势文化的碰撞，对少数民族文化本质内容造成冲击。由于社会的发展，民族地区原有的封闭状态被打破，造成内外文化信息的互动交流，使当地本土文化在外来文化的影响与冲击下发生各种变化，民族文献内涵的传统文化信息自身产生和发展的固有社会传统环境已经不复存在。外来文化借助于现代传媒，大肆地传播与宣传自身文化，强烈冲击着少数民族地区群众的文化视野。少数民族文化的信息内容却还在沿用传统口传心授的古老传承方式，民族文化传承方式缺乏必要的完善与创新，没有做到与时俱进的发展。因此，民族文献隐性信息在新时期的传承保护自然也就缺乏后劲与活力。

2013—2014 年，笔者承担了中国博士后科学基金第 53 批面上项目"民族文献遗产隐性信息保护研究"。该项目在界定民族文献遗产隐性信息的概念范围、分析其表现特征的基础上，以民族文献遗产隐性信息的保存现状和制约其长久保存的内外因素为根据，探索隐性信息传承保护措施，建立保护理论模型。通过项目的研究，为探索全面保存民族文献遗产信息资源的传承保护模式，保持民族文化的原始特性，促进民族文献遗产传承保护综合效益的提升提供了一定的借鉴。

项目完成后，笔者并未停止民族文献遗产隐性信息保护方面的研究工作，于 2014 年第 1 期《内蒙古社会科学》（汉文版）发表了论文《民族文献遗产隐性信息特征探讨》，于 2015 年第 1 期《内蒙古社会科学》（汉文版）发表了论文《民族文献遗产隐性信息保存困境研究》，于 2018 年第 3 期《档案学研究》发表了论文《民族文献遗产隐性信息传承问题探讨》，积累了比较深厚的研究基础，收获了比较丰富的研究经验。对于民族文献遗产隐性信息的表现特征、保存困境、传承问题，有了比较清晰的认识，并且尝试探索了民族文献遗产隐性信息保护的各种措施。

2015 年 7 月，笔者的论文《民族文献遗产隐性信息特征探讨》获得"山东艺术学院优秀科研成果奖二等奖"。2016 年 8 月，论文《民族文献遗产隐性信息保存困境研究》获得山东省档案学会颁发的"2015—2016年度山东省档案学优秀成果奖一等奖"。2016 年 12 月，论文《民族文献遗产隐性信息保存困境研究》获得山东省教育厅颁发的"2016 年度山东省高等学校人文社会科学优秀成果奖三等奖"。2017 年 9 月，论文《民族文献遗产隐性信息特征探讨》获得"山东省非物质文化遗产保护优秀科研成果奖一等奖"。

有鉴于以往的研究基础，结合十年来的深入思考，才有了本书更加完善的研究成果。本研究在对部分民族文献遗产收藏机构、研究机构以及文献产生地域进行实地调查的基础上，借鉴已有的民族文献遗产传承保护经验，以其中的隐性信息为研究对象，致力于隐性信息的保护手段和保护措施研究，从民族文献遗产隐性信息的提取方式、语言文字传承人的培养、隐性信息的存储再现、原生性活态传承的社会环境保障、显性化传播途径的创新等方面进行了多角度综合探索。

本研究以少数民族文献遗产中的隐性信息为研究对象，通过分析民族文献遗产中隐性信息的表现特征，在对当前民族文献遗产隐性信息的保存现状进行调研的基础上，探讨制约其保存的各项内在因素和外部环境条件。本研究致力于民族文献遗产中隐性信息的传承保护研究，从民族文献遗产隐性信息的提取方式、文献使用语言文字的传承人的培养、文献遗产隐性信息内容的存储再现形式、文献遗产隐性信息活态原生性传承保护的社会环境保障、隐性信息显性化传播途径的创新等方面进行多角度的全面、综合探索。

通过本书的研究，能够为民族文献遗产隐性信息的传承保护提供理论依据和技术支持。从选择技术保障措施、完善传承人员培养制度、扩大文献传播范围、长久留存文献遗产信息等角度推进民族文献遗产隐性信息的保护工作，进而为传承保护优秀的民族文献遗产、避免民族文献遗产信息的无形流失提供基础性保护工作，为全面保护民族文献遗产探索切实可行的渠道。

第二节　研究综述

综合检索中国国家数字图书馆、超星数字图书馆、中国期刊全文数据库、中文科技期刊数据库和万方数据库，截至 2020 年 4 月有关少数文献遗产保护和隐性信息、语言文字内容传承保护的专题研究论文和其中稍有涉及的论文不足 60 篇，而在专著中有所涉及者不超过 10 部。它们的研究内容涵盖了少数文献遗产保护研究的大部分领域，涉及文献遗产的征集收藏、技术性保护、数字化保护、民族语言信息系统的开发、传承人员培养等方面的内容较多，而有关文献遗产隐性信息的传承保护性的学术论文却极为少见，只有10余篇，而且大多集中于对少数文献遗产所使用语言文字的传承保护研究，其中以纳西族文献遗产为研究对象的研究成果较多，其他各少数民族的文献遗产隐性信息的传承保护研究少有涉及。

少数民族文献遗产的保护研究及其在相关学科中的研究成果零星体现已有40多年历史，尤其是在民族文化的传承保护、民族语言文字的传播方面，很多研究理论成果也已经应用于实践中。云南大学、云南省社会科学院研究力量较强，研究成果也较多，杨福泉、郭大烈、和力民、华林、陈子丹、杨毅、郑荃、仝艳锋等人都有不少成果面世，其中某些措施已经付诸行动。在对传承人员的培养方面，纳西族东巴的培养扶持措施也已经实施了多年，纳西族语言文字的普及传播已有丽江东巴文化博物馆、丽江市东巴文化研究院、丽江东巴文化传习院等组织艰难的开展。

巴莫曲布嫫①认为从文化传播与社会交流的方式来看，经籍文本的接受并不是由个体阅读活动构成的，而是由集体听诵活动构成的，而且是在林林总总的宗教仪式与民间生活仪礼中完成的。彝文经籍作为一种特定的书写文化而不同于一般意义上的书面文本，后者由于书籍的出版和普及，以物质形式传播而诉诸读者的视觉，在阅读活动中，文本生成意义；而彝文经籍文本，由于其书写传统有着自身的特点和历史的局限，民众作为接受者只能通过仪式活动听诵作品、听解作品，而非诉诸视觉的阅读。书写文本的口头唱述本身是语言审美存在的另一种形式，文本在音声传达中获得新的生命。这样，文本作品以声音传播，听者以听觉接受的知觉作品方式，必然规定了接受者对彝文经籍作品的认知方式的特殊性，即听诵。

罗正副②认为口语作为人类文明源头，是无文字民族文化传承的基本形式。民歌的传唱即是口语传承的代表之一。布依族民歌《家乡美》《铜鼓十二则》和《造万物》，分别表现和陈述了布依族村落面貌与生存环境、四季生活与生计模式及英雄祖先与一体宇宙观等文化信息。事实上口头语言与实践行为相结合，即具有言传身教特性的实践记忆，是无文字民

---

① 巴莫曲布嫫：《口头传统与书写传统》，《读书》2003年第10期。
② 罗正副：《调适与演进：无文字民族文化传承——以布依族为个案的研究》，博士学位论文，厦门大学，2009年。

族文化传承的重要方式。所谓实践记忆，是指人们在日常交往、生活、行为或仪式实践活动中，耳闻目睹、耳濡目染、潜移默化习得的文化记忆。布依族"送宁"仪式实践的案例，不仅体现了实践记忆的文化传承作用和功能，而且展示了实践记忆立足现在、重构过去和开启未来的特点。铜鼓每一图符的含义，都是某一方面文化理念的浓缩，显然物化象征在无文字民族的文化传承过程是其他传承方式不可替代的。当无文字民族遇到文字的时候，如何应对这一文化传承载体就立即成了摆在他们面前的问题。在无文字民族与有文字民族互动交融的文字借用过程里，往往经历了他者书写、采借转化、涵化整合等不同阶段。与此同时，无文字民族深层的文化内核也透显出"草根性"力量。就布依族借用汉字而言，从文献资料上可以考证汉族知识分子自明清至民国时期对"仲家"的书写和描绘；而布依族借用"天地君亲师"，不再是汉族神牌儒家伦理的原义，已经转化成自己文化信仰的家神；布依族大量借用汉字来记载摩经，体现了自己深层的信仰世界和生死哲学。如此看来，文字借用成为无文字民族文化传承方式是不容置疑和忽视的。

郝朴宁、李丽芳等人①强调文字符号是用以存储信息和传递信息的，从人类历史的发展过程看，不同的文字符号形式，其信息的表意与解读方式也是不同的。在梳理历史信息和走入不同文化圈的过程中，语言文字的障碍是显而易见的。他们以纳西族东巴文字为切入点，分析古老图画文字的表意方式，并以此展开民族文化传播学的研究。象形文字与图画文字在表意性上是不同的。汉字作为象形文字，其表意系统是由八万多个汉字共同完成的。而东巴文字却用一千多个图画文字完成了对等意义上的历史信息的储存。这说明在表意功能上，东巴的图画文字具有更加宽泛的表意性，所呈现的是一种整体性信息。而在表意的具体指向上，汉字则要明确的多。

陈洪波②从隐性知识与显性知识转化方式角度，概括少数民族传统文化信息资源转换的现有模式，并提出少数民族传统文化的知识组织转换模式。陈洪波认为少数民族传统文化信息资源的转换，其实质是系统内知识的转换。根据系统内的隐性知识和显性知识的不同转换形式。可把少数民族传统文化信息资源分成下列几种转换模式，有实体展示模式如活动展示

---

① 郝朴宁、李丽芳：《东巴图画文字符号的意义生成》，《现代传播》2006 年第 2 期。
② 陈洪波：《少数民族传统文化信息资源转换模式研究》，《现代情报》2008 年第 9 期。

模式、文物古迹展示模式、数据库模式。记录者必须从少数民族传统文化持有者的眼光来记录传统文化知识，而不仅是从研究者的视觉来对传统文化现象做出记录和解释。该方式主要是语言和符号的比喻，可以将人的直觉或心灵顿悟表达出来，因此往往通过隐喻、类推、丰富的语言想象、故事等内容支持转换。传统的方法是民族研究者通过实地考察和田野调查，形成研究性的论文和论著。这种知识转换是一种隐性知识向显性知识、显性知识向隐性知识的转换，但这些知识由于受众群少，难于在民族成员内部共享，还不能形成大多数民族成员个体的知识。为此需要创建一种新的模式，使民族成员的隐性知识转化为显性知识，通过建立的显性知识向隐性知识转换的机制，使创新的知识被民族成员所共享，从而实现由个人隐性知识推动本民族传统知识的发展，即创建少数民族传统文化信息资源的知识组织模式。在组织好少数民族传统文化信息的基础上，利用现代信息技术对民族传统文化知识进行概念关联，形成共享知识库。构建少数民族传统文化信息资源的知识组织模式需要一般信息资源转换的基本条件，如组织机构、软件工具和系统平台、标准和关键技术等，还要满足少数民族传统文化资源转换的特殊条件，可以采取建立少数民族传统文化知识基地、创建少数民族传统文化隐性知识资源共享机制、建立少数民族传统文化机构知识库和建立少数民族传统文化领域本体等措施。

李晓菲[1]指出少数民族社会未编码知识不仅指存在于民族成员个体或组织认知体系中的隐性知识，同时还包括了在少数民族社会中已经得到广泛传播并为民族成员所共同认可但未经记录的知识。大量的未编码知识是少数民族社会知识体系的主体，大量地分布在少数民族社会的民俗、宗教、民间文学、习惯法、生产实践等各个知识领域。将少数民族社会中大量的未编码知识加以记录、组织、开发，实现知识的创新与共享，能够加大民族地区知识管理和知识创新的力度，缩短东西部区域差距，促进西部地区发展、提升整个中华民族知识能力，从而实现全社会的和谐发展。少数民族社会未编码知识的传播主要以人身天赋的功能为媒介，包括口承传播方式、心意传播方式、行为传播方式等。网络环境下少数民族社会未编码知识的管理与创新实际上是知识数字化、结构化、标准化的知识存储与利用的过程，这一过程涉及对未编码知识的采集记录、组织、建立数据库

---

[1]　李晓菲:《少数民族社会"未编码知识"的管理与创新》,《中央民族大学》(哲学社会科学版) 2008 年第 3 期。

等技术。

欧阳佩瑾①指出民族地方性知识的文化内核隐藏在许多表现形式（如语言的、仪式的、物质的等）背后，这给大众的理解和运用造成了障碍。因此，需要我们花费更多的精力和时间对各种表现形式蕴含的民族地方性知识进行积极地研究、探索、揭示、报道和解读，使其显性化，方便民族大众的阅读。民族地方性知识隐藏在浩瀚的主流文化文字文献、口碑文献、物质实体、简易图形符、民族习俗、民族仪式中。加强隐性民族地方性知识的显性化可以采用以下措施：做好"标引"和"析出"工作；做好影音数据库的建设工作；做好"深度描写"工作；提高民族地方性知识保护的"整体性"自觉；做好民族地方性知识的翻译工作。

杨昌斌、欧阳佩瑾等人②在对民族文化信息的载体特征进行深入探究的基础上，对"民族文献信息"进行重新诠释，以求构建更加科学合理的民族图书馆民族文献信息资源建设的新模式。在民族文献信息建设的方式和手段上，对于物质形态载体民族文献信息可以采用复制、购买、交换、受赠、征集等常规方式获取，而对于非物质形态民族文献信息则必须直接参与、获取第一手资料，特别是充分采用照相、录音、摄像等现代视频、音频技术，对通过常规收集方式无法得到和加以保存的、尚散存于民族民间的有价值的传统知识进行收集、编译、加工、整理、收藏以及数字化，这对图书馆的传统采集模式提出了严峻的挑战。在民族文献信息馆藏结构上，必将形成纸质民族文献信息馆藏、图片民族文献信息馆藏、音像资料民族文献信息馆藏、实物民族文献信息馆藏、数据库民族文献信息馆藏等多元有机结合的"混合型图书馆"特色馆藏。

杨杰宏③指出当下的"非遗"运动中存在着"破坏性建设"、遗产碎片化、过度商业化、庸俗化等诸多不良现象。当慎重地审视当下这些"全集""经典"时，发现如何"全面搜集、忠实记录、准确翻译、慎重整理"仍是一个没有完成的时代课题。在成果斐然的背后，此次"非遗"

---

①　欧阳佩瑾：《民族地方性知识的隐性表象及其显性化》，《铜仁学院学报》2010 年第 4 期。

②　杨昌斌、欧阳佩瑾：《民族文化信息的载体特征与图书馆民族文献信息资源建设模式探析》，载中国图书馆学会《以人为本　服务创新》，北京图书馆出版社 2005 年版，第 238—241 页。

③　杨杰宏：《"非遗"语境下民族文献整理的路径思考及实践》，《云南民族大学学报》（哲学社会科学版）2013 年第 6 期。

语境下的民族文献整理仍出现了"再度格式化"倾向。"再度格式化"是与前两次民族民间文化"生产运动"中出现的"格式化"相对而言。二者存在相似性，都是在国家主流话语主导下开展的大规模民间文化"生产运动"，在整理工作中同样存在着收集材料不全、异文本缺失、音系失真、去语境化等弊病。为此可以使用"影音图文"数据库进行数字化处理，对口头传统的图片、音频、视频、文本等内容建立起数据档案库。口头传统不只是作为"民间文学文本"来"读"的，更多是通过口头演述、仪式叙事、戏剧式表演来达成"看""听""感受"的多元功效，这也决定了影像、声音、图片、文字记录等多元手段的介入。四种手段各有侧重，但又彼此联系，共同构成了口头传统的有机体。

郑邦坤[①]介绍了隐性知识信息的分类和隐性知识信息的发现，复合图书馆通过构建知识地图、隐性知识信息库以及知识信息的整合等方式对隐性知识信息进行组织。隐性知识信息发现包括对客观隐性知识信息和主观隐性知识信息的挖掘。客观知识挖掘是指从各类现有的信息源所存储的大量信息知识中把客观隐性知识发掘出来，凝聚成对相关事物运动及其相互作用规律的揭示。主观隐性知识信息的挖掘是指大力开发人们头脑中的隐性知识信息，将隐性知识显性化并给予管理、利用。譬如，利用网络会议可以将人们隐含于头脑中的思想、观念、经验、方法等隐性知识信息，在"思维碰撞"过程中进行全息化挖掘，经语音识别、文字整理后建成知识库。对隐性知识信息的组织主要通过构造知识地图、构建知识信息库以及知识信息整合来实现的。

仝艳锋[②]认为蕴含于文献遗产中的原始知识体系所包含的思想文化信息和各式各样的隐性信息，必须通过记录者、使用者熟练解释并口传面授，才得以世代相继而积累传承下来。民族文献遗产中蕴含的隐性信息具有解读的不确定性、来源的非理性、对个体的依赖性、对环境的依赖性、文化性、随意偶然性、相对性、稳定性和整体性等特征。

仝艳锋[③]认为民族文献遗产中蕴含的多种隐性信息是文献遗产的重要组成部分，它们的存在全面揭示了文献遗产的内涵意义。然而在现代化、

---

① 郑邦坤：《隐性知识信息组织研究》，《情报杂志》2004 年第 7 期。
② 仝艳锋：《民族文献遗产隐性信息特征探讨》，《内蒙古社会科学》（汉文版）2014 年第 1 期。
③ 仝艳锋：《论民族文献遗产内涵信息的生存环境——以纳西族东巴文献遗产为例》，《原生态民族文化学刊》2010 年第 2 期。

信息化和全球化的社会、经济和文化的发展过程中，文献遗产内涵信息的生存环境遇到了强势文化的冲击融合、传承人员的减少、母语环境的丧失、传承途径的单一和碎片化趋势明显等各方面问题。以纳西族东巴文献遗产的生存环境变迁为例，通过分析这一系列的问题及其出现的原因，从培养传承人员、拓展传承渠道、强化母语环境、发掘文化内涵等方面来探索少数民族文献遗产内涵生存环境的保护对策。

全艳锋、罗茂斌等人①认为民族文献遗产中大多蕴含并不为普通民族群众和研究人员所能直接解读到的隐性信息资源，而且这些隐性信息资源要通过特定的传承人员配合相应的仪式表演才能得以熟练解读。这些隐性信息资源多存在于文献信息记录中的具体表象和熟练解读文献信息的传承人员的理解记忆中，通过仪式表演的动态展示、实物记录的静态展示以及对隐性信息资源的直接解读等转换提取形式，可以实现对民族文献遗产隐性信息资源的显性化展现。民族文献遗产隐性信息资源具体的组织措施包括建立信息资源研究基地、建设长久保存信息的数据仓库、健全信息资源的收集共享机制、改善隐性信息资源传承人员的文化生态环境等。

全艳锋②认为民族文献遗产在传承保护过程中受制于语言文字、传承人员、传承途径等内部因素的影响，加之在外来文化、思想观念的冲击下，其内部赋存隐性信息的生存环境在当代社会发展过程中发生了急剧改变，普遍陷入了文化地位弱化、传承人员减少、母语环境弱化、传承途径受到限制、离散趋势加剧等不利于隐性信息传承、生存、保护的困境。外来文化的强势渗透入民族地区的生产、生活和思想观念，民族文献遗产赖以生存和发展的固有环境已不复存在，隐性信息的文化地位被严重削弱。民族文献遗产的传承人和被传承人都大量减少，隐性信息的延续、传播和传递无法得到有效保证，传承的完整性遇到了挑战。传承人的断层断代，最终导致民族文献遗产隐性信息的生存陷入前途未知的困境。民族文献因语言文字的无法识别或完整识别而无人能够解读，而隐性信息也无法得以完整提取而广泛传播，传统母语环境在整体社会环境中一旦消失或者被外来文化或主流文化同化，那人们就再也不会对传统文化有特别需求。民族

① 全艳锋、罗茂斌：《民族文献遗产隐性信息组织模式研究》，《内蒙古社会科学》（汉文版）2013 年第 2 期。

② 全艳锋：《民族文献遗产隐性信息保存困境研究》，《内蒙古社会科学》（汉文版）2015 年第 1 期。

文献遗产传承途径由于过度依赖家族内部传承人，表现出相当强的脆弱性。在当前社会变迁过程中这种单一传播手段不能适应新的社会生态环境，在此危机下民族文献遗产隐性信息的传承岌岌可危。在保护开发民族文献遗产隐性信息的过程中，必须对其整体生态环境一并保护，然而当前的隐性信息保护开发多数只是个别的、单独、分散的保护手段，更多是注重经济开发价值，而忽视隐性信息的整体生态系统的保护，造成了隐性信息的离散趋势加剧。

全艳锋[1]认为过去民族文献遗产隐性信息由年老传承人通过口传心授的方式悉数教给年轻的传承人，凭借着在特定民族文化知识系统中日渐积累的经验，年老传承人比年轻人获得了更为丰富的文献信息资源，在文化传承过程中取得了知识传承的优势地位。然而，到了当代，由于年老传承人知识体系更新的限制、传承方法的落后、年轻一代知识积累的快速增加等原因，隐性信息的传承陷入了传承生态环境改变、传承的社会根基动摇、传承人文化心理弱化、年老传承人传承方式固化和年轻传承人传承意愿消极的困境。社会文化的变迁给民族文献遗产隐性信息的传承人和生态环境带来了深刻而急剧的变革，在其传承过程中遇到了前所未有的困难。民族社会中学习、传承文献隐性信息的环境氛围出现了趋于消极、淡化的趋势，传承后继无人、社会生产生活运用文献隐性信息的场合逐渐减少，传承中的社会环境因素已经遭到改变或破坏，限制了文献隐性信息的完整传承。民族文献神秘、超普通人能力的内在本质和传承人神圣、权力、威严的形象代表是民族文献隐性信息得以在民族社会中长期持续传承的基础，然而当代社会环境中传承人神圣、权力、威严的文化使者形象被打破，民众对于民族文献的神秘感和敬重感被削弱。民族社会整体的文化传承与外部社会之间逐渐出现较大的差距并呈现加速态势，民族文献及其隐性信息的传承人的文化心理与外部社会呈现较大的落差。民族社会内部年老传承人的文化心理被弱化，年轻传承人逐渐占据文化心理优势，由各层次传承人共同主导的新的传承方式正在形成。年老传承人惯有的知识体系、思维方式很难适应时代的发展，仅凭已有的经验难以顺利、完整地完成民族文献遗产隐性信息传承活动。年轻传承人对于民族文献的隐性信息并没有给予特别的关注和强烈的传承意愿，也没有积极的兴趣主动参与传

---

[1]　全艳锋：《民族文献遗产隐性信息传承问题探讨》，《档案学研究》2018 年第 3 期。

承活动。年轻传承人及儿童接受民族语言、文字教育的意愿呈现出消极的态度，民族文献遗产隐性信息的传承范围呈现急剧缩减的趋势。

安群英、罗新本、谢木刚等人①强调云南省古籍办在抢救少数民族非物质文化遗产方面做了大量的工作，特别对彝族、纳西族、傣族、苗族等民族的非物质文化遗产进行了重点抢救与保护，并将所收集的有关资料编辑出版。保护和利用彝族非物质口头文化遗产，是继承和弘扬中华民族优秀传统文化，进行文化创新、繁荣先进文化的必然要求。他们提出了相应的对策和措施：建立科学的传承机制；加大抢救力度，使其延续生命、流传久远；加强对彝族非物质文化遗产的开发利用，使之服务社会、获取效益。

龙泽江、罗康智等人②强调建立锦屏文书数据库是抢救、保护和开发锦屏文书的重要途径。锦屏文书数据库建设需要遵循"资源共享"的原则，选择合适的技术平台，执行 calis 发布的著录标准，并积极协调相关各方的利益。

梁雪花③介绍了云南省档案部门在构建少数民族核心档案资源的具体项目实施中，着力解决好散存民间的重要少数民族档案征集和口述历史档案采集问题，通过具体实践总结出少数民族核心档案的征集方法：查找征集和口述历史采访线索；梳理征集和口述历史采访线索；形成征集和口述历史采访工作方案。其中对于少数民族文化掌握者主要以其亲身经历来阐述分析自身所传承的民族文化内容（如文化传承的过程、传承方式、传承原因等），以及对其所掌握文化本身内容的直接录制记录。对于末代头人主要侧重自身对本民族有关历史、文化、民风民俗等内容及个人亲身经历的讲述。

在社会的现代化进程、外来强势文化融合趋势、传承人员的匮乏等诸多困境面前，民族文献遗产传承保护工作的努力收效甚微，文献遗产信息无形流失损毁的速度正在日益加剧。国内其他少数民族文献遗产的传承保护研究却是很难展开，藏族、水族、彝族、傣族等民族的文献遗产的传承保护状况不容乐观，文献遗产物质实体的流失既已非常严重，何况文献遗

---

① 安群英、罗新本、谢木刚等：《彝族口头非物质文化遗产抢救、保护与利用》，《西南民族大学学报》（人文社会科学版）2008 年第 2 期。

② 龙泽江、罗康智：《关于建立锦屏文书数据库的思考》，《凯里学院学报》2010 年第 2 期。

③ 梁雪花：《少数民族口述历史档案采集方法研究》，《中国档案》2012 年第 11 期。

产隐性信息的无形流失。释读文献的传承人员、研究人员和普通民众日益减少,当代年轻人漠视文献遗产信息的传习,传承人员的生活困境、传承空间的受限都加剧了文献遗产隐性信息的无形流失。许多研究人员也正是认识到了传承人员的重要性,才对传承人员、语言文字等传承保护的研究和保护工作实践给予孜孜不倦的追求,以最大努力来挽救民族文献遗产及其蕴含的隐性文化信息。

传承人员的培养扶持可以说是留存文献遗产原始性信息的最佳方案,活态化的传承、学习可以最大限度地再现民族文献遗产的隐性信息,但是其周期性较长、操作繁杂、传承人员积极性不高的缺点制约了民族文献隐性信息传承保护工作的开展,尤其是当代年轻人可以不传习这些信息也可以获得较高层次的生活水平,学习文献文化信息并非年轻传承人生存技能的首选。而民族文献遗产隐性信息的数字化存储利用开发可以从另外一个角度来弥补这些缺点,但关于民族文献遗产隐性信息的数字化存储、开发、传播等方面的研究成果并不多见。

民族文献遗产的隐性信息是多方面的,不能也不应该仅仅限于民族语言文字的传承保护,而且民族文献遗产内容丰富、类型众多,各个民族所体现出来的隐性信息是形态各异的,所以对于各个民族文献遗产隐性信息传承保护的研究将会在民族文献遗产隐性信息的提取形态方式、民族文献使用语言文字的识别和普及传播、民族文献遗产隐性信息内容的存储表现形式、民族文献遗产隐性信息活态原生性传承保护的社会环境保障等方面有所进展。

第三节　选题意义

社会正处于现代化进程的加速期,民族文化出现了大融合的趋势,如何保持民族文化的特色和原生性,避免文献遗产语言文字的无形流失,最大限度留存文献遗产的隐性信息,把握信息显现特征、选择适宜的传承保障技术、寻求最佳的隐性信息显性方式和传承保护措施是本研究的实际应用价值。

本研究将为少数民族文献遗产隐性信息的传承保护选择技术性保障措施、完善传承人员培养制度、扩大文献传播范围从各方面提供理论依据和技术支持,进而为传承保护优秀的少数民族文献遗产、避免文献遗产隐性信息的无形流失提供基础性保护工作，为全面保护少数民族文献遗产探索切实可行的途径。

第四节　研究内容

一　研究目标

（一）尝试从传承人员的培养扶持、文献语言文字的普及传播等方面建立民族文献遗产隐性信息的活态、原生性传承保护机制。重新认知民族文献遗产隐性信息的基本形态和重要价值，对于长期忽视的隐性信息有针对性地重建保护措施提供理论基础。

（二）探索民族文献遗产隐性信息的显性化传承保护的方式，选择最佳的信息外化表现形式、记录技术、存储载体以及存储格式之间的通用性转换等技术性保障措施。隐性信息的显性化技术受制于现代科技的发展水平，在近年来数字记录、数字视频、视频会议、共享电子文件、信息采集、网络传输等方面取得了飞速的发展，这些技术可以应用于显性化过程中，为存储、传播显性化后的隐性信息提供技术支持。

（三）探求民族文献遗产隐性信息的显性化传播公开途径，以促进文献遗产信息的普及传播，从而为传承保护文献遗产隐性信息创造积极的社会文化环境。显性化后的隐性信息传输给更多的人群，可以获得更加广泛的生存机会，同时为民族文献遗产实体、信息的双重保护提供更加稳定长久的手段。

二　具体内容

（一）分析隐性信息的表现特征：厘清民族文献遗产隐性信息的概念范围，分析隐性信息的表现特征，对其显性信息、隐性信息及民族文化、民族社会环境之间的关系进行探讨。

（二）分析隐性信息的保存困境：在进行实地调查的基础上，分析在当代社会环境中民族文献遗产隐性信息传承人员、语言文字、显性记录和普及传播等保存状态，尤其是当代社会中保存困境的表现特征。

（三）分析隐性信息的传承困境：在民族文献遗产隐性信息的传承过程中，由于年老传承人知识体系更新的限制、传承方法的落后、年轻一代知识积累的快速增加等原因，隐性信息的传承陷入了传承生态环境改变、传承的社会根基动摇、传承人文化心理弱化、年老传承人传承方式固化和年轻传承人传承意愿消极的困境。

（四）分析制约隐性信息保存的因素：通过分析保存过程、传承阶段中的困境，探求制约民族文献遗产隐性信息长久保存的自身内部因素和外部社会环境因素，包括使用的语言文字、传承方式、生存环境和传承人员。

（五）探索隐性信息的显性表达方式：通过口传面授的即时传播、仪式实践的动态展示、实物记录的静态展示以及对隐性信息的直接解读等提取形式，可以实现对民族文献遗产隐性信息的显性化展现。

（六）探索隐性信息的保护措施：探索民族文献遗产隐性信息传承人员传承保护的手段、民族文献遗产语言文字的传播普及方式、隐性信息的显性化记录方式、显性传播手段。具体的组织措施包括建立隐性信息研究基地、建设长久保存隐性信息的数据仓库、健全隐性信息的收集共享机制、改善隐性信息传承人员的文化生态环境和创新隐性信息传播途径等手段。

（七）建立隐性信息保护的理论模型：以民族文献遗产隐性信息的保存现状、制约因素为基础，以具体的保护措施为依据，结合民族文化、文献管理、信息管理、文化遗产保护相关的理论，尝试建立保护理论模型。

三　拟解决的关键问题

民族文献遗产隐性信息的保护研究并没有现成可以依据的学科理论基础，本研究尝试从文化遗产、文献学以及信息管理等方面进行切入，理论依据和现实实践将从各学科的相关角度集中于本研究的落脚点，结合各学科的基础理论应用于民族文献遗产隐性信息保护的研究，是本研究要解决的关键理论问题。

民族文献遗产隐性信息形式多种多样，如何针对不同形式的隐性信息来选择适合的显性化表达形式是本研究将要解决的技术性关键难题。

四　拟采取的研究方法、技术路线

本研究以文化遗产学、信息管理学为主，结合民族学、历史学、社会学等学科开展综合研究，从民族文献遗产的物质实体出发来切入隐性信息的非物质属性，进而对民族文献遗产的非物质文化遗产属性进行显性化传承保护研究。

　　本研究注重普遍与典型相结合的研究对象选择，以纳西族东巴文献遗产、彝族毕摩经书、水书文献、清水江苗侗文书等具有特色的民族文献遗产为重点研究对象，采用综合研究和案例分析、实地调查与文献研究、理论归纳与实证研究、定性分析与定量分析相结合的方法进行多角度研究。

　　本研究共分五个阶段进行，具体如下图所示：

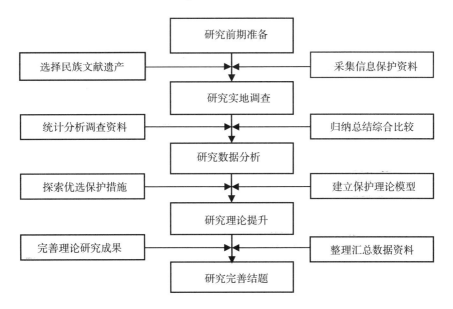

　　第一阶段：研究的前期准备阶段，提出并解释民族文献遗产隐性信息的概念内涵，分析其表现特征。选择具有典型特征的民族文献遗产，确定适宜的民族文献遗产的生产地域、收藏机构和研究机构为主要研究对象。

　　第二阶段：研究的实地调查阶段，对民族文献遗产隐性信息的保存现状特征进行实地调查，采集隐性信息的传承保护方式、语言文字的普及传播和文献遗产信息开发状况等各项资料数据。

　　第三阶段：研究的数据分析阶段，对调查数据进行统计分析、归纳总结，综合多角度比较评估不同民族文献遗产的隐性信息传承保护状况和内外制约因素以及显性化保护操作的可行性。

　　第四阶段：研究的理论提升阶段，归纳总结数据资料，优选隐性信息显性化表现形式、记录方式、存储形式等技术性保障措施，建立隐性信息保护的理论模型。

第五阶段：研究的完善结题阶段，科研论文、研究报告的撰写和结题材料的整理。

五　创新之处

（一）本研究首次在民族文献遗产的研究中提出并阐释隐性信息的概念内涵，探讨隐性信息在民族文献遗产中的理论范畴和表现特征，填补了民族文献遗产隐性信息方面的研究空白。专注于民族文献遗产隐性信息的传承保护研究是本研究的特色与理论创新。

（二）如何保持民族文化的特色和原生性，避免文献遗产语言文字的无形流失，最大限度地留存文献遗产的隐性信息，把握信息显现特征、选择适宜的传承保障方式、寻求最佳的传承保护机制是本研究的实际应用创新。

（三）本研究的重要创新之处还在于探索全面保存民族文献遗产隐性信息的传承保护模式，以保持民族文化的原始特性，促进文献信息传承保护综合效益的提升。

第一章

民族文献遗产隐性信息概况

任何研究工作都要有具体的研究对象，因此对研究对象的界定是研究工作的必要前提，对民族文献遗产隐性信息相关概念的界定也是研究的必然要求。对民族文献遗产隐性信息概念的内涵和外延进行界定和划分，并且对其属性和存在形态作出解析，是对其保护的重要基础和必要前提。

第一节　民族文献遗产隐性信息的概念

民族文献遗产隐性信息是隐含于民族文献遗产中的隐性信息，隐性信息源于隐性知识，是受制于民族文献遗产直接记录符号但又有区别的信息。为了准确理解隐性信息需要对其内涵、概念有明晰的理解，同时对民族文献遗产的范围需要进行界定，此时才能对民族文献遗产隐性信息的研究对象有比较明确的认识。

一　隐性信息的概念

隐性信息是一种特殊信息，它与在社会经济生活中可以直接或间接获取的显性信息不同，是一种能够提示并预测未来发展趋势的、未萌动的"胎动"信息，它要通过分析研究才能获取。

隐性信息来源于隐性知识。隐性知识的理论研究开始于 20 世纪中叶。英国的物理化学家、哲学家波兰尼于 1958 年首次提出了"隐性知识"这个概念。隐性知识又称为默会知识、意会知识、默然知识。波兰尼认为："人类有两种知识，通常所说的知识是可以用书面文字或图表、数学公式来表述的，这只是知识的一种形式。还有一种知识是不能系统表述的，例如我们关于自己行为的某种知识。如果我们将前者称为显性知识的话，那么后者我们称之为隐性知识。"他认为"我们知道的要比能够说出的多得多"。波兰尼提出他的"意会认知理论"和"隐性知识"的概念,主要是针对近代科学革命以来客观主义的科学观和知识观的泛滥而提出的,目的是为了揭露完全的显性知识思想的虚伪,阐明显性知识的隐性根源,证明隐性知识在人类知识中的决定性作用,证明"自然科学与人文学科知识一样,充满人性因素,科学实质上是一种人化的科学,是一种'个人知识'"。

波兰尼对于知识生产、运转过程中形成的那些不可言传、明示的隐性缄默整合功能进行了全面、深入、系统的研究,最终创立了隐性知识的整合理论。其隐性知识的理论核心以科学直觉的研究为先导,批判了传统实证主义的科学观,提出了以人性为基点、以人为主体的科学信念、科学直觉的观点,得出把知识的内在结构、创造作为科学研究基础的观点。波兰尼宣称要用多个世纪以来的批判性思维教导人们使用怀疑的眼光来重新审视当前的知识体系,即要使长期以来被客观主义框架歪曲的万物知识恢复它们的本来面目。波兰尼要使用自己的知识认知方法来创建崭新的历史理论,并且勾画出人类全部知识的崭新世界。波兰尼运用隐性知识的手段,在人类的知识领域中,对各种人类知识的成果,如思想史、自然科学、认识论、社会政治、文化艺术以及宗教等几乎所有人类的成就进行了论证,证实隐性整合功能在知识运行过程中无所不在。波兰尼的隐性知识理论使传统认识论中关于经验与理性、逻辑与悟性、反射与选择等内容重新规定在隐性整合的框架内,焕发出勃勃生机。总之,波兰尼认为人类的知识体系既包含能够明确言传、容易直接感知的显性知识,还包含丰富的语言文字无法充分地传达的知识,也就是隐性知识。隐性知识并非神秘、不可探知的,虽然隐性知识难以用语言充分地表达,但是不等于绝对不能表达。

隐性知识本质上是一种对于世间万物的理解能力,是一种领会历史知识、把握经验、吸收经验并创造崭新知识的能力。隐性信息是当前的信息获取手段能够获得的知识,隐性知识存在于事物的发展过程中,但是很多知识并不能够为人类现有的知识探测手段捕获,也就不能成为信息。隐性信息在人类生存、发展过程中的各环节上起着主导性的、决定性的作用,相对于显性信息具有理论上的优先性。这主要表现在三个方面:(1)显性信息是否真正获得,取决于我们对知识的理解,而理解知识的活动本质上是一个隐性信息的获取学习过程。(2)对显性记录符号的理解，需要最大程度上把握其意义，而这种符号表征的知识是由认知者的隐性知识所赋予的。如果掩盖了记录符号的隐性表征知识，所有的口头的、书面的文字，所有的公式、表格，所有的语言、图案都是毫无意义的记录。（3）显性记录符号的运用也是一个隐性知识拓展的过程。在语言拓展人类的智力方面，记录符号大大地超越了纯粹的隐性领域，语言运用方式这种隐性的知识表征也是重新进入隐性信息的结构中。记录符号的运用是认识者隐性能力的运用，而显性信息则必须依赖于被隐性地理解和运用，因此，所有的信息不是隐性信息就是植根于隐性信息，隐性信息优先占领了人类所能够掌握信息的关键核心地位。

波兰尼提出了"隐性知识的三维结构"概念，即隐性知识具有三维结构：认识者、辅助意识和集中意识。波兰尼设定隐性知识有三个中心：第一，辅助的环境诸要素；第二，目标对象；第三，将第一项和第二项联结起来的认识者。三个中心构成三维组合，由认识主体所控制，使得辅助物和他的认识客体相关联。认识主体把诸细节、线索作为辅助物整合进入认识客体，在辅助意识和集中意识之间建立起一种交互的动态认知关系。

人在实践活动中的隐性知识包括两种意识，即辅助意识和集中意识，这是理解隐性信息结构的基本出发点。集中意识是认识主体对认识对象或认识客体的主要意识，可以理解为强烈的"目标意识"；辅助意识是认识主体对于所使用的工具（包括物质的或智力的）以及其他认识或实践基础（如认识框架、实践价值、形而上学的信念）的意识，相当于是"工具意识"，包括三个方面要素，即（1）来自外部世界的各种线索、细节、工具、原材料的辅助意识；（2）对身体操作过程、实践感知的辅助意识；（3）对作为知识经验之凝结的历史文化遗产的辅助意识。

波兰尼强调，隐性知识并不是一种被动存在的经验，并不是存在于事物中的静态知识，而是认识主体积极主动地发挥其隐性知识发掘能力的过程。从隐性知识的具体结构上来看，目标意识和辅助意识之间的关系并非是事物发展过程中主动自发形成的，而是需要认识主体的重组、整合作用。这种知识的重组表现在两方面：（1）人的身体实践操作活动。人的身体实践操作首先以身体器官的生物活动为基本工具。人身体的实践操作具有双重性，首先是生物器官自然的存在，由各种生物机体的自然原则支配；同时人又是社会存在的，包括以文化形式如习惯、信念、经验等和积淀于个人思想中的传统、情感、价值等，社会意识可以决定个人实践认知操作的特定方式以及个人知识表征的特点。（2）对身体的辅助意识。人的生物机体在自然界居于独特的地位，通常情况下人类的身体是感知外部世界的主要接触工具，实现了从外部世界获得知识的机会。如果要认识其他外部事物，必须依赖于对人类身体的各种感官机能的意识。当人类集中感知外部其他事物时才辅助意识到人类自己的身体，而此时人类身体就是外部事物被感知知识的集合体。

隐性信息是人作为信息主体与外界事物的信息客体进行理智交流和交互感悟活动的结果，人通过对信息客体的体验将信息主体的个人思想观念存在"内居"于信息客体之中，同时也是将信息客体内化为信息主体的存在的一部分。信息主体对绘画的鉴赏、技艺的模仿学习、人的心灵之间的沟通，都是信息主体隐性地进行着体验、感悟、内化等实践操作，是信息主体与信息客体之间的对话，是信息主体的自我现有信息——信息构架、信念、情感、价值等内容专注于信息客体，并与客体中表现出的信息内容相互交融贯通，融合为信息主体中的创造性信息。通过信息主体的信息接收与信息客体的统一融合出创新的信息，也是信息主体对信息客体的顿悟、领会的过程，也是信息客体的直观信息被信息主体吸收后成为隐性信息的过程。因此，这一过程中信息主体的操作实践不仅是隐性信息的展示方式，而且是一种具有生命力的表征方式、存在的形态。隐性信息的形成过程关系着信息主体作为生物个体的关键存在，也以隐性信息的增加、扩充最终构成了人类知识的更大范围。

二　民族文献遗产的概念

根据构词基本形式，民族文献遗产的概念可以依次演化。"遗产"作为核心概念，它的发展变迁带动着"文化遗产"这一历史概念的出现。"民族文献"作为文献的一部分，与"遗产"相结合后，产生了"民族文献遗产"。民族文献遗产具有文献作用和文化价值的双重作用，仍然从属于"文化遗产"，是记录特征鲜明、文化信息内涵明显的文化遗产。

（一）遗产概念的发展

在我国可供考察的历史文献材料中，"遗产"一词始见于《后汉书》中"丹出典州郡，入为三公，而家无遗产，子孙困匮。"其意指代祖先遗留下来的物质财产，也是"遗产"的初始含义。《现代汉语大词典》中解释"遗产"为：（1）死者留下的财产，包括财物、债权等；（2）借指历史上遗留下来的精神财富或物质财富，如文学遗产、医学遗产、经济遗产。《辞海》界定"遗产"为：（1）死者留下的财产，包括财物、债权；（2）历史上遗留下的精神财富，如文学遗产、医学遗产。1985 年 10 月 1 日起实施的《中华人民共和国继承法》将可以传承的遗产分为：（1）公民的收入；（2）公民的房屋、储蓄和生活用品；（3）公民的林木、牲畜和家禽；（4）公民的文物、图书资料；（5）法律允许公民所有的生产资料；（6）公民的著作权、专利权中的财产权利；（7）公民的其他合法财产。这七个方面均指代遗产的物质层面，并不涉及精神文化层面。

法国大革命期间，围绕历史纪念碑的保护，"遗产"概念得以逐渐明晰，但直到 19 世纪 30 年代才得到官方的正式认可。1913 年 12 月 31 日，法国制定了关于历史文化遗产的法律，"遗产"概念以立法的形式得以正式确认。尽管这时的"遗产"还局限于一批表征国家特性的纪念碑、教堂等不可移动的文化遗产，但这部法律的制定与实施宣告了"遗产"时代的来临。1967 年，随着巴黎大众艺术与传统博物馆的正式开放，遗产概念主要向三方面拓展：（1）随着工业考古兴趣的增加和 19 世纪遗产意识的提高，开始纳入当代的物品；（2）容纳 20 世纪 40 年代至 70 年代法国经济"辉煌增长的三十年"里被摒弃的舞蹈、歌曲、烹调和工艺等社会的证据；（3）包含非艺术、非历史类遗产，如自然遗产、科学技术遗产以及传统民俗遗产。工业革命前，以法国为中心的欧洲大陆对遗产的保护主要集中在有形的、单个的文物古迹上。近代以来至 20 世纪 80 年代以前，则扩大到对文物古迹周边环境的保护，其后又扩充到历史街区、历史区域乃至整座古城镇的保护。这一时期将有形文化遗产的保护从点到面、立体化地铺展开来。

20 世纪下半叶"遗产"含义发生了"爆炸"式膨胀，致使联合国教科文组织产生了"'文化遗产'并不指代同样的事物"认识。1972 年联合国教科文组织颁布了《保护世界文化与自然遗产公约》，其中对文化遗产的界定为："具有历史、美学、考古、科学、文化人类学与人类学价值的古迹、建筑群和遗址。"它包括：（1）文物：从历史、艺术或科学角度看，具有突出、普遍价值的建筑物、雕刻和绘画，具有考古意义的成分或结构，铭文、洞穴、住区及各类文物的综合体；（2）建筑群：从历史、艺术或科学角度看，因其建筑的形式、同一性及其在景观中的地位，具有突出、普遍价值的单独或相互联系的建筑群；（3）遗址：从历史、审美、人种学或人类学角度具有突出的普遍价值的人类工程或自然与人联合工程以及考古地址等地方。可以看出，人们对文化遗产最初的理解主要集中于遗迹、遗址和建筑等不可移动文化遗产方面。1954 年在海牙通过的《武装冲突下保护文化财产公约》充分认识到"对任何民族文化财产的损害亦是对全人类文化遗产的损害"，虽然没有明确的界定具体的可移动文化遗产的概念，但也指出大致包含内容："艺术物品；具有艺术、历史或考古价值的手稿、书籍及其他物品；以及科学收藏品和书籍或档案等重要藏品或者上述财产的复制品"。在联合国教科文大会第二十次会议上，讨论并通过了《关于保护可移动文化遗产的建议》，指出"可移动文化遗产"是具有考古、历史、艺术、科学或技术价值和意义的一切可移动物品，它们是人类创造或自然进化的表现和证明。该建议同时列举了可移动文化遗产中具体包含的各种遗产类型，其中和文献遗产有直接关系的条目有：（1）档案，包括文字记录、地图及其他制图材料、照片、摄影电影胶片、录音及机读记录；（2）具有特殊意义的手稿、古版本书、古籍抄本、书籍和文件；（3）具有艺术价值的物品，如用任何载体和以任何材料制成的手工绘画与绘图、原创性招贴和照片。

早在 20 世纪 50 年代日本就提出了"无形遗产"的概念，但近半个世纪之后才真正引起人们的关注。将民间文化和传统文化视为文化遗产，与联合国教科文组织的不懈努力有关。联合国教科文组织率先定义并使用了非物质文化遗产概念。在《中期规划 1977—1982》中，联合国教科文组织承认文化遗产概念有所扩展，"从广泛的角度而言，文化遗产的概念涵盖的不单单是物质的和有形的遗产——特别是纪念物——也包括表达民族或国家精神的口头传说、音乐的和人类学的遗产、民间文化，当然规则、习俗以及生活方式也包含在内"。到《第二个中期规划 1984—1989》时段，概念更为清晰，第一次出现了"非物质文化遗产"的表述："文化遗产总是被视为社会、民族或者国家最清楚的表明其独特精神的一种形式，在过去几年中，它的定义已经显著地扩大到包括文化遗产的'物质的'和'非物质的'两个方面。'物质的'文化遗产包括古迹、建筑群和其他具有历史价值的遗址，具有历史、艺术、科学和技术意义的物品，以及作为世世代代人类生活见证的其他各类动产和不动产。'非物质的'文化遗产包括通过艺术、文学、语言、口头传说、手工艺、民间传说、神话、信仰、道德准则、习俗、礼仪和游戏等流传的标记和符号。"联合国教科文组织于 2001 年首次宣布了 19 个世界人类口头遗产和非物质遗产代表作，2003 年正式通过《非物质文化遗产保护国际公约》。《中华人民共和国非物质文化遗产法》于 2011 年 2 月 25 日通过，2011 年 6 月 1 日起施行。

总而言之，在短短不到半个世纪的时间内，遗产的含义不再局限于它的传统内涵及其精神方面的指代，这一概念发生了巨大的变化，并引起了全球前所未有的关注。目前，在世界范围内，与遗产有关的词汇不断地见诸各类媒体和普通百姓的生活中，不论是专业人员，还是普通大众，对这些词汇习以为常：文化财产、自然遗产、文化遗产，可移动文化遗产、不可移动文化遗产，非物质文化遗产等。这些概念形成了一个比较完整的遗产概念体系，反映了全球遗产研究的热潮。自 1972 年《保护世界文化与自然遗产公约》诞生以来，在全球范围内共有 180 多个国家或地区加入，是目前缔约国最多的公约之一。截至 2019 年 12 月，全世界共遴选了遗产 1113 处，其中文化遗产 861 处，自然遗产 213 处，文化和自然双重遗产 39 处，从中能够折射出遗产概念的传播速度及其给全球带来的巨大影响。截至 2019 年 12 月，中国已有 55 项世界文化、景观和自然遗产列入《世界遗产名录》，其中世界文化遗产 32 项、世界文化景观遗产 5 项、世界文化与自然双重遗产 4 项、世界自然遗产 14 项。

文化遗产不是一个封闭的概念，而是一个开放的概念，它的内涵和外延随着社会的进步不断得到扩展。概念的演变反映出人类思想观念的演变，随着文明的不断进步，对文化遗产的认识和理解不断深化，保护的范围和对象也随之不断扩大。"文化遗产"概念是应社会发展和文物事业的发展需要而生的。"遗产"的概念发展演变表明，人类认识历史和文化的包容性在逐渐扩大，对文化遗产的内涵和外延、价值和作用的认识也在不断提高，对待历史文化的态度更加科学。"文化遗产"概念能够拓展新的范围，产生新的含义，把更多具有特性的物品纳入它的界限，因为它反映的不仅仅是过去的物化载体，而是其中蕴含的丰富文化。"文化遗产"概念的广泛使用表明了我国政府对文化遗产事业的高度关注，显示了国家对优秀文化传统的尊重与文化传承的决心。

（二）文献概念的变迁

文献一词最早见于《论语·八佾》篇。孔子说："夏礼，吾能言之，杞不足征也；殷礼，吾能言之，宋不足征也。文献不足故也。足，则吾能征之矣。"郑玄注云："献，犹贤也。我不以礼成之者，以此二国之君，文章贤才不足故也。"朱熹认为："文，典籍也。献，贤也。"简言之，"文谓典册，献谓秉礼之贤士大夫"，给出了文与献的传统界定。在古代中国，文章典籍是由熟悉掌故、胸怀六艺的贤才编撰而成的，文与献尽管含义不同，各自独立，但又紧密相连，不可分割，成为表述文化知识的统一体。综述历代注疏，孔子的本意应是：夏殷两朝的礼仪制度他都能说，只可惜杞、宋二诸侯国的典籍贤才不足，不能一一验证自己的记忆。孔子一方面重视典章制度的文本，另一方面留心谙习礼制的贤才。他认为二者都是印证历史文化的凭据和传承民族文化的载体。

马端临在其《文献通考》中一方面继承了传统文、献的要旨，另一方面根据自己征集资料的实情，对文和献作出了明确的、较详备的定义。他在《自序》中指出："凡叙事，则本之经史，而参之以历代会要，以及百家传记之书，信而有证者从之，乖异传疑者不录，所谓'文'也。凡论事，则先取当时臣僚之奏疏，次及近代诸儒之评论，以至名流之燕谈，稗官之记录，凡一话一言，可以订典故之得失，证史传之是非者，则采而录之，所谓'献'也。"在这里，马端临一方面强调"信而可征"的典籍资料，另一方面关注诸儒"可以订典故之得失，证史传之是非"的"一话一言"。换言之，"文"是历代的文字典册，"献"是贤才的言语评论。马端临在郑玄、朱熹的基础上，言明文献的内容，使文献的内涵更加豁然明朗；同时，又给文献"订得失""证是非"的限定，使文献的定义广泛而有所指，并非泛指一切资料而漫无主旨；有限而不狭窄，并非局限一事一物而有所拓展。马端临在其书中，凡顶格写者为文，低一格写者为献，使读者对文与献资料的征引区分一目了然，如果"诸史传之记录（即文）而可疑，稽诸先儒之论辩（即献）而未当者"，则"窃著己意"，低两格写为考，从而既使文与献相参和，又留存己意。

中国传统上关于"文献"的观点，虽然各自针对的对象、立论的基础、阐发的侧重有所不同，但都分别引申了"文献"的内涵和外延，为广义的文献定义提供了理论基础和历史文化背景。因此，总体考察都认为"文献"一词蕴含了"书"与"人"两大要素，而书与人都是保存和传承人类知识文化的载体。文献是人类文明的产物，是人类有意为之的，从这一意义上说，献乃是文的前提，文是献的结果，文与献相辅相成，共同构筑了人类知识文明的大厦。明焦竑《国朝献征录》、清李桓《国朝耆献内征》、清钱林《文献征存录》等著作，其内容均记录着旧乡贤、哲人先儒事迹，证明到明清时期仍一直沿用"献"作为贤人的本意。综上所述，文谓典册，献即贤才，已成为中国传统文献观的定论，只是在"献"上，或谓为先儒之言语议论，或说是贤达之行动举止。就文献内容本身说，贤才当蕴含其言论行举。

虽然文献的含义在古代还是比较统一的，但是到了近代，特别是现代，人们对文献这个概念的理解和解释却发生了很大的变化，存在着严重的分歧。人们在不同的领域、从不同的角度对文献做出各种解释，情报学领域强调文献是"知识的结晶，情报的主要来源"，图书馆学则称文献为"一切知识的载体"；从资料工作的角度出发，文献又被认为是科学研究的物质基础和劳动对象。

为了保证文献工作的顺利开展，并进而实现统一化、规范化和标准化，全国文献标准化技术委员会从 1979 年开始制定有关文献工作术语的国家标准，至 1983 年 1 月 29 日由国家标准局批准公布，这就是 GB/T 3469—1983《文献类型与文献载体代码》。在这个标准中，"文献"被定义为"记录有知识的一切载体"。根据这一标准定义，文献概念的外延相当广泛，它应当包括用文字、图形、符号、声频、视频等技术手段记录人类知识的一切载体，如普通图书、连续出版物、非书资料、古籍、档案、地图、乐谱等各种类型的文字材料，同时也包括了一部分实物资料。

综合以上各种论述，本文认为，文献是过去和现在的国家机构、社会组织以及个人从事政治、军事、经济、科学、技术、文化、宗教等活动直接形成的对国家、社会和个人有保存价值的各种文字、照片、图表、声像、音频、视频等不同形式的记录。

（三）民族文献遗产的界定

少数民族产生的文献遗产的具体内涵和外延决定了本研究的具体范围。本研究将民族文献遗产定义为：少数民族在社会活动中形成的，由不同形式的载体材料和记录内容构成的，以不同类型的记录符号表现出来的，记载着少数民族多样文化和历史的原始记录总和，即研究和记载与少数民族有关的政治、经济、地理、教育、文化、生活等方面的文献。

民族文献遗产具体包括三部分：（1）用汉字记录的有关少数民族问题的文献遗产，包括党和国家在各个历史时期所制定及执行的少数民族政策的文献，记录各少数民族地区与民族政治经济文化生活有关的其他文献。（2）用少数民族语言文字记录少数民族问题的文献。比如云南地区少数民族使用的语言分属汉藏、南亚两大语系，又分属藏缅、壮侗、苗瑶、孟高棉4个语族。属汉藏语系的语言有藏、景颇、哈尼、傈僳、拉祜、纳西、基诺、卡卓（通海蒙古族语言）、载瓦、阿昌、白、普米、怒（阿侬、怒苏、柔若3种语言）、独龙语等语言。属南亚语系的语言有佤、布朗、德昂等语言。云南少数民族文献遗产使用的古文字文种有彝文、藏文、纳西东巴文、傣文、方块白文，这些文字已有上千年或数百年历史。除上述古文字外，还有20世纪初创制的景颇、拉祜、老傈僳、老苗文，以及新中国成立后为壮、布依、彝、苗、哈尼、傈僳、纳西、佤等民族制订的拉丁字母形式的文字。现在云南25个少数民族除回、满、水3个民族已使用汉语外，其余22个民族共使用26种语言，14个民族使用着22种文字或拼音方案。（3）没有文字的少数民族用口耳相传和用简易图形符号记录形成的文献。比如历史上云南地区除藏文、傣泐文、傣那文、彝文、方块白文和纳西族的东巴文有较丰富的手抄本或木刻经文和其他文献资料，其他文字流传下来的资料很少。其他少数民族没有记录本民族语言符号的文字，他们大部分正在使用汉字，少部分则使用别的少数民族的文字。这些没有文字的民族，他们的历史、文化、传统及生产和社会生活经验等继承、传播和发展，除部分借助别的民族文字来完成外，在大多数情况下，只能靠心记口传和用简易的图形符号来完成，如历史上佤族人民相互间通信表情达意和记事记数时主要用刻木、结绳和以物传情的方法来代替书面文字。这部分简易实物符号同样是民族文献遗产中必不可少的内容，也是本研究中重点关注的对象。

民族文献遗产的本质内容特征是民族性与原始记录性的统一。民族的出现首先是根据自己的形成特点区别于另一民族的，其次是依照本民族的生活和生产方式去创造自己的文化和文献。民族文献遗产内容最本质的特征是由各少数民族的民族性或民族特色所决定的，主要表现在四个方面：一是少数民族独特的形成状况，这是历史所赋予该民族的历史范畴，使其逐渐形成该民族客观存在的特征，由此又影响到该民族的生活习俗和生产方式；二是聚居民族与散居民族的文化传播与发展，对于民族特色的形成有着显著的影响；三是少数民族的文化积淀，作用于或构成该民族特有的经济、政治、宗教、传统信仰等因素，也都影响着民族特色的形成；四是少数民族聚居地域的自然地理及其他重大事件，对民族特色的形成或发展有着显著的影响。

如果说民族性特征表现了文献遗产的内容范围，从内涵上揭示了文献遗产的本质属性，那么原始记录性特征则反映了文献遗产的内容价值。民族文献遗产的原始记录性特征主要包括六个方面：一是少数民族居住地域自然地理的原始记录资料；二是少数民族生产与经济的原始记录资料，包括该民族各种经济行业生产方式的原始记录；三是少数民族的形成、发展的历史与政治的沿革、人口变迁、人物等原始资料；四是少数民族与其他民族的关系、矛盾的问题的原始记录资料，这部分也包括少数民族自身的事务、问题的原始记录；五是文化类的原始记录资料，包括语言、风俗、宗教礼仪、文物、诗文戏曲等；六是无文字民族的有原始记录性特征的"口传文献"。

在对民族文献遗产的本质内容特征已经明晰的基础上，有必要再对民族文献遗产的覆盖范围标准做详细地解释，因为其覆盖范围内的文献遗产就是本研究具体的研究对象。

一是民族文献遗产的民族范围问题。本书认为凡涉及历史上和现当代少数民族的具有民族性内容的文献遗产均应包含在内，这是原则性的大范围标准。同时，还应该结合各不同民族形成的历史特点，以及该民族的人口变迁所处地理环境，来确定其民族范围标准。例如云南省大理白族自治州的图书馆、文物管理所、博物馆在收藏、征集白族文献过程中，把大理国时期乃至今天白族人口变迁地域范围中有关白族内容的文献，都划入到白族文献的收集范围标准中。因此，要从历史上正确认识该少数民族所处地理环境和发展变迁，才能确定该民族文献遗产的范围标准。

二是少数民族语言文字文献遗产是否全部纳入文献遗产范围的问题。目前大致有两种认识：一种是凡少数民族语言文字记录的文献，不论其内容是否涉及民族性，都属于少数民族文献的收集范围标准。因为它们能够反映该少数民族语文的发展水平，有助于研究民族文化发展的整个状况。另一种是，凡民族语言文字记录了大量民族性内容的文献，纯属于少数民族文献。但一些未涉及民族性内容的民族文字文献，只是用于民族地区传播功能的，不足以构成民族文献的主体。这种认识主要考虑到三点，首先是它反映了文化的延续性和该民族的客观存在；其次是基于国家针对少数民族的政策需要；最后就是民族文字文献较之于汉族文字文献极少。然而，新时期的少数民族语言文字文献，多是由于国家政治、经济、文化、教育等内容的信息传播需要，以民族语言文字记录形式的民族文献。这部分文献有许多部分未涉及民族性内容，就不应列入民族文献的范围。因为，"民族语言文字平等，并不意味着各民族语言文字的使用范围相等"，这是相对于共同地域与共同语言的关系而言的。此外，只要文献中的民族性内容在达到一定比例或其记录内容的参考价值有着举足轻重的影响，在一定意义上也应算作民族文献。因此，少数民族语言文字记录的文献能否纳入少数民族文献遗产范围，关键视其记录内容而定，文献遗产中民族性的内容特征是必要条件和必需前提。

三是少数民族作者形成的文献能否全部纳入民族文献的问题。凡是少数民族作者，主要是本民族的领袖、艺人、知识分子形成的文献，自然是以"自观"、"自我"的体验来传承、撰写、描绘、谱写和创作本民族的历史和文化，因其形成意识的"共同心理素质"特征问题，均可以归入民族文献的范围。这是因为古代社会，人们交往范围非常狭窄，特别是各个民族之间的社会交往，是局限在极其狭窄的地域、族群范围内的。虽然在经济、文化和军事上不断渗透，但是，没有哪个民族的文化成为另一民族的主体文化，否则，被同化的民族就会丧失自己的文化特征而消亡。即使是没有自己的文字而借用另外一个民族的文字书写或者没有自己的语言文字而借用另外一个民族的语言文字表达思想的民族，仍然保留了自己的文化特征。但是，凡少数民族作者的文学、文艺作品未涉及民族性内容的，就不应列入该少数民族的民族文献，因为它不具备该少数民族文献的特征。然而，这并非排除外民族艺人和知识分子以"他观""他者"体验书写本民族历史、文化的事实，其他少数民族作者及国外民族人士的著述，只要内容涉及该少数民族的，就应纳入该少数民族的民族文献范围。同样，该少数民族作者形成的关于其他少数民族的文献，要归入其他少数民族文献的范围。

四是民族文献遗产的收藏范围问题。可以肯定的是，收藏于少数民族聚居、生活、社会交往区域范围内的关于少数民族的文献遗产皆可纳入，不论是官方机构还是民间个人的收藏。历史上，少数民族地区有大量的民族文献通过各种各样的途径流散分布到国内其他地方和国外的机构和个人手中，这部分少数民族文献遗产同样要纳入民族文献遗产的范围之内，而且这一部分文献遗产的数量和比例并不在少数。

五是民族文献遗产的时间范围问题。1983 年，首届全国少数民族古籍整理出版规划工作座谈会决定，民族古籍的时间下限，不搞一刀切。要"因族制宜"，重在看内容是否具有古代传统文化的特征。目前，各省、自治区、直辖市大都把民族古籍的下限时间定在中华人民共和国成立前，道理就在于此。同样，目前大部分观点仍然把少数民族文献遗产的下限时间确定在新中国成立之时。本研究认为，当前文化遗产流散消失急剧加速、抢救保护亟须得以重视的社会环境下，民族文献遗产的下限时间应该适当下延，部分民族文献遗产的下限可以不受这一限制，在新中国成立时间为基础下限的前提下，可以适当下延放宽到当代。例如，20世纪50—60年代，中央访问团、云南省各有关单位及国务院民族事务委员会先后在云南少数民族地区开展了一系列的民族情况调查，并形成了大量的手稿，由云南省社会科学院图书馆收藏的这8000余件手稿文献就可以认定为云南省的少数民族文献遗产①。

可以看出，民族文献遗产是各少数民族文化遗产中的精华，是各少数民族追述古代文明、延续民族文化的重要载体，是确认民族身份的重要凭证，是联系民族历史与未来的重要桥梁，是保存民族记忆的重要工具。更好地保管和保护它们，使其更完整地传承下去，发挥其应有的作用和价值，是民族工作者、文献保护工作者和各级有关部门不可推卸的责任。

三　民族文献遗产隐性信息的概念

结合民族文献遗产的定义、内涵以及隐性信息的概念，民族文献遗产隐性信息可以定义为隐藏于民族文献遗产记录符号之中的特殊信息，这些信息并不为文献上的记录符号直接记载、直接显示，是一种离散的、未能给予系统表述的、能够提示文献内容实质的、未被记录符号表示的信息，需要通过特定人员如研究人员、传承人员的解读才能获取。

民族文献遗产隐性信息是熟练阅读、掌握民族文献遗产的人作为信息主体与民族文献记载的信息内容进行知识交流和交互感悟过程的结果，人通过对民族文献的阅读、理解、吸收、体验将信息主体的个人知识积淀附加于民族文献的信息客体之上，产生了不同于民族文献以往所表征的任何信息内容的崭新信息，同时将民族文献的内容内化为人的知识内容的一部分。

---

① 段晓林：《20世纪50—60年代"云南少数民族调查手稿"概述》，《云南图书馆》2007年第4期。

杨昌斌、欧阳佩瑾等人①在对民族文化信息的载体特征进行深入探究的基础上，对"民族文献信息"进行重新诠释，结合 1983 年颁布的《文献著录总则》给文献下的定义，对"民族文献信息"的概念进行新的定义，即"民族文献信息"是指除汉族以外的，研究、记录、存贮、传承和再现我国各少数民族的哲学、宗教、政治、经济、历史、地理、教育、科学、文化、生活习俗等传统知识信息的物质形态的或非物质形态的一切载体。他们认为民族文献信息包括 11 个方面的内容：第一是用少数民族文字记载的民族文献信息；第二是少数民族籍作者智力创造成果所形成的文献信息；第三是用汉文记载的有关少数民族问题的民族文献信息；第四是用外国文字记载的研究我国少数民族的文献信息；第五是用视音频技术、多媒体技术等现代技术手段记载的有关少数民族方方面面的文献信息；第六是用简易图形符号记载和传递民族文化知识的文献信息；第七是用语言代代相传的具有民族史料价值的口碑文献信息；第八是物质实体记载和再现的民族传统文化知识文献信息；第九是以仪式为载体的民族文献信息；第十是以习俗为载体的民族文献信息；第十一是整合性载体形式的民族文献信息。针对民族文献信息中的 11 种形态，其中的"第六是用简易图形符号记载和传递民族文化知识的文献信息；第七是用语言代代相传的具有民族史料价值的口碑文献信息；第八是物质实体记载和再现的民族传统文化知识文献信息；第九是以仪式为载体的民族文献信息；第十是以习俗为载体的民族文献信息；第十一是整合性载体形式的民族文献信息"表面显现的信息内容并不能充分体现文献信息内容，简易符号、语言口碑文献、物质实体、仪式、民俗以及整合性载体中蕴含着丰富的隐性信息。

第二节　民族文献遗产隐性信息的属性

民族文献遗产的隐性信息本质上是信息主体对于民族文献内容的理解能力和感悟能力的直接呈现，同时表达出信息主体对于民族文献的内涵信息的挖掘、获取的机会，通过将隐性信息吸收为自身的内化信息，信息主体实现了信息客体的再次信息发现。隐性信息是民族文献遗产的信息主体

---

① 杨昌斌、欧阳佩瑾：《民族文化信息的载体特征与图书馆民族文献信息资源建设模式探析》，载中国图书馆学会《以人为本　服务创新》，北京图书馆出版社 2005 年版，第 238—241 页。

掌握的知识，是通过实践、行动呈现的知识，是难以准确表达的知识。

一 隐性信息是理解、领会民族文献遗产的能力

民族文献遗产的显性信息是文献中直接使用图画、文字、符号记载的、能够使用当代通用的识别方式来解读的信息；隐性信息则是研究人员、传承人员精通掌握但又难以使用显性记录符号来传播的知识。显性信息的真正实现取决于研究人员、传承人员对民族文献的理解，而隐性信息则侧重于在对民族文献理解的基础上深入解读显性信息，因此隐性信息本质上是对于民族文献显性信息的理解能力，是领会民族文献记录符号之外信息的领悟能力。民族文献隐性信息相对于显性信息具有理论上的优先性，它在人类认识民族文献的各层次上都起着主导性的作用。显性知识的真正实现取决于人们对民族文献的理解程度，也就是对民族文献中的显性信息和隐性信息能够共同融会贯通。

对于民族文献中尚未理解的内容，此时人们并不能完全熟悉其中的隐性信息，也就是表面的显性信息显然无法与隐性信息共同被人们领会，也就失去了信息传递、传播的机会。以民族文献中的祭祀仪式为例，只是记住仪式过程的文字甚至图画、视频内容是难以完成整个仪式过程的，因为仪式中的身体表演形态、面部表情的变化、道具的使用方式、演唱声音的腔调等内容都是显性的记录符号如文字、图像、音频甚至视频难以完整展示的。只有在理解、领会民族文献遗产中显性信息的基础上，对隐性信息充分地融合后付诸实践，人们才能将显性的祭祀仪式信息背后隐藏的隐性信息发掘出来，共同通过动态的祭祀仪式的表演来呈现于世人面前。在民族文献的普及型传播过程中，显性信息强调普通记载知识的公共性和客观性，强调文献记录者和知识的大众性特征，而对文献记录者的个体性因素在研究和传播过程并不给予强调。隐性信息则强调文献记录者个人的性格品德、思想情感、道德修养等个体特殊性，这些对于文献记录的深度发掘具有重要的意义。在发掘隐性信息的时候，研究人员或者传承人员怀着责任感和普遍性意图而进行信息的识别认知活动，他们的行为遵从显性信息中的启发性提示，并与某些隐藏的隐性信息建立起联系。

二 隐性信息是民族文献遗产的信息主体知识

民族文献遗产隐性信息不能脱离研究人员或者传承人员等认知信息主

体，信息主体的意图和情感是信息的表现存在形式，不存在超然于具体个人的信息，信息承载了信息主体的判断和责任，信息主体只有与隐性信息内容相结合时才可称之为隐性信息。民族文献遗产隐性信息必须被看成与信息主体个人和环境因素相关的信息，并且这种信息构成信息主体独一无二的优势。如果隐性信息的内容尚未组织起来，则以信息的常规法则判断还不能称为信息，即特定时间和地点环境下的内容。有鉴于隐性信息的非组织性、分散性和隐蔽性，信息主体在发掘过程中比其他人具有某些方面的优势，因为作为信息的发掘主体掌握着独特而垄断的信息。

民族文献遗产中属于个体层面的隐性信息，是极少数人通过学习、领悟和实践积累而形成的，包含着诸多隐性的个体因素，如信念、观点、情感和价值体系。民族文献遗产中属于公共层面的隐性信息，可以为人们普遍使用，就公众使用的过程来看，信息主体的个体性介入，仍然是普遍地存在的，诸如判断力、想象力、知觉、理智的激情、信念、良知、责任心等个体性的协同因素。民族文献中记载着一些关于传统技艺中有价值的指导规则，虽然这些信息只是传统技艺的普遍性规则，但是规则信息的完全呈现最终取决于信息主体个人的判断。每一项文献信息中都包含了信息主体的知识贡献，即信息主体在发掘信息过程中无所不在的参与。这种信息发现过程与现实的联系就是隐性信息的客观性，而客观性与信息主体个人性相结合就是信息主体的个人隐性信息。信息主体能动性的发掘、形成与接收隐性信息，可以视为隐性信息重新呈现的标志，也可以看成一切信息主体个人知识行为的显著特征。

三 隐性信息是民族文献遗产的实践、行动知识

隐性信息的发现过程是信息认识主体积极主动地发挥其隐性信息发掘能力的过程。民族文献遗产隐性信息包括了辅助意识和集中意识，虽然两者之间互相关联，但是从隐性信息的具体结构上来看，目标意识和辅助意识之间的关系并非是事物发展过程中主动自发形成的，而是需要认识主体的重组、整合作用。这样，隐性信息才能具体地展开于从辅助意识转向集中意识的动态过程中。

通常情况下信息认识主体的身体是感知外部世界的主要接触工具，实现了从外部世界获得知识的机会。如果要认识其他外部事物，必须依赖于对信息认识主体身体的各种感官机能的意识。当信息认识主体集中感知外

部其他事物时才辅助意识到信息认识主体自己的身体，而此时信息认识主体身体就是外部事物被感知知识的集合体。信息认识主体以自身存在为基本工具，绝大多数信息认识主体的行为是一种言语和身体活动密不可分、二者兼有的统一集合体。在对民族文献遗产隐性信息的认识中，都包含了对信息认识主体的辅助意识，各种物质工具，如道具、服装等，是信息认识主体身体属性的自然延伸。信息认识主体对民族文献遗产隐性信息的辅助意识和集中意识综合而成信息主体的个体经验，这其中已经蕴含了主体的个人存在如知识、情感、价值等内容的参与。

民族文献遗产隐性信息作为一种信息，总是能够以某种或明显或隐晦的方式来表达。即使不能用明显的记载符号来表达，也能以非语言的方式比如行动来表达，是信息认识主体在行动中所拥有的某种信息。隐性信息是一种内在于行动的信息或构成行动的信息，因此民族文献遗产隐性信息就是实践的知识、行动的知识。民族文献遗产隐性信息不是一种被动的经验信息总结，是隐性认知的信息，是信息认识主体积极主动地发挥其隐性信息发掘能力的过程。

四　隐性信息是民族文献遗产的不易表达知识

民族文献遗产信息认识主体能意会、不能言传的隐性信息内容非常丰富，其远远多于显性信息。民族文献遗产显性信息可以说只是"冰山一角"，而隐性信息则是隐藏在冰山底部的大部分。隐性信息是智力资本，是给大树提供营养的树根，显性信息不过是树上的果实。

民族文献遗产隐性信息是不能通过语言、文字或其他记录符号进行逻辑说明的，因此，隐性信息又可以称为"前语言信息"或"非明确表达信息"。隐性信息获取的成本很高，且难以获得。只有通过实践的途径，如模仿、面对面交流、观看录像、师傅带徒弟、"边干边学"等方式或途径来学习。在民族文献遗产中，存在着大量的难以明确使用普通记录符号表达的隐性信息。隐性信息非言传性的原因，主要表现在四个方面：（1）隐性信息中特定操作的步骤、程序一般比较复杂，所要求信息认识主体处理的强度、速度和同时性迫使新信息认识主体不得不努力寻找协调的细节。在这种情况下，具体的操作无法放慢，无法慢慢完成。（2）由于隐性信息嵌入在复杂的自然环境、社会环境背景之中，难以表达出掌握一项隐性信息所必需的全部内容，如果众多环境变量之一改变频繁，隐性信息也就难以全部显现出来。（3）对于一项复杂的隐性信息，即使可以明确表达出信息的细节，它们之间的关系也仍然难以用语言表达，这是由于语言的时空特征使信息认识主体无法同时描述关系并勾画事物的特征。这意味着，不同的信息认识主体，其非言传性会有差异；特定实践的显示速度缓慢，变化程度减少；信息环境越标准化，越可控；信息作为一个整体越能分解成一组以非常简单的方式关联在一起的简单部分，那么隐性信息就越易表达。当然，如果隐性信息表达的成本过高，那么原则上可以明确表达的信息在事实上也会成为隐性知识。（4）隐性信息只存在于人的经验之中，存在于人的头脑之中。受制于信息认识主体的自然限制，人的情感、技术水平、思想观念也会影响隐性信息的明确表达。

第三节　民族文献遗产隐性信息的形态

民族文献中使用的信息记录符号，表达了信息记录主体在生活实践中所接触的物（实体）、事（动态）、意（概念）的感觉，用形象的文字、图画、符号记录在不同的载体上，可以传达信息，保存记录。民族文献遗产隐性信息的形态直接体现在记载信息的记录符号中，体现在记忆信息的活态传承主体中，体现在信息展示的操作实践中。

一　隐性信息的形态首先体现在信息记录符号中

民族文献遗产的信息记录符号是显性信息的直接载体，更是隐性信息的直接依附。信息记录符号组成了民族文献的具体内容，是文献赖以存在的物质实体，也是文献整体信息的原始凭证。信息记录符号通过信息记录主体通过一定的记录规则、手段以各种记载方式来记录在文献载体上，表达了信息记录主体的原始思想情感和记录过程中的个人知识水平。

比如纳西族东巴使用象形文字，就是用图像的象征写成文字，以一字像一物或一事或一意，但与图画的惟妙惟肖表达的美感不同，而是用简单笔画粗略表达出具体的事、物、意轮廓。纳西族东巴文字在发展过程中，走出了图画文字的"原始"，为实用而简单，但既然是以"图像的象写成文字"，手段仍然决定了它的图画性。对东巴文字进行分析后，就会发现简单地使用吟唱的手段来表达出图画文字的意思是难以完全表述清晰、全面的，应该以对待成熟文字的态度或者是以成熟文字的解释方式去意译，在此过程隐性信息需要被充分地发掘出来。

东巴图画文字的特点在于文献整体性信息的呈现，即不仅直接呈现出文献记录对象的行为，而且描绘出记录对象的行为方式、行为特点。由于图像在文献记录中的重要表达，文字的意义被淡化，符号的意义则被强化。例如对于能指层面"男人唱歌"的显性信息，而在隐性信息层面，则是指代围绕"男人唱歌"这一行为，延伸集合出一系列相关的信息要素，如唱歌所表现出豪爽的民族性格；依恋大山的民族性格；身体的曲线透露出的心情欢愉；纳西族的审美意识等内容。单一的信息记录符号此时已经失去了表面意义，通过表面信息符号而表征出来的隐性信息更多是隐藏于显性信息之中，通过全面的记录而成为多元信息的复合体。

对于其他类型的文字而言，信息具体内容的表达，通常通过有规则的文字排列以特定的语法来完成信息的记录。对于东巴图画文字来说，则很难呈现完全对应的关系，图画文字在强调文献整体性信息时，就已经建构起了内部的隐性信息表意体系。如果忽视了东巴文献中这种内部信息表意方式的存在，必然导致信息整体的丢失，所以在进行东巴文的符号解读时，不能采用一般的显性信息直译方式，首先要完成的是内部隐性信息表意内容的解读。

东巴文献中确实存在着一些单一信息的记录符号，多是存在于名词中，如使用羊头的符号代表羊；使用牛头的符号代表牛。即使是这些单一信息的记录符号，也存在着表征信息意义转换的问题，也就是符号虽然简单，但是仍然具有相当部分内容的隐性信息。这是因为信息主体的认知构成有具象性的一面，同时也具有抽象的一面。具象性事物的表述，可以通过图像符号的方面进行直接辨认，如羊、牛。可是如果要表达出羊的死亡或者牛的死亡这些隐性信息，使用图像符号来表征的羊头或牛头就无法将事件来完整表示出来。这时，东巴图画文字符号就用翻转的羊头或牛头来进行隐性信息意义的转换。此外，这种单一信息记录符号一旦同行为性的复合性记录符号结合，其信息的内容构成中相应就会增加多元性的隐性信息。

从信息传播过程来看，记录符号总是代表着某一事物，它既能够脱离信息传播关系的双方而独立存在，又能够贯穿于信息传播活动的全过程。通过人类约定俗成而建立起来的记录符号，表现为某种文化体系。同时，记录符号也是可以转换成显性信息的传播要素，是信息传播过程中为传达信息而用以指代某种隐性信息的媒介工具。就汉字而言，意义的表述让人更多地感受到其表面"表现"性，而东巴文献记录符号因使用图画记录方式，其意义的表述则将再现性与表现性统一在一起。也正是在这一意义上，东巴文献的记录符号意味着更为丰富的隐性信息。

二　隐性信息的形态体现在记忆信息的活态主体中

民族文献遗产在传播信息过程中，以文献作者的记载信息为主要传播对象，其中最多的内容就是特定的隐性信息，信息认识、传播主体正是凭借隐性信息去把握揣测文献作者、处理信息，而隐性信息解读，实际是解读文献作者的信息构建活动，包括客体信息与主体信息、物质信息与精神信息、自然信息与社会信息，而这种信息思维在民族文献的语言文字中体现得较为具体。由于民族文献使用的图画、文字等记录符号的数量有限，远远少于汉语、汉字的使用数量，所以，作为文献记录符号的使用，往往借助于记录符号的能指，通过象征与隐喻进行所指的隐性信息转换，使图画、文字等记录符号在意义的表现上具有了多向性。而这种隐性信息转换同汉语古典诗歌一样，是通过信息认识、传播主体的文化经验实现的。信息认识、传播主体包括专业的研究人员、文献相关内容的传承人员以及普通的民族群众等人群。

从人类信息的传播历史来看，语言作为交流的工具使人类由动物变成了人类，而文字作为文明的标志之一，则使人由原始人类步入了文明社会。没有语言作为信息交流的工具，人只能是动物世界中的一员，而没有文字，人就不可能创造出高度发达的文明并且加以记录来传承给当代的人群。可以说，正是民族文献中的文字、图画等记录符号的使用，使得远古人类文明的发展历史得以被历代的人群依次传承，至今为我们现代人使用。虽然，历史上民族文献中的记载只是历史的部分内容，但是结合语言继承传播的隐性信息，仍然构成了民族文献的主体内容。在这一传承信息的过程中，信息主体的活态记忆是民族文献记录符号之外的信息主体，也是我们继续传承的对象信息。

就人类历史信息传播的记录性质来看，信息主体传播信息使用的语言是事物的直接记录符号，而文字则是信息主体经过加工之后使用的间接记录符号，是表现语言符号的符号。在文字记载语言信息形成文献的过程中，经过了文字的重新筛选、加工和提炼，使用了容易表现事物信息的文字来记载，隐性信息在这一过程中被信息主体的主观意愿所重新组合。信息传播过程中语言的传播导向形而下，而文字的传播导向是形而上的。正是由于文献文字所涉及的内容仅仅是间接的现实信息，是对信息表达主体对语言信息的符号化表意，所以，文献文字经过信息表达主体的整理便自然形成了同现实世界信息相对应的加工后信息。只是由于民族文献使用的图画、文字仍然带有部分的具象性特征，使普通民众将文献中的图画文字视为现实的、真实的、全面的信息，而现实的显性信息似乎成为文献记录符号的副本，导致文献记录信息符号表征的全部信息出现重新解构。

民族文献作为信息表达主体记载的历史上全部社会活动的重要记录，表达了历史上社会人群的集体意识，其本质是信息表达主体的内在精神和观念体系的总结，是抽象的而非感性的深层次意识呈现，这些深层次的隐性信息是难以直观表现的。但是现实存在的隐性信息却并非是纯粹抽象的混沌，它总是以某种直观的方式存在的，对于与传承人员、仪式表演、实践操作相互结合更加紧密的民族文献来说，更是需要把抽象的隐性信息以信息表达主体的活态形式进行直观地转换。

民族文献的现实信息总是以符号的形式呈现于世人面前，记录符号能够将人类一般的、普遍的信息得以直观化呈现，使信息成为人们可以识别、接触与把握的显性信息，但是其中的隐性信息仍然是记录符号无法完全表征的。世人皆是在记录符号的导引下，才学习各种文献中知识并传承人类社会的隐性信息。如果没有记录符号的介入，人们就无法认识、理解和掌握文献中的文化信息，没有记录符号，文献的隐性信息文化内容就不能传承、交流、蓄存和增加，隐性信息就无法生存，其功能也就无从发挥。

人类活动的类型是复杂的，包括了社会、文化、经济、思想和认知的因素，民族社会保留了相对更加繁杂的社会发展习俗，比传统的汉族社会表现出更加多样的社会形态。在特定的环境下习得的知识比正式的课堂学习获得的知识更加有力和更实用。民族文献的传承学习不仅仅是为了获得文献中记载的事实性知识，还要学习在特定的自然环境或社会环境中，通过真正的文化实践获得的知识。在基于情境的学习过程中，隐含在人的行为操作和处理事件情感中的隐性信息在信息学习主体与情境的互动中发挥作用，并随着信息学习主体实践经验的积累和丰富，其隐性信息的复杂性与有用性也会随之增加。民族文献隐性信息的学习传承目标是将外显的知识、技能、态度和信念的"灌输"或"训练"转变为内在知识、技能、态度和信念等隐性信息的"发展"上。

对民族文献遗产隐性信息传承人群的考察表明，他们个人的教育背景、知识水平及其在实际表演操作实践过程中的诸多细节，都说明传承人群的自身因素在民族文献遗产隐性信息解读过程中发挥着重要作用。文字认知能力与文本释读水平无疑是传承人全面获得文献知识、提高演述技巧的有利条件。在传承人基本掌握了文献记载的本领与相关知识之后，口头表达能力与叙事技巧的提高渐渐取代了文字书写的地位，进而在表演实践中完全隐退为文献叙事的记忆链条，成为传承人大脑中的隐性信息，而这种隐性信息是否能在口头叙事、仪式表演、工艺操作过程被激活、使用，进而转换为崭新的口头叙事资源，则同时取决于多方面的因素。民族文献作为少数民族民间叙事的主要载体，不仅表现为文献传统的叙事文本，呈现为文献内容的原始性法则及其所规定的记载规范，其更多的信息内容则发生和出现在传承人口头演述的真实过程中，而且文献的整体结构、词语的搭配、语法的运用、表征信息活力的发展态势，都体现为具体的口头叙事、仪式表演和工艺操作等实践过程，既取决于特定时空范围内的信息表达情境，也取决于信息表达主体的表演能力、竞争机制的形成，以及信息表达主体与信息接收主体的互动，民族文献遗产隐性信息的连续性实现或中断，都贯穿在每一次文献信息演述过程的始终。

民族文献遗产隐性信息的历时性轨迹与共时性呈现，也只能通过信息发现主体到信息产生、发展、变迁的特定环境中去发现、去感知、去追索，进而才能发掘出隐性信息的鲜活性、丰富性、复杂性和原生性的探索中，归纳和演绎出规律性的认知和理论性的阐释。对于这些能够释读民族文献中文字、图画的传承人而言，文字的掌握无疑是他们解读深奥难懂的文献文本、掌握大量古代词汇语法的前提和条件，也是显性信息被完整解读的基础。同时，在文献的习得、传承与表述能力的提高中，民间的传统文献如叙事长诗、抒情长诗、仪式歌调等，尤其是口头言语技巧如谚语、格言的娴熟掌握与综合运用，也产生了不可低估的影响。因此，从民族文献的传播——接受的动态过程来理解隐性信息与显性信息的二重统一，乃是极为重要的一个视角。口头叙事传统客观上激活了文献演述的口头传播和动态接受，使这些文献传承人脱离了各种记录符号的制约而走进普通民族群众的人群，融入民俗生活的特定情境中，并在特定的竞争机制中不断提高自身的信息表达能力与表演艺术，从而也促进了文献传统的长期传播和动态发展。

民族文献遗产的传承人以文字的记录来撰写经书、编著文章、记录历史、宣传教义，主要都是为了便于在社会的仪式生活中记诵和吟唱文献内容，因而充分利用了文献语言艺术的手段。由于文献信息的演述主要是在社会活动中孕育、成长，并不断得到发展和弘扬的，文献信息传承人正是从社会活动中产生的，他们往往成为民族社会中出类拔萃的智者。文献信息传承人不但继承了本民族蔚为大观的文献传统，同样也继承了文献隐性信息中的表达传统，他们秉承着传统的文献信息表达手段，以民族社会特有的精神范式，在隐性信息传承与显性信息之间构建了古老传统与现实生活之间的紧密联系。在厘清民族文献遗产隐性信息与显性信息之间的互动与联系的基础上，才能加深对民族文献遗产传承人文献演述传统及其表达本质的认识和理解。

三　隐性信息的形态体现在信息展示的操作实践中

民族文献在传承过程中，传承人结合信息展示的操作实践，文献中的显性信息通过操作将隐性信息详细地传授给被传承人。传承人传授给被传承人文献和识字的方法是与普通文字的传授方法类似，通过强化记忆、背诵、理解来达到认知、熟悉的目的，这也是师承制中长期倡导的一种声教方式。在民族社会中林林总总的仪式上，总能见到类型多样言传身教的场景，传承人在诵唱各类文献时，他身边往往有数位年轻的被传承人徒弟，逐字逐句地跟随传承人轻声诵读文献，此时显性信息首先得以传承，隐性信息并未得到完全的展示。传承人的领诵起着一种有声的演诵示范作用，被传承人跟着传承人一段一段地记诵，积段成章，直到能够背诵整部文献后，传承人才返回来让被传承人识字、抄写、释读并理解文献，并逐步掌握文献中的各种显性内容。

被传承人跟着老传承人在各种仪式中修习背诵民族文献，实际上触及了显性信息——隐性信息关联中的一个重要问题，就是将口承、记忆和表演与显性信息的习得、掌握和运用结合为一体。被传承人之所以能够记忆文献，就是因为老传承人不仅以言语传授知识，而且以身体的操作实践来演示信息内容，而具体的、动态的仪式情境强化了被传承人对文献显性信息的理解和记忆。被传承人不仅用语言、唱腔记忆，同时也用身体姿态和手势动作参与记忆。民族文献的显性信息在情境的配合下将隐性信息以操作实践的形式展示出来。老传承人教学从朗读到记诵，再到文字的习得和文献的理解，始终贯穿着面对面传授文献的教学主张，老传承人非常注重声情并茂地朗诵，也要求被传承人腔调准确，声音和文献内容的要素得到了高度重视。民族文献句式的短小、凝练和富于节奏的韵律，都为文献显性信息的传授提供了便利的条件。

从文化传播与社会交流的方式来看，民族文献显性信息的接受并不是由被传承人个体阅读活动构成的，而是由传承人与被传承人共同诵读、聆听活动构成的，而且是在林林总总的宗教仪式、民间生活仪礼、技艺实践过程中完成的。民族文献作为一种特定的显性信息而不同于一般意义上的普通文献文本，后者由于书籍的出版和普及，以物质形式传播而诉诸读者的视觉，在阅读活动中，文本生成文献的大部分信息，包括显性信息和隐性信息。而民族文献的文本，由于其书写传统有着自身的特点和历史的局限，诸如世袭传承的制度、垄断文字的保守、书写物质材料的不足、文献流通的限制、印刷技术尚未普及等原因，普通民众作为信息的接受者只能通过仪式活动来诵读文献、聆听文献，而非诉诸直接阅读文献，在直接阅读活动中文本生成文献的显性信息，在仪式诵读活动中文献的隐性信息由传承人结合操作实践得以展示。传承人将民族文献通过声音传播内容，被传承人以听觉接受的方式来学习文献，必然规定了被传承人对民族文献认知方式的特殊性。

信息展示的操作实践是民族记忆、文化传统、地方性知识得以积淀、传播和流通的一种方式，从这个意义上，民族文献隐性信息的实践活动为社会文化的发展提供了重要的机遇。传统的少数民族社会是面对面交流传播的口传文献社会，在这个口传文献社会中口头传播与口语交流的隐性信息构成了基本的社会互动信息传播方式，而以文字传播的显性信息居于次要地位。民族社会中的传承人作为知识分子与普通民众之间始终存在着一种默契、交流。这种默契和交流，是以一些民族文献中记载的地方性知识、民间智慧和对族群某种公共事务的共同关注为预设前提的。因而，信息展示的操作实践的文本演述具有激活族群记忆、动态传播知识、活跃族群交流、加强文化认同的特质。在这种口传文献社会中，普通听众在接受文献的同时也积极参与了文献的解读。实际上，文献在传承人看来，不仅包括有形的、成册成卷的有形书籍，而且也包含了无形的、以音声为表征的无形记忆文本。书写实践无法脱离其口传文化的传播语境，长期以来民族文献隐性信息一直在历时性的书写传承与现时性的口头演述中发展，并依托民间仪式生活而得到广泛的传播和接受。

民族文献意义的发生与内容的激活，皆是在信息展示的操作实践中获得生命的，因而民族文献的文本性显性信息与口传性隐性信息是合二为一、相互统一的。任何一部书写文献，对于少数民族传统社会来说，一旦脱离了传承人口头诵演的隐性信息，都不过是一页页毫无用处的书页而已。同时，一个出色的传承人往往能够熟练掌握大量的口诵文献，他们同样具有创造性的天赋和创新的才能，而且在他们自己所属的族群中建立了独有的审美标准和评价体系。

小　结

隐性信息是一种特殊信息，它与在社会经济生活中可以直接或间接获取的显性信息不同，是一种能够提示并预测未来发展趋势的、未萌动的"胎动"信息，它要通过分析研究才能获取。隐性信息来源于隐性知识。隐性知识的理论研究开始于20世纪中叶，英国的物理化学家、哲学家波兰尼于1958年首次提出了"隐性知识"这个概念。隐性知识的理论核心以科学直觉的研究为先导，批判了传统实证主义的科学观，提出了以人性为基点、以人为主体的科学信念、科学直觉的观点，得出把知识的内在结构、创造作为科学研究基础的观点。

隐性信息是当前的信息获取手段能够获得的知识，隐性知识存在于事物的发展过程中，但是很多知识并不能够为人类现有的知识探测手段捕获，也就不能成为信息。隐性信息在人类生存、发展过程中的各环节上起着主导性的、决定性的作用，相对于显性信息具有理论上的优先性。隐性信息并不是一种被动的经验，并不是存在于事物中的静态知识，而是认识主体积极主动地发挥其隐性知识发掘能力的过程。

"遗产"作为核心概念，它的发展变迁带动着"文化遗产"这一历史概念的出现。"民族文献"作为文献的一部分，与"遗产"相结合后，产生了"民族文献遗产"。民族文献遗产具有文献作用和文化价值的双重作用，仍然从属于"文化遗产"，是记录特征鲜明、文化信息内涵明显的文化遗产。民族文献遗产是各少数民族文化遗产中的精华，是各少数民族追述古代文明、延续民族文化的重要载体，是确认民族身份的重要凭证，是联系民族历史与未来的重要桥梁，是保存民族记忆的重要工具。

民族文献遗产隐性信息可以定义为隐藏于民族文献遗产记录符号之中的特殊信息，这些信息并不为文献上的记录符号直接记载、直接显示，是一种离散的、未能给予系统表述的、能够提示文献内容实质的、未被记录符号表示的信息，需要通过特定人员如研究人员、传承人员的解读才能获取。民族文献遗产隐性信息是熟练阅读、掌握民族文献遗产的人作为信息主体与民族文献记载的信息内容进行知识交流和交互感悟过程的结果。信息主体通过对民族文献的阅读、理解、吸收、体验将信息主体的个人知识积淀附加于民族文献的信息客体之上，产生了不同于民族文献以往所表征的任何信息内容的崭新信息，同时将民族文献的内容内化为信息主体的知识内容的一部分。民族文献遗产隐性信息本质上是信息主体对于民族文献内容的理解能力和感悟能力，同时表达出信息主体对于民族文献的内涵信息的挖掘、获取的机会，通过将隐性信息吸收为自身的内化信息，信息主体实现了信息客体的再次信息发现。隐性信息是民族文献遗产的信息主体掌握的知识，是通过实践、行动呈现的知识，是难以准确表达的知识。

民族文献中使用的信息记录符号，表达了信息记录主体在生活实践中所接触的物（实体）、事（动态）、意（概念）的感觉，用形象的文字、图画、符号记录在不同的载体上，可以传达信息，保存记录。民族文献遗产隐性信息的形态直接体现在记载信息的记录符号中，体现在记忆信息的活态传承主体中，体现在信息展示的操作实践中。民族文献遗产的信息记录符号是显性信息的直接载体，更是隐性信息的直接依附。信息记录符号组成了民族文献的具体内容，是文献赖以存在的物质实体，也是文献整体信息的原始凭证。信息记录符号通过信息记录主体通过一定的记录规则、手段以各种记载方式来记录在文献载体上，表达了信息记录主体的原始思想情感和记录过程中的个人知识水平。

民族文献遗产在传播信息过程中，以文献作者的记载信息为主要传播对象，其中最多的内容就是特定的隐性信息，信息认识、传播主体正是凭借隐性信息去把握揣测文献作者、处理信息，而隐性信息解读，实际是解读文献作者的信息构建活动，包括客体信息与主体信息、物质信息与精神信息、自然信息与社会信息，而这种信息思维在民族文献的语言文字中体现的较为具体。民族文献在传承过程中，传承人结合信息展示的操作实践，文献中的显性信息通过操作将隐性信息详细地传授给被传承人。民族文献的文本，由于其书写传统有着自身的特点和历史的局限，普通民众作为信息的接受者只能通过仪式活动来诵读文献、聆听文献，而非诉诸直接阅读文献，在直接阅读活动中文本生成文献的显性信息，在仪式诵读活动中文献的隐性信息由传承人结合操作实践得以展示。信息展示的操作实践的文本演述具有激活族群记忆、动态传播知识、活跃族群交流、加强文化认同的特质。民族文献意义的发生与内容的激活，皆是在信息展示的操作实践中获得生命的，因而民族文献的文本性显性信息与口传性隐性信息是合二为一、相互统一的。

第二章

民族文献遗产隐性信息表现特征

　　隐性信息是难以用言语表达、缄默、含蓄、不言而喻、心照不宣的信息，是超越显性信息的更深层次信息。显性信息仅仅在文献载体、记录符号的工具层面上具有传播知识的意义，而隐性信息清晰表达知识是很难确定的，不但要依靠信息表达主体的个人及其生活的环境，还需要调度信息接收客体的全部知识才能实现。民族文献遗产中蕴含的隐性信息具有解读的不确定性、来源的非理性、对个体的依赖性、对环境的依赖性、文化性、随意偶然性、相对性、稳定性、整体性和固定的程式性等特征。

第一节　解读的不确定性

　　隐性信息主要是存在于人的头脑中的，是高度个人化的知识，是一种主观的、基于长期经验积累的知识，包括技能、技巧、经验、信念、隐喻、直觉、价值观、思维模式等。显性知识是能够用语言加以表述的知识，是可以用正式、系统化语言传播的知识，能够存储在各种类型的载体上，编码在手册、程序和规则中，而隐性信息是存在于个人头脑中的、存在于某个特定环境下的、难以正规化、难以沟通的知识，是知识创新的关键部分。隐性信息具有社会文化、个人情感和认识的因素在里面，往往通过行动表现出来，因此隐性信息难以捕捉、限定和理解，有些甚至难以表达和交流。隐性信息主要来源于个体对外部世界的判断和感知，源于社会积累和个人经验。隐性信息是人类非语言智力活动的成果，不能通过语言、文字、图表或符号明确表述，一般很难进行准确描述与逻辑说明，这是隐性信息最本质的特性。

　　隐性信息都是不能单靠规则或技术规条来传授的，它们靠的是师傅教徒弟的方法来传授。各种技能或行家绝活如果在一代人中得不到应用，就可能会失传，从人类的知识中永远消失。隐性信息是人类历史上一切知识的主要源泉，抛弃了隐性信息，就等于自动放弃了人类的历史。隐性信息本质上是一种对于已有信息的理解力，是一种领会隐藏于显性信息后深层次信息的能力，是实现把握历史经验、重新对经验进行组合的能力。隐性信息整合意义的建构和解构随着信息表达主体、客体条件的变化而变化，是一种动态变化的过程，具有极强的不确定性，它随着信息认知主体、注意力的转移而生成或消解，是"突现"式发生的。无论是在同一层级信息的整合建构，还是在不同层级信息的整合建构，都是由隐性信息解读过程中瞬时生成的一种新的信息集合体，即在"突现"中生成的"新显性信息"。这种新信息既不是逻辑结构，也不是局部构件，而是各种解读因素在新条件下的新创造信息，也就是由解读整合后的新格式转化后具有新性质的"解读信息"。

隐性信息解读认知的内在性意味着信息的开放不确定性。共同构成一个文献整体信息的内部细节关系可能是不可确切表达的，尽管所有这些细节内容都是可以显性表达的信息。隐性信息认知作为一种信息表达主体的内在认识活动，可以摆脱逻辑的、固有的思维定式的局限，在信息表达主体意识的自由活动中创造出崭新的信息。新的信息在隐性信息的基础上实现原有新内容、特征的创新，都必须打破常规，实现探索、思维的飞跃，不是精确的逻辑，而是一种开放性的情境在起决定作用。另外，在信息表达主体认知的信息生成性过程中，隐性信息认知始终是未完成的、有待于完成的或正在完成中的工作。隐性信息的解读认知与其情境之间只有短暂的、相对的稳定性和确定性，有待于开放性环境的重新整合。

在社会活动中，作为智者的民族文献记录者，其心智活动与认识过程中会产生大量的与直接、表面、具体的东西不同的隐性信息，它们是内在、抽象的，因而不易表达出来。隐性信息只能以完善的形态存在于得到这些认识的人们头脑中，并不能通过记录符号完整地记载下来。如果要将隐性信息表达出来，它们就不再具有原先的完善形态了，而必须将其零散、具体、片断地分解整合，才能将这些内在的隐性认识信息重新表达出来。但是，这样的表达过程本身就是矛盾的。一方面，在表达者看来，这种重新表达是努力要将整个隐性信息全面地表达出来，因而在他看来所表达说出的信息仍然是完善的、活的；另一方面，在接受者看来，这种表达信息总是零碎的、死的、难以理解的，他没有从这种解读出的隐性信息中直接得到一个整体的、完善的认识结果。隐性信息表达与接受的过程决定了文献遗产中隐性信息解读的不确定性，除非文献记录者本人来重新表达记载的信息，否则后人即使对记录者的思想非常熟悉，也不可能完全领会记录者的本意并且完整准确地表达出来。

民族文献遗产很多以简易图形作为传承载体，这种情况在没有本民族文字的民族中表现尤为突出，如侗族大歌、苗族飞歌原始曲谱往往是用只有本民族歌师才能读懂的简易图形符号刻在竹片、木片上。侗族生产过程中流传有"一竿竹，一幢屋"的谚语，表明了侗族建筑的建筑设计图和尺寸标识均是刻在竹片上，这些简易图形符号代表的建筑图谱隐性信息只有侗族自己的建筑师才能读懂。由此可见，简易的图形符号对于特定的民族来说意义非同小可，它代表了一个民族特有的并以此为骄傲的传统文献中的多重隐性信息。而这些简易图形符号的解读，离开了歌师、建筑师，就可能很难将本意准确地表达出来。

以水书为例，书本上的水书内容，仅仅只是水书全部内容的很少一部分，大部分的水书内容都存在于水书先生脑中，依靠口传心授才完成其余未记载隐性信息的解读。水书先生口传心授的大量内容反映在各类祝词、咒语、口诀、卜辞、验辞、祭典要义、礼仪程序、巫术用品、历法演算、各类占卜技巧、禁忌项目、黑白巫术技能、征战攻守防御方略、生产生活择吉等。如果离开掌握、熟悉、传承文本的水书先生，水书的卷本就失去了"灵魂"，而成为无生命的"标本"。一个水书先生就是一座水族传统文化活生生的"图书馆"，一个水书先生的离世，相当于流失了一座无法再生的水书信息库。水书先生掌握的种类繁多的隐性信息将随着传承人的持续传承，逐渐与文本表达出来的本意渐行渐远，隐性信息的解读会偏离原有的记载内容和意图。可以说，民族文献特定的记录传承方式决定了隐性信息内涵的多样性、深刻性以及解读表达的不确定性。

纳西族的东巴文献在翻译过程带来了两种变化：不仅仅是东巴经文被译成了汉语，而且对东巴教的目的和仪式的解释也有了改变。历史上，东巴经作为神圣的宗教重要物品，只能由东巴来识读，东巴被认为是社区万物和谐共处的使者；但是东巴还不能与东巴经等同起来，因为东巴教仪式主要还得依靠歌舞及其他表现。诵读东巴经只是东巴仪式中的一个部分，而这些仪式也只在特定的场所和社交场景中才具有特殊完整的含义，尽管东巴经典的翻译对纳西文化具有挽救和保护的作用，但实际上学者们的媒介作用也是有限的。东巴文献在收集整理过程中其自身和东巴自身都经历了几重变化。东巴文献的翻译整理使宗教在文化传承中的地位突出出来，这就强化了当代地方社会环境的意志、色彩，同时也显现出宗教体系的削弱。如今，对大多数纳西人来说东巴教已不具任何影响力，即使是在偏远的农村和山区，其影响也正在减弱、消失。很多经书及其相关的东巴祭祀用品已成为博物馆的陈列物。民族文献特定的记录方式、使用语言文字、传承人员和解读方式决定了隐性信息在翻译、解读、传播、传递过程中原有特定信息内容的不确定性。

第二节　来源的非理性

在普通智慧的能力里，有某些较小的启发性行为与信息表达主体的种种适应力持续相贯通而延伸至它的最低层次。无论何时当信息表达主体与现实接触（或相信已经与现实接触）时，都期待着将来对从这一接触中得来的信息会有范围不定的意外确认。有着深厚知识储备的信息表达主体总是时刻准备着迎接多少有点新颖的信息，并以多少有点新颖的方式处理这些崭新信息。从这种意义上说，一切存活着的生命都具有原创性天赋，而层次更高的知识原创性行为只不过是放大后的普遍生物适应能力。信息表达主体与现实接触时的范围却拥有发现隐性信息的不同能力，天才的信息表达主体能够从中探索发现隐藏的隐性信息，这种能力远远超出现有种种信息的预期力。此外，天才信息表达主体通过以超常的方式运用这些发现隐藏隐性信息的能力，给世人提供了规模宏大隐性信息的示范，这种发现隐性信息的创造力既不能以别的词语来解释，也不能毫无疑义地被视为理所当然，对发现隐性信息的过程可视为信息表达主体不可言传的作为。

显性信息是通过人们的逻辑推理过程获得的，因此它能够理性地进行反思，而隐性信息是通过人们的感官或者直觉、领悟获得的，因此不是经过逻辑推理获得的，是非理性的。由于隐性信息的非理性特征，所以人们很难对它进行理性的评判。民族文献遗产中蕴含的隐性信息是存在于个人头脑中的，其主要载体是个人，尤其是少数民族的智者。一般情况下，隐性信息很难通过正规教育的形式，如学校教育、大众媒体等进行传递，因为隐性信息的拥有者和使用者都很难清晰地表达。隐性信息并非是不能传递的，只是传递方式特殊一些，例如通过"师传徒受"的方式进行。在传授过程中，隐性信息需要区别"个体性"与"主观性"，其来源很大程度决定于隐性信息的掌握者和传承人。隐性信息掌握者的主观心理状态与局限于自己的、私人的感受不同，隐性信息是掌握者以高度的责任心、带着普遍的意图、在接触外部实在的基础上获得的认识成果。可见，个体感受不同于主观感受，关键在于隐性信息掌握者包含了一个普遍的、外在的维度。总体上，隐性信息的来源是带有理性、普遍的内容，但是由于不能完全排除掌握者自身的知识水平、技能的影响，隐性信息掌握者在表达出信息时，仍然是带有非理性的内容在其中的。

民族文献的信息接收客体能够对某种明确陈述来源的信息进行批判性反思，而对于某种经验的隐性信息，就很难作这样的反思。信息表达主体与接收客体很难对"只能意会、不可言传"的隐性信息进行形式逻辑分析和批判性思考，也就是民族文献隐性信息被显性后呈现于世人面前时总是带有不同程度的感性因素。隐性信息以哲学传统中所竭力排斥的"信念""传统""权威"等科学研究中的构成性要素来进行重新组合，生产新的信息。不可言喻的民族文献隐性信息，只能通过改变对事物的看法的方式摸索尝试，因此，以此方式获得并持有的知识，可称为非理性的。

对于民族文献中原有的感性经验和理性认知的旧格局，隐性信息由体验化的身体演示和概念化的口传言语活动构成了显性后的信息统一体，其中身体演示是认知隐性信息的基础。信息表达主体只有以身体为线索去认识隐性信息，才会给信息接收客体以活生生的感知，而这个意识是作为主动感知的信息接收客体的存在本质。信息表达主体身体的这种暗含在感性行为中的信息既不是非理性因素，又不是潜意识的东西，无法用逻辑演算出来。信息传播过程中道具、工具的使用也是信息表达主体身体演示的延伸。与身体演示相对应，概念化则是指信息表达主体运用概念（语言）构架的活动，是言语对隐性信息的重新组织，是心智的演算。概念化口传言语活动的核心是民族文献隐性信息显性化的确定，而显性化后的信息是在整合中建构而来的，是信息表达主体以想象、组合、演绎等各种手段的产物。如果没有这些附带于显性记录符号上的信息，则隐性信息显性就毫无意义。所以，显性化后的信息建构是整合形成的特殊信息，是靠信息表达主体以民族文献显性信息为基础，结合自身背景知识经验附带环境、工具等显性线索感悟而成的，而非以某种明示、理性的逻辑结构清晰勾画出来的。这种概念化的口传言语是民族文献的语言、文字工具构架在另一层次上的身体演示。

由纳西象形文写成的东巴舞谱，只有东巴才能完全释读，但是不同的东巴对同一舞谱也存在着很多争议，究其原因，除了舞谱使用文字本身的原始性之外还有东巴自身对舞蹈的熟悉程度和掌握技巧不同的缘故。纳西象形文是一种间于原始图画文字和表意文字之间的过渡型的象形字符，同汉文一样，也由指事、象形、会意、形声四种文字组成。这些字出现在乐谱上，意在记录舞者的某些动作规程，而不是在于描画舞者的人体形体。所以，单凭乐谱上的象形文字，舞者（包括研究者）是无法揣摩各个东巴舞蹈动作的造型画面的。东巴舞谱属于侧重用文字来记录舞蹈，而不是属于绘画之类的富有形象性，用来表现象形动作的姿态的象形图形谱。

对于早期的东巴舞谱蕴含隐性信息的来源存在许多争议。东巴舞谱被介绍传播出去后，很多研究者对原始的象形文《磋蒙》能否视为舞谱以及准确度存有疑问。后来经过不少舞蹈艺术家的评定，在观看过几十位纳西东巴的舞蹈，并对舞谱进行认真研讨后，一致认为是舞谱。东巴《磋蒙》还只是一份相当原始的象形文字谱，它仅仅停留在"记录"舞蹈的初级阶段。对一个纳西人来说，这舞谱并不难学会写、学会念，但是离开东巴的"口传心授"，单凭这乐谱的象形文字符，其他人根本学不会跳东巴舞。《磋蒙》只简要地提供某些动作进程，很多复杂的人体自身各部位之间的运动关系以及舞者舞动的空间、时间的具体数值并没有在舞谱中展示出来。东巴舞谱中蕴含的东巴舞蹈隐性信息的完整表达至今未结束"口传心授"的时代。只要民族文献遗产中的隐性信息离不开人的传递，其来源内容中就必然会包括非理性的内容，解读人、传承人、记录人的感受就不可避免地在显性表达后的隐性信息中带有或多或少的痕迹。

第三节　对个体的依赖性

民族文献隐性信息是一种与信息表达主体个人无法分离的知识，同时也表明了个人身心的参与是达到隐性信息的必然途径，即隐性信息是一种身临其境的体验和领会过程。客观记载文献信息的原创造者为民族社会描绘了关于族群认识社会、改造自然的经验总结，虽然是客观的描述，但是总是以人为载体来实现信息的记录、传播和传承，不可避免带有个人的因素渗透入隐性信息中。即使是在相对客观的科学中，如医药、机械等文献信息中，信息记录者个人成分对其内容影响较少，所谓"最接近于完全超脱的自然科学"领域里，信息的获得也需要信息记录创造者的个人性投入，依赖其技能和个人判断，这是科学知识不可或缺的、逻辑上必要的组成部分。这种信息记录创造者的个人性介入，普遍存在于形式科学（如数学、逻辑学）、精密科学（如物理学、化学）、描述科学（如生物学、医学）以及人文、社会科学之中，并且随着研究对象的对人的社会性的加深研究也逐渐增强。信息记录创造者用以形成自己知识的个人贡献，无论在认知的最低水平还是在人类智慧的最高成就，都明显地居于支配地位。对于民族文献来讲，没有信息记录创造者纯粹的知识兴趣，没有他们充满热情地参与，没有他们全身心地投入，任何具有重大意义的文学故事、神话传说都是不可能记录下来并传承至今的。

民族文献遗产中的隐性信息需要以表达者、接受者为载体才能完成学习、传授的过程，所以除了必备的民族文献，对人员的强烈依赖不但是隐性信息传承的必要条件，而且离开了传承人员，也就没有隐性信息解读、传播的可能。一般情况下，对于其他文献中显性信息的学习，学生能够掌握其中的大部分知识，而且大部分知识是能够为许多人所共知的，而对于民族文献，由于显性信息的内容大多比隐性信息要少得多，而且很多隐性信息只有少数人能够完全解读，所以要熟练掌握民族文献中的隐性信息就更离不开特定的记录者、传承人。民族文献遗产中的隐性信息对人员个体依赖性强的特点也限制了民族文献知识在更大范围上的传播。同样地，在需要对民族文献遗产中的隐性信息进行解读、传播、传承、保护时，也就需要对相关的个体一起作为整体进行保护，否则也就不能完整理解文献中的全部信息。

彝族毕摩文献有独立的传承群体，毕摩在彝族文化的发展史上有着不可磨灭的功绩。彝族民众视毕摩为"智者"和"知识最丰富"的人。彝族谚语曰："头人的知识上百，兹莫的知识上千，毕摩的知识无数计。"古代彝族文化遗产，除民间口传以外，大量地保存在毕摩的彝文典籍中。这些文献的编撰、书写、习用、传播、保存，大都掌握在毕摩手中，都与毕摩的宗教职司和主持社会文化活动有关。毕摩可谓"身系一族之本位文化"的具有多种知识技能的民间知识分子。在毕摩文献的传承过程中，毕摩要在各种仪式上吟诵经籍，此时身边往往跟随有数位幼年徒弟在逐字逐句地诵读经文。毕摩的领诵起着一种有声的演诵示范作用，学生跟着毕摩一段段地记诵，积段成章，直到能够背诵整部经卷后，毕摩才返回来让学生识字、抄写经文、释读并理解经书，并逐步掌握主持仪式的各种知识。学生从小就跟着老毕摩在各种仪式中修习背诵文献经典，将隐形信息、文化记忆和表演与书面显性知识的习得、掌握和运用结合为一体。学生之所以能够背诵那么多经书，就是因为老毕摩们不仅言传经书中的各种隐性、显性信息，而且使用身体姿态和手势动作参与传授隐性信息的具体形态展示，以强化对文本显性信息的理解和记忆。

纳西族的东巴经只依靠字典并不能识读，由于东巴图画文字的数量有限，所以作为记录符号的使用，往往借助于图画文字符号的能指，通过象征与隐喻进行所指的意义转换，使图画文字符号在意义的表现上具有了多向性。这些记录符号后面隐性信息的完全解读必须通过东巴等传统研习、传承人员才能顺利实现。由于纸张稀有和防止普通人学习识读东巴经的缘故，未记录在经书上的隐性信息内容更为丰富，在诵读时必须由把隐性信息熟记在心的东巴来补充，然而现在只有极少能凭记忆补充经书必要内容的东巴还活在人间。如果单纯依靠这些东巴来传承，在并不久远的时期以内，纳西东巴经将成为无法准确译解的文献。不管编出多少完整的词典，东巴经仍将成为不解之谜，即使出现如罗塞达碑那样的文物也无法帮助译解东巴经。再者，每个东巴都有自己使用词语、记录句子的习惯，对同一本经书中的某个读音相同的合成词常各自用不同的字符来表示，各个东巴还独出心裁地创造出无穷的字符组合关系，使改造后的东巴经别人无法准确理解。

第四节　对环境的依赖性

民族文献中蕴含的隐性信息总是依托特定情境中存在的，总是与特定的社会环境、自然环境紧密相连的，是对特定的任务和情境的整体把握。民族文献遗产大多产生于传统的社会环境中，由特定人员制作、保管，并且在特定的环境中使用和诵读。民族文献遗产由于制作传统和历史局限，普通民众在接受信息时只能通过仪式活动听诵、听解、感受作品，而不能通过视觉的直接阅读就可获得文献信息的全部内涵。民族文献遗产隐性信息的接受并不是由个体阅读活动构成的，而大多数是由集体听诵活动构成的，并且在林林总总的宗教仪式和民间生活仪礼中完成的。只有在仪式活动中，才能将民族文献中蕴含的隐性信息完整地表达出来，如果没有这些社会活动中的人和物品以及相应的表演活动，隐性信息将不能准确、清晰、完整地表达出来。

在制约民族文献遗产隐性信息的环境因素中，物质实体是其中重要的存在方式。民族文献遗产是不可能离开物质载体产生的，也是不能离开载体而独立存在的，承载民族文献遗产隐性信息资源的物质实体有民族文献记录中的各种古代建筑、古遗址、古代石刻、考古发掘物等各种历史上存留的遗物，以及延续到现当代仍然在使用的生产、生活、文化、艺术中的实用物品。如以吊脚楼为载体的苗族民居传统建造技艺，以鼓楼和风雨桥为载体的侗族民居建筑技艺及其蕴含的侗族民间文化信息，以蜡染为载体的苗族纺织印染技术知识，以苗族服饰为载体的苗族刺绣、挑花、银饰等制作工艺技术知识及所反映的苗族民间文化信息，以芦笙为载体的芦笙制作技术和演奏技艺，以剪纸为载体的民族民间剪纸技艺等。

土家族的土家语只有口语，没有书面文字符号系统，所有书面文献中的土家语地名都是用与土家语语音接近的汉字来标记的。由于用汉字记音的土家地名并不表示汉语语义，而用土家语却可以得到合理的解释。如"舍"在土家语中指"猴"的意思，并非指汉语"房屋""馆舍"之意，也没有动词"舍却""舍弃"之意。字音虽同，但语义相差甚远。如果离开了土家语的社会背景，按照汉语字音望文生义，就可能产生南辕北辙的结果。在土家族历史上，特别是"改土归流"以后，由于受汉文化的影响和缺乏土家语的社会背景信息，一些用汉字记录的土家语地名被人们误释误解。部分县志文献中存在不少用汉语来解释土家语地名的情况，人们不仅不能从地方志书中获得正确的信息，有时反而会因汉语的误解而产生歧义。在社会环境已经改变的情况下，原有的土家族文献内容并不能使用当代的知识来正确解读，土家语地名所蕴含的隐性丰富文化信息被掩盖。

清水江文书是继敦煌吐鲁番文书和徽州文书之后我国发现的第三大文书，其民间收藏量在 30 万件以上。清水江文书的主要内容是清代和民国时期苗族侗族人民买卖山林和田地的契约。由于这些契约具有完整的归户性特点和清晰的历史脉络，因而对于研究中国封建社会晚期的土地制度和民族地区的经济社会发展有重要的学术价值。清水江文书的田契和典当契约中，其田粮计量单位具有比较独特的民族性和地域性特点，除了有官府传统的田粮计量单位石、斗、升、合外，还有担、挑、称、碗等，特别是把、边、卡等田粮计量单位更是苗侗地区独有。

苗侗群众在市场交易中更习惯以"碗"代"合"，即使土官代收田粮时也常用"碗"。有关调查专家在剑河县收集到一组从道光十六年（公元1838年）至光绪四年（公元1878年）的上粮单，分别为土司征收田粮和官府采买军粮两种。现辑录2例如下：

粮单1：赤溪司杨收到下敖寨龙和保、邦乔道光十六年分（份）火烟米二升二碗。道光十六年十一月二十日，给凭存照。

粮单2：清江军民府刘为发给事，照得下敖寨花户龙乔乾完纳同治捌年分（份）采买米0京石0斗柒升0合。同治捌年十一月十七日给。

粮单1所用计量单位为升、碗。依据当地乡村百姓的看法，有木碗和竹碗两种看法。当地盛产楠竹，按照一定容积标准来做竹碗的情况比较普遍。黎平、锦屏、天柱一带乡村至今还普遍使用竹碗量米，实际是竹筒，但民间习惯称碗不称筒。现在的竹碗基本都是按盛米0.5市斤制作的。但清代苗侗地区民间规定4碗为1升，应该比现在的竹碗略大。因为1市升米合库平1.95斤，则1碗合库平0.4875斤，合0.58市斤。粮单2是清江军民府采买军粮的凭单，用的是常规计量单位石、斗、升、合，其中京石即为仓石。清水江文书中的田契里有1石稻谷为90斤的记载。但这个"石"既不是仓石，也不是市石，它实际是担、挑的同义字。

"把""边""卡"是清水江流域地区特有的田粮计量单位。苗侗人民传统的粮食作物是糯稻，当地称"禾"。糯禾成熟时，只摘禾穗而不收割稻草，称"摘禾"。具体操作是左手持穗，右手持一把小刀摘禾。当左手握满稻穗后就算一手，再摘一手后将两手稻穗向相反方向重叠捆在一起，即稻穗分两边，以便挂在禾晾架上晾干。这便是一小把，但一般不称"把"而称"编"或"卡"，而契约的书写习惯是"边"或"卡"。"卡"的写法是两个"手"并立，或上面为"加"，下面为"手"，都是两手禾穗用草索编在一起的意思，与"边"的含义相同。《（乾隆）清江志》（卷一）载："诸苗则种糯，五月栽插方完。稻谷九月内可以尽刈，诸苗之禾则须十月。其收时，以手摘，谓摘禾；以索缚之，或谓之把，或谓之编。屋后皆竖木架层挂之，俟干乃入仓。"由于贵州是山区，苗侗人民种禾的田都是不规整的梯田，因而没有"亩"的概念。田契中关于田地的面积，只说收禾多少把或多少边等。正如《（光绪）黎平府志》（卷三上）载："苗田向无弓口亩数，计禾一把，上田值一二金，下田值五六钱不等。""一夫力耕可获禾百十把。""把""边"之间是十进制关系，即十边为一把。研究学者在田野调查中收集到一份清代的粮册，粮册中记录有"刘开厚七户，乙巳年共粮三百三拾把一边。……陆显福共二十四户，乙巳年共记（计）粮一千二百六十九把九边"等，"把"后面带"边"时，从一边到九边不等，说明是十进制关系。这些在普通汉文文献根本不可能使用的田粮计量单位也只有在清水江流域这一特定的地区才能使用，如果贸然使用汉语的使用习惯和含义来翻译这些文书，可能就很难对整个文献有确切的理解。

第五节　广博的文化性

民族文献中的隐性知识信息比记录在载体上显性知识信息更具有强烈的民族文化特征，与各民族文化传统中民众所拥有的概念、符号、知识体系严密相连，或者说处于不同民族文化传统中的民众往往分享了不同的隐性信息体系，不仅包括隐性的自然知识体系，也包括隐性的社会和人文知识体系。

民族文化博大多姿的知识文化传统，其中可以被文字和数字表示的民族文献上的显性知识信息，仅仅是民族文化知识宝藏中的极少部分，大量的文化知识以隐性信息和口口相传的方式存在。各民族先民在利用、改造大自然的过程中创造了语言、音乐、舞蹈、史诗、民俗、技能，在生老病死的磨难中进行原始民族医药实践，在与大自然和谐共处中积累了天文、数学、建筑、水利知识。这些丰富、珍贵的少数民族原始活态文化知识成为当代科学、文化创新的源泉。比如世界舞蹈经典名作多从神话传说中取材；音乐创作几乎不能离开民间音乐的旋律，许多作曲家优秀作品的民族风格大多来自民间音乐；文学和影视作品，如果失去了对民间风俗的描写，其故事情节、人物刻画就难以寄托；藏族、傣族的医药知识为当代某些疑难杂症提供了治疗的方法；民族杂技、曲艺、体育等技能更是直接来自民间。

民族文献中的隐性信息保留了民族原始、纯粹的精神基因以及形成本民族文化身份的原生状态思维方式，对维护社会稳定、增强民族的凝聚力和向心力有着十分重要的意义。民族文献隐性信息所包含知识、理念、信仰、规则，弥补了文字表达方式的局限性，成为个人成长和社会进步不可或缺的知识文化信息。在彝族书面文化的发展史上，毕摩所有的著述，涉及历史、哲学、医学、天文、地理、律历、谱牒、宗教、语言、艺术、文学等学科，其中不乏篇制宏长、内容广博的彝文巨著。在民族文献隐性信息释读、传承的过程中，彝族毕摩文化的传承以原始宗教巫术和民俗活动为主，毕摩念诵祭经祭词、咒语咒词，用语言的魔力、赞美、教导、感染、规劝、诅咒及影响神鬼和祖先，并辅之以极富有象征性质的祭祀、巫术等行为方式处理人们与神鬼、祖先的关系。以毕摩祭经祭词、咒语和毕摩的社会职能活动来看，其中不单是上述文献中的知识信息，还有人生礼仪、疾病诊断、神药两解治疗法及生产生活方面的知识。可见，毕摩文化的传授具有以原始宗教巫术为主、民俗为辅的博大精深的文化特征，也印证了民族文献隐性信息文化性质的广博性。

苗族的巴代以农耕为生，平时忙农事，其他时间背诵神辞、从事社会活动等。巴代掌握的隐性信息有严格的文化传承体系，以家传为主，招徒为辅，使文化能代代相传，使其在历史的长期发展中能较为完整地保存了苗族的文化。巴代是苗族这个无文字民族的特殊文化载体，历代以来一直普遍受到苗族人民的尊重。至今，据不完全整理，巴代的经典（神辞）仍共有 155 章、2566 节。巴代文化如实地记录和传承了苗族的古代史、发展史、文明史等方方面面的社会文化，成为苗族古籍文化的大乘载体、百科全书以及活态化石。由于巴代文化丰富的内涵，过去在无文字的苗族社会里，巴代充当知识分子的角色，在农业生产、收获春耕、生产时间安排、婚丧娶嫁、建房、出行、重大突发事件等方面，起到了不可替代的作用。

巴代是苗族根基文化的传承者，是苗族文献隐性信息的传承人，是苗族各种技能的汇集者、保存者和传承者。以祭祀为载体，汇集了文化的精华。过去在无文字苗族社会里，以祭祀为载体，巴代就具备了多种技能，包括写、画、雕、扎、剪、吹、打、舞、诵、唱及绝技展示等，以及医术等技能，集多种绝活于一身，是个小型文化资源"活态"宝库。苗族原本无文字，巴代在祭祀中，要会写原始符篆、祭祀符、神联、会意字等，会写各种疏、申、表、状、文。巴代要具备绘画的功底，诸多牌位巴代要会画，使其活灵活现，跃然纸上。巴代还要具备雕刻的功力，神像面具、印版图章、法器道具多达八十余件套，巴代都得熟练地雕刻，栩栩如生，把祭祀仪式的形态推向高潮。巴代还要具备扎制的功底，祖堂、桃源仙洞、梅花仙殿、功曹土地、护法神、金童玉女、灵屋殿堂、金山银山、铁鼎神马、金洞银花等祭祀坛场多达30余种，巴代在布置时要扎得活灵活现、栩栩如生，要具备很高的扎功。巴代还要具备剪功，纸马长线、吊挥吊卦、花卉图案、飞禽走兽、各种人物、器皿边格、旗号诸般多达百余种，名目繁多、花样怪杂，不用雕刀或凿刀，仅用剪刀在祭祀中要剪得精细生动，使人赏心悦目。巴代还要具备吹乐的功夫，牛角、长号、唢呐、芦笙等，名目、种类、曲牌多种多类，仅牛角一项就有玉皇角、九州角、请神角、下马角、立营角、接兵角、管兵角、接雷神角等20余种。巴代都得掌握，即吹即响，即奏即合。巴代还要具备打击乐的功力，鼓、锣、钹、镲、包、铃、柝、筶等乐器，50余种乐谱曲牌板眼，巴代要做到随拿即打，即打即合。作为打击乐若不到位，祭祀演教是无法进行的。巴代还要具备舞的功力，在祭祀中，有鼓舞、播谷舞、扫邪舞、络巾舞、九州舞等，作为巴代，至少也得掌握20余种舞蹈。巴代还要具备吟诵的功底，据不完全统计，巴代的神辞至目前仍约有155章（堂）两千多节、咒语几百宗、法水百余碗等巨大篇幅。在古代没有文字情况下，如此巨大篇幅，靠巴代严格的世代口口相传、过硬背诵，的确惊人。巴代还要具备唱功，祭祀中的腔和调多达60余种，唱的场合时间等都有十分严格的规定，不得有丝毫之误。此外，巴代还要勤奋苦练，掌握上刀梯、摸油锅、端犁口、卧钢叉、滚刺床、吃火、踩铧口、咬碗、吞竹签等绝技。巴代还要具备慈善功，要尊老爱幼、诚信厚道、富有爱心、品质优良、乐于助人，能服心于民、取信于人。巴代还要具备医药功，要会药草，医治跌打损伤、蛇咬虎啄、鱼刺卡咽、破皮流血等，巴代要手到病除，轻松应对，等等。

总之，在巴代小小的一个文化载体上，汇集如此丰富的技能绝活，蕴含如此深厚的知识和文化信息，相当于一个文化宝库，其传承难度是如此之大，是如此之严格，需要巨大的勇气和毅力，不仅在落后无文字的社会里，就在今天来说，也是个惊人的奇迹。而巴代更以自己的德行乐于助人，成为受人尊敬、德高望重的师表人物，不能不说有深刻的道理。

第六节　随意偶然性

民族文献中的隐性信息主要存在于民族知识分子的头脑中，是由这一部分人掌握、熟悉的高度个人化知识，是一种主观的、基于长期经验积累的知识，包括技能、技巧、经验、信念、隐喻、直觉、价值观、思维模式等。隐性信息具有民族文化、个人情感和认识水平的因素在里面，往往需要结合具体的行为、活动表现出来，因此隐性信息比较偶然随意、难以捕捉、限定和理解，所以获取隐性信息的时机和内容就比显性信息要困难。有些隐性信息甚至无法使用合适的语言和行为表达出来，也就达不到交流、传播的目的。

由于水书均靠手写抄录来传承延续，并没有内容完全统一的版本。绝大多数水书散落于民间，而且水书书写的字迹受个人因素的影响很大。通常来说，只有一脉相承的水书先生才能完全看懂自家水书记录的文字及符号，而对于其他水书先生的习作，很难做出准确地解读和判断，也就不能将隐性信息完整表达出来。可以说，信息记录的随意性增加了隐性信息解读的错误发生率，信息被误解的偶然性也随之增加。

纳西族的东巴文字在记载东巴经文的过程，使用很多省略的现象。东巴文是一种早期的原始文字，所以很多抽象的词并没有为它们造字，或是有些字是后来才造出来的，但是在记录经书时东巴们已经习惯于不将其写出，所以即便是这个字后来出现了，东巴也不一定会改变原来的做法。东巴文特有的语段文字性质使得东巴文字还不能够逐字逐句记录语言的实际情况，省略几乎成了语言表达的普遍手段，图画性强导致文字在记录语言时经常利用位置之间的关系来表义。对比东巴文化发源地——白地和丽江之间的东巴文献，可以看出白地经卷不仅是所有后来东巴经卷之冠，而且是它们的源头、母本。白地经卷比丽江的经卷相比具有以下特征：经卷门类齐全，以卷为单位容量适中；经文语言精练，韵味十足，行文具有庄重的经典色彩；象形字具有相应的纯洁性，受外来干扰小，经书中无标音字出现，书写随意性极小；经书内容丰富，包含有许多优美的传说故事，但又避免了任意加工的毛病，仍然保持了原始宗教的色彩；白地东巴吟唱内容丰富，调式齐全，旋律古朴，歌词有固定套数；祭祀仪式完整、齐全，道场众多，有专门的神职人员。可以得出结论，同样是内容相同的东巴文献，丽江的东巴文献经卷比白地的东巴文献改动较多、随意性强，也就是说传承时间愈久、传播范围离中心区愈远的民族文献隐性信息更加具有随意性和偶然性，而发源地中心区域的文献相对保持了隐性信息比较原始的状态和内容。

第七节　相对性

　　隐性信息的相对性包含两层意义：在一定条件下，隐性信息可以转化为显性信息；相对于一个人或一群人来说信息是隐性信息，但同时对另一个人或另一群人来说可能已是显性信息了，反之亦然。可以说，隐性信息与显性信息的相对性也体现了知识信息之间相互转化的可能性，也为更多人群获得民族文献遗产中的隐性信息提供了理论上的可操作性。相比汉族的普通文献，民族文献中的隐性信息转化为显性信息的困难更大，过程也更加烦琐，转化的成功率、准确率相对也较低，转化的效果很大程度上与掌握民族文献隐性信息的知识分子、传承人员、社会环境相联系。这些内部、外部的关键条件比汉族普通文献的限制更加严格，其生存环境条件更为脆弱，所以转化过程中需要更多的人员和技术参与。

　　民族文献隐性信息显性化记录过程中，在现有的民族文献隐性信息学科分类体系的范围内，由专家或者传承人对各信息单位进行系统的整理、甄别、认定，来确定各民族文献的基本信息单位。信息单位的格式、大小和内容由隐性信息的类型和所应用的具体环境决定。显性转化包括用以连接或相互注解各个信息单位的体系，这些连接可以反映文献中各信息单位的概念联系、顺序系列、因果关系或其他联系等。利用链接理论与方法技术，实现信息的组织结构由等级式向网络式转变，实现由基本的信息单位组成新的信息结构。显性化后的隐性信息之间的不同层次、不同学科的链接，是实现其生产、传播和有效利用的核心。云南大学图书馆、云南省社会科学院图书馆、云南省档案馆、中央民族大学图书馆、中国民族图书馆、内蒙古民族大学图书馆等收藏研究机构分别根据自己的研究特色、地理优势和历史收藏建立了包括各种民族文献信息资源在内的民族文献数据库，这些数据库涵盖了本单位、本地区有关少数民族文献遗产的优势研究内容、重点项目。可以说，隐性信息的相对性特征使得民族文献遗产的传播范围有了迅速地扩展，接受者人群不单只是本民族内的学习者，也使得只要能够获取数据库信息内容的人们都有得到民族文献隐性信息的可行性和便利性。

第八节　稳定性

尽管民族文献隐性信息的认知行为必然需要信息表达主体的热情参与，可这不是一种任意的认知行为，也不是一种被动的总结经验。在从事这一认知行为的时候，信息表达主体怀着责任感和普遍性意图而进行识知活动，仍然具有信息本质的稳定性和普遍性。这主要是缘于三个方面的原因：首先，稳定性分为个人和公共的。民族文献记载的信息属于充满了民族社会中普通的社会知识，是族群成员经过历史的积淀而形成的，这种历时久远的信息，具有持久传承的品格，是稳定性的。其次，个体判断和主观任意性的区别。信息表达主体个体性的协同因素具有一种普遍的意图，这与他们主观的心理状态、思想情感、感受好恶等私人感受完全不同。信息表达主体个人的信息通过断定普遍的意图而产生，而普遍的隐性信息构成并非由其族群规约、制度范围之外的知识而构成，也就是个人不因个人的感受而轻易改变民族文献隐性信息的普遍特性内容。信息表达主体个人知识的普遍性特征体现了他们具备的责任心、良知等品格，由此信息表达主体个体的判断力摆脱了主观主义的武断、任性，具备了稳定性、必然性的品格，由此保证了个体论断的普遍稳定性，稳定性意图、责任心、必然性构成了区分隐性信息个人知识和主观状态的根据。最后，隐性信息具有内在的美，信息表达主体在探求人类知识的过程中，把追求知识的完美状态视为发现民族文献隐性信息的向导和真理的标志。信息表达主体对知识的追求就是对隐性信息完美以及与之相应的实在追求。

与显性信息相比，民族文献中的隐性信息与传承人的思想观念、信仰等一样，具有长期稳定不变的特性，虽然隐性信息的某些外在特征会有所改变，但是信息的本质和内核是基本不变的。民族文献中的隐性信息不易受周围自然环境和社会传统的影响改变，在社会文化环境变迁和民族迁徙过程中，这些隐性信息依然保持了原有的民族文化内涵。隐性信息被传承人掌握后，随着传承人的年龄增长，只要传承人依然保持清晰的记忆，隐性信息就不会消退遗忘，也就意味着传承人个体一旦拥有某种隐性信息，就难以对其进行本质上的改造。同时，由于隐性信息本质的稳定性，所以隐性信息在重新显性的建构过程中需要在文本和传承人员之间的潜移默化中进行。

　　一般情况下，只要少数民族的语言和文字保持了相对稳定的状态，那么这个民族的文献所展示的显性信息和隐性信息都会保持相对稳定的原始状态。从某种意义上说，民族语言是表达民族文献隐性信息的最核心要素。在人类历史上，民族的迁徙经常发生，民族的分布区域也会不断变动，民族的风俗习惯、宗教信仰等特点都比较容易发生变化，但这些变化不会立刻引起语言的变化，语言的变化相对比较缓慢。人们习得和使用民族语言记录信息的过程中，也是习得、继承和交流自己的民族文化信息的过程。一方面，民族语言本身就是表达民族文献隐性信息的重要工具；另一方面，有了共同的民族语言，民族文献中的历史文化才有可能不断提高、不断发展，才有可能一代代传承下去。

　　东巴文献之所以能够稳定地流传至今，其隐性信息与社会环境都保持了相对稳定的状态，同时也与东巴文字的稳定性密切联系。纳西族的东巴图画文字虽然不能够与语言一一对应，但一定程度上并不影响经书隐性信息的表达。图画文字的长期使用使图画表达成为一种习惯、程式，东巴自己会借助图画来调整语言与文字之间的对应关系。东巴文经书是一代一代传承下来的，有着严格的师承谱系，一般很少会打破原有的格局而重新写经。只要是一脉相承的，即使是不同地区的东巴文献，其隐性信息的实质基本上都是相同的。东巴图画文字自创立以来一直延续至今都在记录着纳西族的历史，这与东巴文字和文献隐性信息的长期稳定性是密不可分的。首先，东巴文字是一种源于图画的文字，东巴文献中有大量的图画象形文字，纳西族普遍使用东巴文作为生产、生活记录用文字。其次，纳西族居于相对闭塞、与外界交流困难的山区，东巴文字在这种封闭的状态中，发展迟缓，也使得东巴文献长期处于稳定的记载、传承状态。再次，东巴文字的前身木牌画至今仍在各种祭祀场合使用，木牌画的创作者也是东巴，这种书画共存且一人掌控的局面对东巴文图画性质的维系产生了重大影响。最后，东巴文字是一种宗教性质的文字，宗教文字的古朴性、秘传性使东巴文基本上保持稳定承袭的面貌。

第九节　整体性

　　尽管隐性信息往往显得支离破碎、缺乏逻辑结构，然而它是民族文献信息的记录人、掌握者和传承人员个体思想内部认知、整合的结果，是对隐性信息熟知的人员的主体人格完整、和谐、统一的有机组成部分。这些人员通过掌握、消化、吸收民族隐性信息中的文化知识，提高了自身的文化素养，使得隐性信息的显性表达更加全面、准确。同时，民族文献中的隐性信息也制约着个体在社会环境中的行为，对传承人员起着重要的决定作用，个体与其所处的社会环境、自然环境融合在一起，民族文献的隐性信息通过人员的媒介作用与环境发生联系，形成整体统一、不可分割的信息表达体系。

民族文献隐性信息的结构在认知活动中表现得极为清楚，这是信息领悟的过程，即把不连贯的局部理解为完整的整体。隐性信息的认知结构揭示了其作为一切认知运行的内在机制，即一切信息认知过程都只能是一种内在的功能整合协同作用。这种功能整合往往是不可逆转、无法复原、恢复的。信息表达主体使用语言表征隐性信息的时候，在组成句子和观点时候只能附带地意识每个概念的意思。当信息表达主体只注意每个词语的内容而忽视整体内涵的时候，句子和论点的功能结构整体就立刻离散、瓦解，信息表达主体、接收客体对句子和论点的理解只能是一堆杂乱、无意义的符号。因此，隐性信息的认知要求信息表达主体要从整体上把握民族文献。这体现了隐性信息认知的整体性要求，这也是隐性知识的本质特征。

民族文献隐性信息的表达往往通过两种以上的形式整合来实现，也体现了隐性信息需要与其他载体相关联的整体性特征。通过物质实体和语言所承载的传统文化、技术方案结合而成的侗族鼓楼文化、苗族服饰文化、苗医苗药、侗医侗药、瑶族药浴、傣族贝叶文化等，这类民族文献隐性信息的价值只有在由语言文字所承载的传统知识、技术信息与形式上的物质实体地有机整合才能得以体现。正如苗族医药的秘方有其科学的价值，也有经济价值，但如果不与苗药结合起来，这种药方是不起任何作用的。药方产生效用的前提条件是必须与植物、动物药结合在一起才能形成苗族医药的传统知识信息。

考察纳西族音乐图像时，图像符号与东巴的舞蹈表演共同表现了东巴文化的宗教属性，构成了东巴舞蹈的整体形象。纳西族东巴文化的口诵经，就多为宗教诗歌。东巴在祭祀过程中按东巴舞谱载歌载舞，祭祀道具有手鼓、执刀和板铃等，唱歌与舞蹈交叉进行。因为东巴宗教活动有许多是同乐舞结合在一起的，这也必然体现于东巴图画文字符号之中。在东巴图画文字中，对东巴特殊的身份进行标识的图画文字符号是东巴区别于普通民众的重要外观标志，也体现了文字与现实相结合的特征。在东巴文字中，东巴的形象包括刻意强调的是帽子、法杖、法衣、法器和坐台。这些特征是东巴的标识，特别是帽子，在所有东巴图画文字中是必须具备的。根据表现对象的具体情况，再对这些元素进行特意放大强调。如"神将构补"和"神将汝补"，强调的是东巴手中的法器；而东巴坐诵经文，人盘腿而坐的腿部动作变成了坐台，放大强调的是宗教的神圣。所有的这些文字记录中的东巴形象特征，都与东巴在乐舞表演中的动作、形态特征相吻合，是东巴乐舞文献及其隐性信息与实际乐舞表演相联系并且发生对应关系、形成东巴乐舞整体性的存在表现。

第十节　固定的程式性

在一定的社会环境中考察民族文献隐性信息，将会发现隐性信息表达主体在表述过程中一般会有大量的重复现象，如主题的类同、语言的重复、故事情节、时间、空间的重复。这种经常存在的重复现象，是信息表达主体世代传承的记忆传统与创新相结合的结果，其中既有信息形成初期的程式性内容，也有历史演变过程中的创新性内容。这些混合式内容并非无关意义的表述形式，而是深具意味地表征了民族文献的历史核心内容和变迁形式。

重复现象进入信息表达主体的记忆中，成为他们表征隐性信息的内容。在表达民族文献的隐性信息过程中，程式性内容是在相同的文献结构条件下为表达一种特定的基本观念而经常使用的一组词语、语法，可以进一步延伸为民族文献隐性信息内容与表达形式相结合的产物，是一种隐性信息的显性表征形式。程式性内容不仅对信息接收客体有用，对于表述隐性信息的主体而言更为有用。信息表达主体在接受隐性信息传承的过程中，通过聆听、学习的方式形成了固定节律、模式及其相关的词语，把握了文献的韵律与词语的关系、格律与经常重复出现的意义之间的关系。这些重复出现的基本格律、旋律以及可以不断变化的词语，就是信息表达主体必须掌握的隐性信息内在程式，并且内化为他们的外显表述形式，在表述过程中被不断地生产。在民族文献中，最固定的程式有主要的故事情节、人物、时间、地点，表示动作的动词，等等。信息表达主体会根据表述隐性信息的情境，对程式性内容做出适应自己需要的调整，他会在自己拥有的程式模式中进行词语的适当替换。

程式性内容在学习过程中形成，并且内化成为传承人表述民族文献过程中传统的程式模式，是一种基本的表述模式。传承人在表述隐性信息过程中，可以按照既有的记忆程式模式，也可以根据基本的程式模式通过类比的方法创造新词语。只有传统记忆或者创新的词语、语法、情节被传承人固定在记忆中，并且为传承人惯常使用，他的基本的个体程式模式才真正形成。隐性信息的程式性内容就是从记忆他人的基本程式转化成为自己惯常使用的个人程式。传承人建构隐性信息程式性内容的过程是悄然进行的，是通过口传、面授、心悟的方式进行的，是不可见的缓慢进程。隐性信息的程式性内容是传承人在长期的聆听、学习、表述的过程中自觉形成的，既具有民族文献深厚的传统记忆积淀，同时又融入了传承人个人的实践经验。

从民族文献隐性信息传承的社会环境来看，程式性内容的形成也是文化传统与创新内容的结合过程。传承人表述隐性信息处于人际互动交流的社会环境中，各种不同层次的环境要素构成了传承人表述活动中无所不在的背景。传承人必须熟谙民族文献的传统社会环境，与信息接收客体处于共同的社会、历史、文化交流体系，传承人表述隐性信息的主题、程式等内容都具有深厚的历史积淀，并与信息接收客体拥有共同的传统历史内容，与社会、历史、文化交流体系形成互为补充的关系。在社会的交流体系中，表述隐性信息的形式往往存在于民族文献最显著的显性记录信息、可容易记忆的和重复的形式中。在社区族群交流性的传统记录手段中，表述隐性信息的形式往往存在于民族文献有意识地传统化记忆形式中，也就是隐性信息被理解和建构为通过文献显性信息与显性后隐性信息的互补关系连接起来的更大重复序列的组成部分。

彝族在漫长的历史进程中形成了本民族的传统精神和民族性格，这是维护彝族人民和社会发展的重要纽带。传统的规制对于彝族文献的核心有着固定的价值，所以在文献中遵守本民族的历史传统显得更为重要，必须严格遵守前代遗留的民俗与知识，才能维持本民族的秩序与文明。彝族文献世代相传，在传承过程中传承人传承的不仅仅是故事、人物、动物、植物、山川等这些孤立的事物，更为核心的内容是本民族的起源、发展、迁徙、演变；历史时期彝族人民的生活状况；彝族人民的情感和思想。这些传统文化的精神内核在民族文献传承中得到了不断的补充扩展，其功用一般也比其他信息记录形式更为明显。大多数情况下民族文献的核心并不仅仅提供关于宇宙和其起源的解释，还会强调民族群体的社会准则、规范和观念。这些固定的程式性内容不仅使信息接收客体正确的或不正确的行为方式留下深刻印象，而且也使他们能从中获得隐性信息的熏陶。

彝族社会由于受到历史和现实各种因素的影响，社会治理多依靠传统社会规范的约束，这些核心规范能够促成民族群众行为实践的规范性，也是民族能够得以延续和发展的重要保证。彝族人民在长期历史发展过程中形成了本民族的道德规范体系，许多民族文献中程式性核心内容世代相传，成为强有力的社会机制。彝族文献中关于人的行为道德规范要求的内容是进行思想道德教育生动形象的内容，带有不同风俗的民族色彩，反映人民群众的思想感情，宣扬各族人民的传统美德，直接作用于人的感官，给人以具体形象的教育。民族文献程式性内容以情感人，调动人的各种心理功能，陶冶人的性情，使信息接收客体受到感染。民族文献程式性内容道德教育功能的发挥通过谚语、格言、警句、传说、故事、寓言等方式体现出来，通过民族群众的世代相传和不断重复，在信息接收客体中形成强有力的无形控制机制，从内心深处塑造人们的道德意识，从而能够形成健全的道德规范机制以强化人们的行为，达成并坚持对社会、对他人、对民族都有积极作用的行为。

民族文献隐性信息重复的、固定的强调叙述方式，与信息接收客体接收信息过程中的接受心理有密切关系。程式化的情节展开方式、情节重复之中的对比、升级，使信息接收客体在熟悉的信息类型中经历紧张、期待的心理。随着信息的演化推进，信息接收客体的心理又得以缓和，期待得以实现。信息接收客体愿意接收同样类型的信息，信息表达主体通常用同样的话语向他们叙述同一类型信息，信息接收客体在接收同等类型信息时会全神贯注、聚精会神，恰恰是程式化的隐性信息强化了对于信息的接收。这是信息接收客体期盼体验到的期望和实现，还原程式化隐性信息讲述场景的时候，信息中情节、叙述方式的重复，重复之中的对比、升级，信息内容与重复等表现方式，构成了信息表达的深厚传统。正是这些信息表达的传统方式对于信息接收客体长期地耳濡目染，在信息接收客体接收信息过程中形成了心理期待，信息接收客体期待视野与故事的内容、形式共同形成了信息表述传统的文献显性信息与显性后隐性信息的互补关系，这种互补关系在信息表述过程中被不断重复、传承延续。

小　结

隐性信息主要存在于人的头脑中的，是高度个人化的知识，是一种主观的、基于长期经验积累的知识，包括技能、技巧、经验、信念、隐喻、直觉、价值观、思维模式等。隐性信息具有社会文化、个人情感和认识的因素在里面，往往通过行动表现出来，因此隐性信息难以捕捉、限定和理解，有些甚至难以表达和交流。

一般情况下，隐性信息很难通过正规教育的形式，如学校教育、大众媒体等进行传递，因为隐性信息的拥有者和使用者都很难清晰地表达。隐性信息掌握者包含了一个普遍的、外在的维度。总体上，隐性信息的来源是带有理性、普遍的内容，但是由于不能完全排除掌握者自身的知识水平、技能的影响，隐性信息掌握者在表达出信息时，仍然是带有非理性的内容在其中的。

民族文献遗产中的隐性信息需要以表达者、接受者为载体才能完成学习、传授的过程，所以除了必备的民族文献，对人员的强烈依赖不但是隐性信息传承的必要条件，而且离开了传承人员，也就没有隐性信息解读、传播的可能。

民族文献中蕴含的隐性信息总是依托特定情境中存在的，总是与特定的社会环境、自然环境紧密相连的，是对特定的任务和情境的整体把握。只有在仪式活动中，才能将民族文献中蕴含的隐性信息完整地表达出来，如果没有这些社会活动中的人和物品以及相应的表演活动，隐性信息将不能准确完整地表达出来。

民族文献中的隐性信息保留了民族原始、纯粹的精神基因以及形成本民族文化身份的原生状态思维方式，对维护社会稳定、增强民族的凝聚力和向心力有着十分重要的意义。民族文献隐性信息所包含知识、理念、信仰、规则，弥补了文字表达方式的局限性，成为个人成长和社会进步不可或缺的知识文化信息。

隐性信息具有民族文化、个人情感和认识水平的因素在里面，往往需要结合具体的行为、活动表现出来，因此隐性信息比较偶然随意、难以捕捉、限定和理解，所以获取隐性信息的时机和内容就比显性信息要困难。

　　隐性信息与显性信息的相对性也体现了知识信息之间相互转化的可能性，也为更多人群获得民族文献遗产中的隐性信息提供了理论上的可操作性。转化的成功率、准确率相对也较低，转化的效果很大程度上与掌握民族文献隐性信息的知识分子、传承人员、社会环境相联系。这些内部、外部的关键条件比汉族普通文献的限制更加严格，其生存环境条件更为脆弱，所以转化过程中需要更多的人员和技术参与。

　　与显性信息相比，民族文献中的隐性信息与传承人的思想观念、信仰等一样，具有长期稳定不变的特性，虽然隐性信息的某些外在特征会有所改变，但是信息的本质和内核是基本不变的。民族文献中的隐性信息不易受周围自然环境和社会传统的影响改变，在社会文化环境变迁和民族迁徙过程中，这些隐性信息依然保持了原有的民族文化内涵。

　　民族文献隐性信息制约着个体在社会环境中的行为，对传承人员起着重要的决定作用，个体与其所处的社会环境、自然环境融合在一起，民族文献的隐性信息通过人员的媒介作用与环境发生联系，形成整体统一、不可分割的信息表达体系。

　　民族文献隐性信息经常存在的重复现象，是信息表达主体世代传承的记忆传统与创新相结合的结果，其中既有信息形成初期的程式性内容，也有历史演变过程中的创新性内容。隐性信息表达主体在表述过程中一般会有大量的重复现象，如主题的类同、语言的重复、故事情节、时间、空间的重复。程式性内容在学习过程中形成，并且内化成为传承人表述民族文献过程中传统的程式模式，是基本的表述模式。

第三章

民族文献遗产隐性信息保存困境

民族文献遗产在传承保护过程中受制于语言文字、传承人员、传承途径等内部因素的影响，加之在外来文化、思想观念的冲击下，其内部赋存隐性信息的生存环境在当代社会发展过程中发生了急剧改变，普遍陷入了文化地位弱化、传承人员减少、母语环境弱化、传承途径受到限制、离散趋势加剧等不利于隐性信息传承、生存、保护的困境。

第一节　隐性信息文化地位弱化

随着交通条件的改善和经济的迅速发展，民族地区同外界的交流、联系更加频繁，尤其是信息媒介的广泛普及，以电视、广播、电话、手机、网络为代表的现代传媒渗透到民族地区的每一个角落。多元的价值观念、丰富的娱乐手段、便捷的消遣方式，使各民族民众有了更多的文化选择，传统的民族文化不再是民族社会中唯一的和主要的选择。多样性的文化给民族地区民间文化的发展带来了机遇，同时也带来了前所未有的挑战。相比较强势文化、主流文化、中心文化而言，民族文化只是一种弱势的、民间的、边缘的文化，在生存与发展的竞争上都缺乏优势，因此，在强势文化、主流文化、现代文化面前，民族民间文化只能形影孤单地艰难前行。

由于社会的发展，民族地区原有的封闭状态被打破，造成内外文化的互动，使当地本土文化在外来文化的影响与冲击下发生各种变化，民族文献遗产中的隐性信息自身产生和发展的固有环境已经不复存在。外来文化借助于现代传媒，大肆地传播与宣传自身文化，强烈地冲击着少数民族地区群众的文化视野。民族文献遗产赖以生存和发展的生态环境迅速土崩瓦解，以往生态系统的稳定状态渐次失去平衡。

　　从某种意义上讲，某一族群文化的积累、沉淀、传播和特质的形成主要借助于本族群文献的传播和接受活动。由于种种历史的偏见，民族文献遗产没有得到应有的重视，有的民众甚至把这些民族文献遗产当作封建迷信的东西来看待，把掌握这些典籍的民间艺人视为封建迷信职业人员，因此民族文献遗产处于弱势文化的边缘，经不起强势文化的冲击，包括本民族人民在内的绝大多数人并没有把民间流传的民族文献遗产当作保护对象来看。在民族文献遗产原始文本的保存处境如此艰难的社会环境下，对于其中隐性信息的传承保护就更无从谈起。

　　以东巴文化为代表的纳西族文化在当代经济、旅游、社会的发展过程中，对汉族文化广泛吸纳、调适的同时，东巴文化逐渐在纳西族民众的生产、生活中退居次要地位，东巴文献中的多重隐性信息在当代社会环境已经难以再现。纳西族对以汉族为主体的中华民族及其文化有着强烈的归属意识，这种心态为纳西族认同汉语言文化并转用汉语奠定了心理基础，但是也导致以纳西语为母语的纳西族文化逐渐整体进入了濒危的文化心理状态。过去，纳西族青年人通过参加科举考试有可能改变其贫困的现实处境，因而他们热衷于学习汉语和汉文化。改革开放以后，人们在文化价值观上倾向于对汉族文化的地位、价值的积极认同，并将学好汉语、汉文化作为升学就业、谋求发展、进入理想社会的必要工具。

　　现代社会中以汉语为传播媒介的新观念、新信息的引进强化了纳西族对汉语、汉文化的价值认同，在传统纳西族社区中，广播、电视、报纸、杂志、网络等产生了显著的文化影响，而在偏远的乡村社区，这种影响发生在20世纪90年代以后。传统封闭的纳西族社区的人们被并不使用纳西语的媒体和娱乐形式所包围。电子媒体取代了传统的消遣娱乐方式，原来冬天围着火坑、老人们讲述民族历史、故事的文化传承活动已成为少有的娱乐形式。除了生产、学习、工作，青年人把大部分时间都用于看电视、电影、唱流行歌曲等现代娱乐方式上。青年人追求当代流行文化的行为反映了对汉语及汉文化的趋同过程，也是他们放弃本民族语言文化、习得汉语和以汉语为媒介的流行文化的过程。汉语借助广播、电视、电影、音乐等现代传播媒体，以流行文化形式在纳西族青年人的价值取舍观念中建立起稳定、强势的地位。纳西族东巴文献遗产中蕴含的东巴文化隐性信息在年老的一代中尚存有主要的思想地位，但是在年轻的一代中以汉语言文字为代表的汉文化已经占据了主要的价值观念、稳定地位，传统的东巴文化在纳西族民众中的地位已经大大削弱，由此东巴文献中的隐性信息已经不可能恢复在传统社会文化环境中的重要地位。

当代纳西族的民众处于普遍的信仰危机时代，20世纪50年代至80年代，由于种种原因宗教、文化、习俗等仪式被迫有几十年时间的中断，整个民族的信仰持续状态也被迫断裂。民族的宗教、文化信仰不同于其他，是很难采取补救措施去修复的。在经济全球化和文化多样化的当代，纳西族民众尤其是年轻人更加没有必需的意愿、本能来重新信仰古老的东巴教，东巴文化的传承极为艰难，东巴文化的地位趋于弱化的状态。东巴教文化的传承不仅仅是东巴文献上显性信息的普及，而是一种建立在信仰基础上生活行为的隐性信息延续。一旦纳西族生活行为和信仰观念消失以后，让民族群众单纯去保留东巴教的纯文化是不可能的，缺乏用文化信仰来聚合文化的力量。目前，虽然纳西族大部分地区已经不信仰东巴教了，但是还是有一小部分地区的纳西族人保留了传统的信仰和民俗，而这些地区正是传承东巴文化的仅存地区，也是东巴文献能够完整展示显性信息和隐性信息的主要遗存。尤其是在丽江的鲁甸、塔城，这些地区的群众仍是具有信仰东巴教的传统。在鲁甸，人逝去以后仍然会请东巴祭师来做仪式，社会的需求对于东巴文献信息的传承具有有利的态势。

社会实践方式的每一次变革必然引起民族群众精神领域内思想观念、心理结构的变革，从而使文化生产的内容和方式发生相应的变革。因此，民族地区的旅游开发作为一种广泛的社会性实践活动，必然会对民族文化传承的主体产生思想、心理、思维以及行为方式等方面的深刻影响。丽江旅游市场的开发带来了大规模的人口流动，世世代代生活在丽江农村的纳西族民众有一部分涌向现代化城市，衣食住行同现代都市人并无太大区别，人际交往中很少有人再说纳西语。因为外出求学、务工、工作的需求，渐渐脱离了民族文化传承的地理、语言、心理等环境，也不再担负传承民族文化的责任。外部人员进入丽江，为纳西族本土文化注入了活力，但也大幅度改变、影响了纳西族固有的生产生活方式、思想观念等，例如涌进丽江的汉族风俗习惯、服饰装扮与纳西族有很大不同，多种异域文化的交流沟通削弱了纳西族对自身民族文化的认同感。同时，旅游开发打破了丽江地区往日的宁静古朴，国内外游客在丽江境内穿梭，许多已经消失的民族文化元素被挖掘、发明、创造或者重新阐释，经过策划包装成为了炙手可热的旅游产品，旅游市场的发展冲击着丽江纳西族保守、安于现状的生活状态。在旅游市场的影响下纳西族群众寻找开发旅游与发展市场经济的突破口，对生活有了新的认知，也引发了人们对生存境遇的新需求。追求经济利益的商业行为比比皆是，比如为游客提供纳西族特色餐饮和住宿；以个性鲜明的纳西歌舞吸引游客；借纳西族的民族风情招揽游客观光并购买手工制品。这样普遍的商业行为给丽江地区纳西族群众带来经济利益的同时，不仅给当地的生态环境带来了压力，同时对纳西族民族文化的传承带来了巨大的影响，伴随着现代快餐文化的大肆渗透，城市化和市场化的大力推进，纳西族群众更多关注于旅游带来的经济利益。旅游的进入有意无意地冲击着纳西族民众的生活和生产方式，纳西族民众逐渐忽视甚至无视自身民族文化的价值，更失去了以往保护、传承民族文化的自觉意识。

旅游市场的开发与发展，带动了丽江众多自然资源的开发，同时也促进了经济发展与纳西族民族文化的市场化转变，不可否认这确实带来了客观的经济价值，但同时必须看到，一方面丽江纳西族民众并无充分准备便盲目地投入市场化竞争，导致了很多宝贵的纳西族民族文化传承内容的流失。更重要的是，各种强势文化形态的涌入对丽江纳西族民族文化生态造成了极大破坏，纳西族作为相对弱势、非主流的文化形态，市场化发展和外族文化进入丽江，对其物态文化形态、制度文化形态、行为文化形态和心态文化形态等都产生了巨大影响。其一，市场化发展所带来的强势文化对纳西物态文化形态产生了重要影响，很多景点景区都在售卖纳西族民族工艺品，但是细看却发现这些民族工艺品的工艺、材料、风格都与其他地区的工艺品没有太大差异，不断同化的民族工艺品折射出纳西族民族文化传承内容的流失，逐渐丧失自身的民族特色，也只能是谋取市场利益的牺牲品。其二，外部文化特别是丽江周边景区市场化的发展，对纳西族民众心态文化形态产生了影响。纳西族文化艺术反映的内容是本民族文化的群体心态、思维方式和审美价值，在旅游业发展过程中，丽江纳西族的艺术表演渐渐成为适应市场经济的"新艺术"，很多表演形式和内容简化，长远来看必将影响丽江纳西族的审美情趣与价值观念。其三，纳西族行为文化形态和制度文化形态面临强势文化的涌入，也出现了诸多改变。旅游的发展和现代思想观念的传播，使纳西族节日风俗开始演变为只提供审美观赏价值的舞台演出，不再发挥传承与弘扬民族文化精神的作用，纳西族民族文化自身独特深厚的历史底蕴正在不断减少，祭祀仪式已缺少了昔日的神圣而成为市场化的表演。

强势外部文化的进入，导致了民族文化生态的破坏，弱势文化群体渐渐失去了民族认同感，民族文献遗产隐性信息的文化地位被削弱，所以增强民族文化的自珍自守意识、保护文化生态是保护、传承和重构民族文化的首要问题，也是民族文献遗产隐性信息能够充分展示的先决条件。

第二节　隐性信息传承人员减少

传统的民族文献遗产隐性信息的传承方式大多采用口传心授的方式，所以传承人身体健康的好坏将直接影响到民族文化的传承效果与质量。随着时间的流逝，民族文献隐性信息传承人数急剧减少，特别是学问高深的传承人数已是寥若晨星，且年事已高，后继乏人，民族文化面临断代和失传危机。一些传承人的健康状况开始下降，记忆力减退，甚至少部分传承人因种种原因，来不及将自身的民族文化记忆全部传承给下一代，就意外离世，造成民族文献遗产的间接大量流失，一些文献的隐性信息将永远无人能够准确释读。传承人不可抗拒地自然老化，被传承人大量减少，民族文化传承呈现出后继乏人的局面，使得民族文献隐性信息的延续、传播和传递无法得到有效保证，民族文献隐性信息传承的完整性势必遭遇挑战。

民族文献遗产隐性信息的传承关键在于有大批不同年龄结构、热衷于民族传统文化的被传承人作为基本的人员保证。由于民族文化传承人地位弱化、经济贫乏、生活困顿，使年轻一代对传承民族传统文化索然无趣。随着民族地区社会、经济的发展和交通、通信等条件的逐步改善，广大民族群众的传统思想也开始发生变化，尤其是一些年轻人。他们对城市的繁华生活充满着向往，急于改变经济落后的生存状态，而对于不能快速产生经济效益的本民族传统文化，则表现出冷漠。他们千方百计地通过各种途径离开乡村，走向城市，并希望通过努力改变贫穷落后的命运。年轻传承人的大量流失，使得少数民族传统文化传承陷入困境，出现后继乏人的局面，种种原因造成了民族文化传承人的断层断代，最终导致民族文献遗产隐性信息的生存陷入前途未知的困境。

水书先生是指那些能看懂水书，"能与鬼神对话的人"，被称为"鬼师"或"师人"。水书与水书先生的结合是传承水族优秀传统文化的重要前提。贵州民族学院的潘朝霖教授指出："水书文本，如果离开掌握它、传承它的水书先生，水书的卷本就失去了'灵魂'，而成为无生命的'标本'。一个水书先生，就是一座水族传统文化活生生的'图书馆'。一个水书先生的离世，就是消失了一座无法再生的水书'图书馆'。"

近年来，随着经济全球化和社会现代化步伐的不断加快，水书文化生态发生了巨大变化，正处于消亡的边缘。水书生存空间逐渐缩小，其生存、保护、发展都面临一系列的问题。之所以说水书濒临消亡并非危言耸听，因为本来懂得水书的水书先生就不多，而且许多水书先生已是古稀之年的老人，再加上水族传授水书有"传内不传外，传男不传女"的规矩以及学习水书枯燥无味，年轻人不愿花更多的时间学习水书，水书的传播出现严重的"断层"现象，这一切都制约了水书的传播与普及，水书面临失传的危险。

贵州黔南三都水族自治县水书先生韦朝贤在谈及水书的未来走向时，忧心忡忡地谈到，现在愿意学习水书的人越来越少了。一方面，孩子们都在为生计到处奔波，包括他的三个儿子都没有时间好好地学习水书。大儿子韦述意记性相对较差，想学却记不得。二儿子韦述强在家乡小学代课，养育有五个孩子，都在读书，上课之余忙于农活，力不从心，只是偶尔有点时间才学习水书，他要像其父那样熟悉运用水书恐怕很难实现了。三儿子韦述伟远在廷牌镇同心村中心小学教书，经常几个星期才回一次家，更没有时间学习水书。另一方面，电视、电影等对年轻人更有吸引力，他们一般晚饭后都跑到有电视的人家家里去看电视，对水书这一套没有经济效益的"老古董"也不感兴趣。

贵州黔东南苗族侗族自治州榕江县水尾乡由于交通闭塞、经济文化落后，外来文化影响很少，民族传统文化保存得较为完好，这也是水盆村水书习俗得以大量保存下来的一个重要原因。在这里，人们主要将水书用于重大的宗教祭祀活动和日常的婚丧嫁娶、建房、出行等择日和占卜吉凶等。生活在这里的水族基本上都只会说水话，特别是中老年妇女很少有会说汉语的，也很少看不懂水书文字的，只有一部分的人会看水书，掌握水书中的神秘内容。水盆村所有的水书，都是他们祖辈通过手抄的方式传承下来的。根据调查和统计①，在水盆村有水书先生 13 人，他们之中，40岁以下的仅 1 人，40—50 岁的有 2 人，50—60 岁的有 1 人，其余的都是

---

① 王炳江：《水书传承断层现象浅析——以榕江县水尾乡水盆村为例》，载潘朝霖、唐建荣《水书文化研究》，贵州民族出版社 2009 年版，第 427—441 页。

61 岁以上，因此年过 60 岁的水书先生占其中的 70%。由于水书均靠手写抄录来传习，没有统一的版本，绝大多数散落于民间，且书写字迹受个人因素的影响很大，通常来说，只有一脉相承的水书先生才能完全看懂自家水书中的文字及符号。但这些水书先生大部分已经年迈，而年轻人又不愿意学习水书，甚至对水书有极大偏见。在水盆村调查过程中发现，部分年轻人认为水书完全是一种迷信的书籍，水书习俗的活动完全是一种纯粹的迷信活动，对这一民族传统文化嗤之以鼻。水书已经到了濒临失传的境地，传承已经出现严重的断层现象。

第三节　隐性信息母语环境弱化

语言既是民族特征之一，又是民族发展所必需依赖的工具。每一种民族语言，都在一定程度上反映该民族的人们对客观事物的认识的水平，凝结着人们经过长期实践所积累的知识。人们习得和使用民族语的过程，也是习得、继承和交流自己的民族文化的过程。一方面，语言本身就是文化的一部分；另一方面，有了共同的语言，民族的历史文化科学才有可能不断提高、不断发展，才有可能一代代传承下去。从某种意义上说，语言可能是既定文化最核心的要素，人们散失了他们的母语而学习其他的语言，也就意味着他们将散失掉他们文化的最重要的组成成分之一。民族语言与民族文化密不可分，它既是民族文化的重要组成部分，还担负着族内交际、传载民族历史文化、族群认同等多重功能。因此，民族语言的消亡，意味着上述多重功能的丧失。民族文献将因为语言文字的无法识别或完整识别而变成无人能读的"天书"，而其中的隐性信息也将无法得以完整提取而传播至民众中去。

经济的发展不仅扩大了民族地区社会、经济、文化交流过程中对汉语的需求，还产生了对国际交流通用语言——英语的需求。同时，在经济因素依托下发展起来的广播、电视、报纸、杂志等传播媒介毫无例外地要使用族际共同语——汉语。以汉语为媒介的现代经济活动为少数民族民众从传统使用的民族语言、文字转用汉语起到了基础性的作用。随着现代经济的发展，少数民族民众不仅要兼用和转用汉语，而且还要在学习和使用族际共同语——汉语之外，学习和使用经济全球一体化过程中强大的语言媒介国际通用语——英语。

　　民族文字和语言使用范围、人群的日益缩减也制约了民族文献遗产隐性信息的传承释读。各少数民族文献遗产中普遍存在众多使用民族文字记载的文献，由于民族文字使用人口减少，民族语言使用者的年龄呈现偏大趋势，导致民族文字、语言使用范围受到很大局限，受制于社会发展和汉语影响，其主要使用范围限于民间文艺、地方宗教、家庭等在现代社会生活中相对不很重要的领域。民族语言文字面临的普遍问题是语言文字社会功用的萎缩和不断弱化。不少少数民族语言文字，虽然现在不属于濒危语言，但是其学习和使用人口的迅速锐减，使用地域的不断缩小，教育机构的持续减少，社会应用受到歧视或流于形式，使得其语言的社会功能不断弱化。现实中存在着很多母语环境弱化的情形，例如自觉不自觉地放弃自己的母语，双语或多语的混合使用，各种民族政策和语言政策得不到贯彻落实或得不到足够重视，各种民族语言法规流于形式等。

　　从民族语言内部发展来看，民族语言结构发展较缓慢，语言、词汇加入了大量现代词汇，这种语言实际上处于受到侵蚀状态。传统的文化环境一旦消失或者被外来文化或主流文化同化，那人们就再也不会有对传统文化的特别需求[1]，母语环境在整体社会环境中尤其是青年人中的缺失是隐性信息生存的典型困境表现。只有部分成人和儿童使用自己的本族语言文字，另外部分人已经转用其他的语言，存在潜在流失的危险——失去儿童使用者。

　　丽江古城成为世界文化遗产后，旅游人数激增，外来人口大量涌入，古城原来以纳西民族为主体的多元民族文化传统发生了巨大变化。丽江古城里最多的人群是外地商人和游客，听到最多的语言是来自于五湖四海的语言，而穿着纳西服装的老人，操着地道纳西语的人却越来越少见。各式各样的外来文化伴随着大量的海内外游客潜移默化地侵蚀着纳西族的历史传统文化，当地本民族的语言文字、风俗习惯在经济繁荣的表象掩盖下逐渐萎缩，白沙乡的束河古镇亦是如此。云南地域的汉语方言逐渐替代纳西口语成为古城的主流语言。纳西年轻人以能够说一口标准而不带"纳西腔"的普通话而自豪，他们更是效仿内地先进地区的现代化教育方式，早早地将年幼子女送到双语幼儿园，这里的双语环境只包括普通话和英语。传统的文化环境一旦消失或者被外来文化或主流文化同化，那人们就

---

　　① 杨福泉：《少数民族文化保护与传承新论》，《云南社会科学》2007 年第 6 期。

再也不会有对传统文化的特别需求，母语环境在整体社会环境中尤其是年轻人中的缺失是纳西族东巴文献信息内容生存的典型困境表现。

一般而言，地名一般约定俗成是不易发生变化的。但这并不是说地名是一成不变的，因为社会在发展，人们的认识、价值观念等也会伴随着社会的发展而变化。当人们的价值取向发生变化后，人们对地名的认识以及所期望的内涵也会发生相应地改变。当原来的地名不足以承载人们已经变化了的价值期望时，就会改变地名来适应人们的需要。如现在湖南湘西土家族苗族自治州永顺县的永茂镇，很久以前，该地有个土家语地名叫"坐苦塔"，"坐苦"，在土家语是"野猫"的意思。"塔"是"下面"的意思，"坐苦塔"就是"在野猫的下面"。到了清代，"坐苦塔"用土家语部分直译为汉语，即"野猫塔"。新中国成立后，这里设立了乡，顺理成章"野猫塔"的行政建制应为"野猫乡"。但人们觉得野猫是抓鸡的野兽，其名不雅，经乡人民代表大会通过，取音相近而又吉祥文雅的"永茂塔"代之，后又发展为"永茂镇"。由"坐苦塔"到"野猫塔"再到"永茂塔"、"永茂镇"，地名名称的变化，反映了社会的发展和人们观念的变化，也反映语言使用习惯与社会环境的改变，从而对民族文献遗产中同类地名、人名、物名等容易变动的名称的理解也就不能完整准确地表达出来其原有的含义。

土家语在使用范围缩减的速度上，具有先慢后快、呈现加速的特点。在使用人群分布上，首先转用汉语较早的是上层统治阶级，其次是普通百姓。在使用空间分布上是交通发达、散杂居地区的土家语功能衰退在先，语言使用范围缩减较早，交通不便、聚居于偏僻乡村的土家语使用范围缩减、消亡在后。土家族习得汉语文的途径大致有两种：一种是许多民族获得第二语言的途径，即在与汉族接触过程中，非正式地、自然地习得汉语文；另一种方式就是通过学校教育按照一定的计划比较系统地学习汉语文。前一种途径自土家族、汉族两个民族接触之日起就已经发生，但通过学校教育的途径系统地习得汉语文只能是在学校教育产生之后。随着学校教育的兴起和普及，以传播和传承汉文化为核心的汉学教育，使土家族中的上层人士很早就普遍接受了汉文化，使汉文化意识和儒家的思想观念扎根在他们的精神深处。这种意识层面的沟通和整合，不仅表现在土家族官吏文人能诗擅赋的汉学才学方面，也渗透在他们的社会生活、风俗习惯、价值观念、言语行为等诸多方面。

现在，不仅转用了汉语的土家族对土家语表现出淡化观念，即使目前还在使用土家语的土家族也大多如此。一些土家族老人虽然并不反感说土家语，但是，他们在县城也都不好意思继续使用土家语。如保靖县田老先生就说，他在县城上中学时，应该是 20 世纪 50 年代，在班上说土家语，别的同学会笑话他，觉得说土家语土气，是"老土"。说明在 20 世纪 50 年代在某些地方就有把说土家语与"土"和"落后"联系在一起的现象。这表明部分土家人不仅对是否使用土家语观念淡漠，甚至表现出某种程度的歧视。不过，在龙山坡脚土家族聚居的乡村，这样的观念还不十分强烈。在总体上，即使是保存土家语较好的乡村，他们对土家语的情感观念也在发生着变化，即开始由顽强的坚持转向随意使用了。如谢志民在 1982—1983 年在坡脚乡调查时，在坡脚完小任教的彭英子老师告诉他，"本地社队干部，或在外工作人员回家来，都要讲汉话。如果交谈的对方讲的是土家话，他用汉话回答，就会引起对方的不愉快，碰到老人家时，还会受到责备。我们那里参军出外的人员，在部队里习惯了说汉话，复员回家后，一时还改不过来，总是习惯汉腔。因此，常会被人挖苦。说'哼，人都回来了，还要带着枪'（'枪'是双关语，即汉语腔调的'腔'）"。时隔 20 年，他们再到坡脚乡调查时，人们对回到乡里是否使用土家语交流的已经不再坚持。无论是使用土家语，还是使用西南方言，或使用汉语普通话，都没有什么奇怪的，也没有什么人去责难不说土家语母语的人。可见，在土家语使用较好的社区，在短短 20 年的时间内，人们对待母语使用的观念已发生很大的转变。这种聚居地区土家人母语观念的淡化，将加速该地区土家语的危机态势。此外，土家族语言观念的变化还表现在土家语"无用论"思想的不断蔓延。由于土家语没有进入学校教育系统，在学校里他们根本不用土家语，小学、中学没有土家语、汉语双语课程。土家儿童的父母们认为，学习民族语言会不利于孩子们学习汉语和其他课程，对孩子将来的升学考试等都没有什么帮助。

第四节　隐性信息传承途径受限

各少数民族传统生活方式的改变制约了民族文献遗产原生性隐性信息的提取，民族文化自我更新能力差，传统文化内容传承方式单一、落后，内容缺乏新意，同时外来强势文化的碰撞，对少数民族文化本质内容造成冲击。作为民族文献遗产信息内容载体的传承人，是文献遗产的活化石，在民族文化传承的过程中，担当着很重要的角色，是民族文化的重要承载者和传递者。传统的文献内容信息的传承大多由传承人通过口传心授的方式来进行，这种传承方式在人类历史发展的过程中，是与经济相对落后状态下的生活状态相适应的，为民族文化的继承和发展作出了巨大的贡献。然而，这种传承途径具有其自身的脆弱性，因为传统的口传心授的传承方式过度依赖于传承人这单一环节。单一方式的传承途径在遇到新的社会变革、发展时，很容易由于没有其他适合的渠道来替代、互补这种近乎垄断性的手段而不能适应社会的节奏，在一损俱损的危机下民族文献遗产信息内容的传承岌岌可危。

作为民族文化的延续者和发展者，被传承人大量减少，民族文献遗产隐性信息的传承呈现出后继乏人的局面。此种局面的出现，一方面，使得民族文化的延续和传递无法得到有效保证；另一方面，被传承人对信息内容的悟性、理解能力的高低，同样会直接影响到民族文化记忆传承的完整性。而在后继乏人的局面下，民族文化记忆传承的完整性势必遭遇挑战。这些传承方式，产生的文化传递和继承往往发生在较小的范围内，甚至一些独具特色的民族文献遗产信息内容，其传承又局限在更小的范围——家族内部（且多传男不传女）。这对于整个民族文献遗产的传承，无疑是一种无形的阻碍，不利于民族文化记忆的普及、创新和发展。

丽江纳西族历史悠久，其最早的民族文化传承方式多数为世代口耳相传，或者师徒相授的隐性信息，当然也有部分东巴文字书写的显性文字资料记载了一些民族技艺的传承方式，但文献记载的显性信息毕竟极少，而且伴随时代的发展大部分已经损毁甚至消亡，因此说民间东巴自觉地世代传承是丽江纳西族一以贯之的文化传承方式。由于全球化时代的到来，现代化媒介的进入打破了这种较为传统的民族文化传承局面，出现了不少较为现代的传承方式。其中，最常见的是借助改造后的舞台进行民族文化的传播，丽江旅游业的发展，使具有独特审美价值的丽江纳西族文化形式备受人们的青睐，旅游市场提供了一个展示纳西民族文化魅力的广阔舞台，纳西族凭借自身的民族文字、歌舞、仪式获得了不菲的市场报酬，现代化的生存需求促使越来越多的人追求市场利益，而淡忘甚至抛弃了传承与重构民族文化的重大使命。虽然，现代化媒介推动了纳西族与外界的交流，并促使本民族文化得到了广泛传播，同时这种传播方式也起到了民族文化传承、民族文献传播的功能，令更多的人开始关注、重视、喜爱纳西族民族文化。但是，当前丽江纳西族民族文化传承过程中并没有有效利用这种传承方式，而更多的是借此大肆渲染甚至删改纳西族民族文化的审美功能，传承功能大大减弱。此外，报纸、广播、电视、网络信息等现代化媒介的进入，推动了现代思想观念的传播和现代化生存需求意识的不断增强，不但使民族文化、民族文献的传承方式日渐弱化，而且使纳西族内部民族文化传承方式减少甚至消亡，特别是民间艺人、艺术传承人的去世，很多独特的纳西族遗产例如造纸工艺、东巴画绘制技艺等，出现断代甚至失传，许多优秀的纳西族民族文化已经消亡或正在面临消亡。因此，在现代化生存需求的不断刺激下，纳西族民族文化、民族文献信息传承方式的改变，亟须客观认知丽江与周边地区的经济、文化发展现状，充分认识到纳西族民族文化传承过程中所面临的各种问题，并且以更加积极的措施来保护、传承和完善民族文化、民族文献的传播、传承方式，重构更适应时代需求、社会需求和自身发展需求的纳西族民族文化。

彝族毕摩文化传承方式以世袭家传为主，拜师学艺为辅，且传男不传女。世袭家传有规矩，世袭毕摩必须有人继承毕摩职业，认为倘若无人承接，就会因家传的护法神灵无处享祭和无处依托而作祟，导致祸害降临于不承祖业的后裔，因而毕摩世家至少有一人要传承祖业，而多学多传则不受限制。由于在过去彝族社会中，既没有专司其职的教育机构，也没有从事专职的教育人员，毕摩以世袭形式进行传授教育，一般以长辈毕摩为师，晚辈后生为徒。师者根据学徒智商之高低、悟性之差异以及兴趣等情况进行授艺。传承学习内容主要有口头传授并背诵大量的口碑经典，在实践中教习编扎各种仪式需要的草偶和书画及各种鬼板鬼符，讲解各种仪式的程序规则，学习掌握学插各种神座和神枝，识读各种毕摩宗教经典谱牒，熟练理解各种文献经典内容等。

彝族毕摩传授弟子的整个过程是先易后难，学用结合，循序渐进，充分利用早晚和农闲时间。进行原始宗教仪式活动时也带徒弟到场观摩学习，到一定时间，师者抽时间检查弟子的学习情况，帮助解决疑难问题，若有人请去行原始宗教活动仪式，师者也把弟子随场随教随学。经长时间的传授、解疑、实践后，到十几岁便能独立主持小型原始宗教巫术仪式活动，到 30 岁左右，便开始学习天文历法、各种占卜方法和毕摩文化中比较深奥的知识。

彝族毕摩世家用的经书经籍和法器，如果家庭内有几个儿子都在学习毕摩这个职业，那么一般都只能传给么子，其他的由作为师长的父亲提供笔墨纸张和家藏经书典籍原版本让学徒自行传抄成副本使用，而且毕摩法器法具则用长辈制作赠赐，弟子掌握本家的知识和技艺后，可拜本宗族甚至外族中有名望、学识渊博、技艺超群的毕摩为师，但在独立主持各种原始宗教仪式时，必须遵循本宗族的仪式程序和规则进行，不许任意改变和篡改。

彝族毕摩弟子拜师学艺主要有两种情形：一是世袭毕摩子弟中因早年丧父未传承，本人自愿学习毕摩者，或者祖上护佑神灵作祟致祸而不得不承袭毕摩者，其宗族长辈毕摩或者老者毕摩，或者亲朋好友毕摩，有义务传承其成为毕摩。二是非世袭毕摩弟子，爱好或者通过推演算命后，认为命中注定该拜师学艺成为毕摩者，或者因宗族、娘舅宗族属世袭毕摩而有世袭毕摩护法神灵附身致病而拜师学艺者，非世袭毕摩弟子拜师，一般都拜宗族内或娘舅宗族内，或亲朋好友中德高望重的长辈为师，择一吉日，有父兄或母亲陪同，带上一只大红公鸡、6千克酒和6千克猪肉等礼品去毕摩师傅家杀鸡拜师，师傅也要热情款待弟子。祭拜时，祭品供于供桌中央，毕摩整装立于供桌左侧，由弟子磕三个响头，毕摩向毕摩师祖灵位磕三个头，跪地念口诀告知祖神。礼俗过后，席间毕摩看鸡股骨卦，毕摩认为祖神许可，向家人宣布收其为徒，并逐一介绍家庭成员，排行称谓顺序；若鸡股骨卦不吉，则婉言谢绝，作一般关系或往日关系往来。拜师收为弟子后，毕摩的经籍，作为弟子的可以学习取用，且弟子衣食住都在毕摩师傅家，学满方出。非世袭毕摩的弟子学成后，毕摩师傅制一套法器赠予弟子，同时也提供家藏毕摩宗教经籍，让弟子自行抄成副本使用。弟子出师后，可以另拜高师学艺，但在独立主持原始宗教巫术仪式时，按启蒙毕摩师傅的仪式程序和规则进行，念颂《毕摩谱系》和《毕摩功绩》至结尾，可以联上自己的名字。如果不是出类拔萃者，人们一般都不愿意请他们主持送灵、反咒等原始宗教巫术活动仪式，然而，只要尽心传承，待传数代或数十代后，因做毕摩的技艺得到公认和共识，有一定的影响，非世袭毕摩也可以自然成为独立毕摩流派，主持各种原始宗教活动仪式，传抄各种毕摩宗教经籍及其他各种彝文文献典籍。

不论是世袭毕摩或非世袭毕摩，毕摩文献的文化信息传承都有传承时机随意、传承场合庞杂、使用限定语言文字、传承对象单一等几个特点。

1. 彝族毕摩文献隐性信息的传承具有游动性和私塾性的传承特点。不论是世袭毕摩或非世袭毕摩传承，毕摩先教授毕摩经籍，并只教授经词经句，此时相当于是传授的毕摩文献中的显性信息部分，即毕摩文化信息使用的文字、语言及其相关的使用方法。最后在各种原始宗教巫术和民俗活动中，弟子向毕摩学习各种活动中所需的祭物祭品及其摆设、活动程序和念诵的唱腔唱曲，此时相当于是传授的毕摩文献中的隐性信息部分，即在文献中并没有记载的物品及其使用方式等。有的毕摩一生中有几十个甚至几百个弟子，但毕摩文化传授场合不像现代学校教育传承场合固定化，或在毕摩家中进行，或在弟子家进行，更多的是在仪式活动现场边传授边学，边做边学，毕摩在什么地方主持祭祀、丧葬仪式，弟子带到什么地方去学，直到弟子可以独立担任主持各种大型原始巫术仪式活动为止，或者毕摩师傅作古为止。因而毕摩文化的传授方式具有游动性的学习与理论联系实际的特点。

2. 彝族毕摩文献隐性信息的传承以原始宗教巫术和民俗活动为主。毕摩念诵祭经祭词、咒语咒词，用语言的魔力、赞美、教导、感染、规劝、诅咒及影响神鬼和祖先，并辅之以极富有象征性质的祭祀、巫术等行为方式处理人们与神鬼、祖先的关系。可以这么说，毕摩文献隐性信息的传承是依托宗教和民俗活动以念诵祭经祭词、咒语为主，是显性信息结合隐性信息最为直接的传承方式，具有信仰神鬼、祖先的宗教民俗文化活动。但以毕摩祭经祭词、咒语和毕摩的社会职能活动来看，其中包括历史、语言、哲学、宗教、文学、艺术、天文、地理、人生礼仪及生产生活方面的知识，还有毕摩查病看病、神药禳解治疗法等。所以毕摩文献隐性信息的传授具有以原始宗教巫术为主、民俗为辅的博大精深的传承特点。

3. 彝族毕摩文献隐性信息的传承具有使用专门语言文字传承的特点。在彝族各种文化传承中，毕摩文献隐性信息的传承是运用祭经祭词、咒语形式进行毕摩文化信息内容传承。毕摩文化的传授内容是借民俗、宗教活动念诵它相适应的祭经祭词、咒语、神名、谱牒来娱神育人，其中念诵祭经祭词、谱牒是进行民俗、宗教活动的主要手段，所以毕摩文化的传授要完成繁多庞杂的诸多经籍祭仪，具有民俗、宗教礼仪与祭经祭词、咒语相结合的特点，同样这些祭经祭词、咒语、神名、谱牒中的隐性信息必须使用本民族的语言文字，具有特定人群才能听懂、理解的特征。

4. 彝族毕摩文献隐性信息的传承以个别传承为主。毕摩对弟子传授各种毕摩文献信息，没有统一的传授内容、方法和目的任务。他们各自按各自弟子的知识水平、领悟能力进行传授，根据他们举行的各种原始宗教活动仪式和民俗活动仪式情况安排传授方法和进度，掌握传授文献隐性信息的广度和深度，合理安排传授时间和内容，这种传授方法方式特别注重弟子的个性差异，分别对待，因人传授，因材施教，且无时间、等级或级别，以弟子学会掌握并能独立主持各种原始宗教巫术和民俗仪式活动为主的个别传授形式，恰似现代某些教育中的传授方法、形式和特点。而这也是毕摩文献隐性信息最为突出的传承途径中最为单一性、限定性的表现。

第五节　隐性信息离散趋势加剧

　　民族文献遗产隐性信息的产生与传承都与特定的环境息息相关，这种环境反映在文献遗产的文化记忆中是它的原生性、本土性，也就是它生存的本土环境。文献遗产生存的本土环境一般涵盖了两个方面的内容，"一方面是特定文化信息产生的自然、气候条件，另一方面是特定自然空间的文化、文明条件"。民族文献遗产隐性信息体现着一个地方的传统文化历史，能够作为一种手段来体现一个地区的文化特质和价值。民族文献遗产隐性信息与文献载体的文化环境构成了自身的文化生态系统，只有系统内的各项因素相互作用才能维持这一个体健康、稳态地发展。与高层次的群落、种群文化生态系统相比，民族文献遗产隐性信息的生态系统内各项要素的相互作用更加明显，任何一项要素出现问题，都可能关乎民族文献遗产隐性信息的存亡。

　　民族文献遗产隐性信息类型、形式、表现方式并非独立生存的，而是同其他同根同源的文化遗产相互依存构成一个文化整体。如纳西舞蹈、纳西古乐都与东巴文献遗产中的信息内容息息相关。民族文献遗产隐性信息的特征要求在对其局部进行保护时不能只顾及该事项本身，而必须连同它的生态环境一起加以保护。在保护时应对它们进行整体性保护，而不是进行个别的、独立的保护，或因它们的开发价值、濒危程度不同而对它们进行碎片式的保护。所谓碎片式保护，就是指在进行文化遗产保护时，由于缺乏文化整体性的理念，把一个原本是一个整体性的文化结构人为地撕裂开来，将其中一部分有价值的内容作为文化遗产保护。表面形式上的保护工作掩盖了对文献信息的固有整体风貌和遗产系统性价值的深层次损害。

有的文献遗产在历史传承过程中脱离原有的生存环境成为信息碎片，而在保护时由于缺乏对其整体性、全面性的认识，丝毫没有考虑到文献隐性信息之间的逻辑联系就对其进行完整性的修复，从而形成了碎片式的保护。这样的碎片式保护不仅达不到保护的目的，还会给文献遗产带来彻底的文化破坏。民族文献遗产隐性信息的传承保护中的离散式趋势日益加剧，在保护实践中脱离了原有的、整体性的文化结构，只重代表性事项而轻视乃至割弃其他相关事项，成为缺乏深层意义和内在逻辑联系的文化碎片，给民族文献遗产的隐性信息带来不应有的损失。

东巴舞蹈从神圣的仪式到"表演化、舞台化、展演化"的活动，变化的不仅仅是"场域"，更多的是一种"灵性"和"神圣性"的缺失。原生性的逻辑和表达被肢解、碎片化，为了满足感官上的刺激，甚至牺牲所谓的"禁忌"来吸引眼球。游客在不知舞蹈原有隐性地方性知识信息的情况下在法杖下被"妖魔"了。正如有的东巴说，东巴舞蹈的黑帽和法杖是不能乱戴的，如果不是用在丧葬仪式上会给人带来邪恶，这种做法完全将原生性的隐性信息文化内核粉碎了，舞蹈动作的幅度、力度、风格甚至性别都出现了改变。传统东巴舞蹈动作由于场地的不固定，动作幅度具有一定的随意性和创造性，因此，看起来比其他宗教仪式生动鲜活。现在，有了固定的舞台或者表演场地，动作的空间相对固定，这种动作的幅度受到了限制，必然要做出调整。仪式中的东巴舞段在动作力度上体现出"刚、重、快"的特征，在整个舞蹈过程中，主要通过英勇威猛的舞姿和严肃威武的表情表达一种神圣性的氛围。舞蹈粗犷、古朴的风格，通过威严角色和动作，使舞者和观者都会进入那种神秘的宗教意境中，体验祖先们铁马金戈的部落生活，回到了身体和内心的原点。这种原生情感性特征恰恰表现了宗教舞蹈最深层的、能够体现生命意义的内核。娱乐化的东巴舞蹈，力度特征只是流于形式，舞蹈中原生意义被解构和重新组合，呈现于世人面前的是经过碎片化拼贴的东巴舞，舞蹈主体心态的变化，宗教情境的淡化和功能的改变，使舞蹈中那种粗犷和古朴的风格成了满足观众"新、奇"的娱乐商品，"神圣的信仰"成了供游客消遣的服务。

"东巴舞"脱离了信仰生活场域，成为学界、政府和商界文化资本，被再造成观赏性、甚至是娱乐性的"东巴舞蹈"这些问题恰恰与东巴文化从东巴教信仰成为"世界记忆遗产"相关。日本学者岩本通弥，就商业性的展演引起的信仰"质变"进行了讨论。他认为，民间信仰的文化遗产化问题，需要不断鉴别空间、信仰对象、礼仪、艺能等（向外部示威的）表演，甚至无形的"心灵"等要素，学界有必要持续进行学术性讨论。"文化遗产化"导致的"信仰""信心"的躯壳化。观赏行为直接面对与尊严相关的信仰，让内在的心灵暴露于外部，而将这些信仰资源化以利于商品旅游，是否有违伦理？而政治上的文化资源化却在一些"保护文化"冠冕堂皇的旗帜下，但是实践主体的原生性信仰纽带和内涵在操作中没有得到极大的重视，经常是以民众的名义进行，但却并未尊重民众的意愿，由外部力量主导的保护行为究竟能给当地民众多少幸福感？

脱离了民众和仪式场景的东巴舞蹈主体所面对的情境是不再具有原生情感的乡土社会，即便是村落出来的东巴面对被遗产化的东巴舞蹈，为的也是生存，他们暂时脱离了原生性依附、原生性血缘和情感纽带。很多东巴离开了自己的村落来到旅游区。他们做仪式是一种展演，在游客面前所做的"仪式"仅仅是村落仪式中的片段或拼贴后的"仪式"产物，因为游客要在最短的时间内看到有代表性的东西，不可能长时间看一个仪式，游客们并不需要深入了解真正的全部隐性信息。因此，在旅游景区打工的东巴的确不需要那么多东巴文化知识。有的人仅仅学习了一些象形文字，但不能完整地读整本的经书甚至是句子；有的人仅仅会画东巴画，并不能说明他画的是哪路神灵，在仪式中怎么应用；有的人会跳东巴舞，却是一个个单独的舞段，不能形成一个完整的舞蹈仪式。仪式中的东巴舞蹈是按照地方性东巴文化逻辑秩序结构呈现在整体仪式中的，在景区"场域"中却可以不分先后顺序。在他们看来，游客中没有人能看懂，这仅仅是表演展示。由此，东巴文化在这里被片段化、碎片化并肢解了。为了满足游客对"原生态"文化的猎奇心理，他们造就了一个新生的东巴阶层。他们带来的是商业化的东巴文化，他们的展演行为颠覆了仪式中原有的神圣性和地方性以及日常生活中人们对东巴们的认识。在旅游产业的需求下，这种"神圣"秩序轻易地被重新改写和建构。

小 结

由于社会的发展，民族地区原有的封闭状态被打破，造成内外文化的互动，使当地本土文化在外来文化的影响与冲击下发生各种变化，民族文献遗产中的隐性信息自身产生和发展的固有环境已经不复存在。外来文化借助于现代传媒，大肆地传播与宣传自身文化，强烈地冲击着少数民族地区群众的文化视野，民族文献遗产赖以生存和发展的生态环境渐次失去平衡。

随着时间的流逝，民族文献隐性信息传承人数急剧减少，特别是学问高深的传承人数已是寥若晨星，且年事已高，后继乏人，民族文化面临断代和失传危机。一些传承人的健康状况开始下降，记忆力减退，甚至少部分传承人因种种原因，来不及将自身的民族文化记忆全部传承给下一代，就意外离世，造成民族文献遗产的间接大量流失，一些文献的隐性信息将永远无人能够准确释读。民族文献隐性信息的延续、传播和传递无法得到有效保证，隐性信息传承的完整性势必遭遇挑战。

母语环境在整体社会环境中尤其是青年人中的缺失是隐性信息生存的典型困境表现。只有部分成人和儿童使用自己的本族语言文字，另外部分人已经转用其他的语言，存在潜在流失的危险——失去儿童使用者。民族文献将因为语言文字的无法识别或完整识别而变成无人能读的"天书"，而其中的隐性信息也将无法得以完整提取而传播至民众中去。

传统的文献内容信息的传承大多由传承人通过口传心授的方式来进行，这种传承途径具有其自身的脆弱性，因为传统的口传心授的传承方式过度依赖于传承人这单一环节。单一方式的传承途径在遇到新的社会变革、发展时，很容易由于没有其他适合的渠道来替代、互补这种近乎垄断性的手段而不能适应社会的节奏，在一损俱损的危机下民族文献遗产信息内容的传承岌岌可危。

民族文献遗产在历史传承过程中脱离原有的生存环境成为信息碎片，而在保护时也由于缺乏对其整体性、全面性的认识，丝毫没有考虑到文献隐性信息之间的逻辑联系就对其进行完整性地修复，从而形成了碎片式的保护。这样的碎片式保护不仅达不到保护的目的，还会给文献遗产带来彻底的文化破坏。民族文献遗产隐性信息的传承保护中的离散式趋势日益加剧，在保护实践中脱离了原有的、整体性的文化结构，只重代表性事项而轻视乃至割弃其他相关事项，成为缺乏深层意义和内在逻辑联系的文化碎片，给民族文献遗产的隐性信息带来不应有的损失。

第四章

民族文献遗产隐性信息传承困境

过去，民族文献遗产隐性信息由年老传承人通过口传心授的方式悉数教给年轻的传承人，凭借着在特定民族文化知识系统中日渐积累的经验，年老传承人比年轻人获得了更为丰富的文献信息资源，在文化传承过程中取得了知识传承的优势地位。然而，到了当代，由于年老传承人知识体系更新的限制、传承方法的落后、年轻一代知识积累的快速增加等原因，隐性信息的传承陷入了传承生态环境改变、传承的社会根基动摇、传承人文化心理弱化、年老传承人传承方式固化和年轻传承人传承意愿消极的困境。

第一节　隐性信息传承的生态环境改变

民族文献遗产隐性信息的显性化需要依托一定的社会生态，存在于相互关联的社会、自然网络之中，个人的、社会的和文化的因素会赋予隐性信息以形态、意义和存在。社会生态环境一般分为两个大层面：文化环境（理解隐性信息需要了解的信息，主要指意义系统和符号性的相互关系）和社会环境（主要指社会结构和社会互动层面），在此基础上进一步可以划分为六个小层面：意义环境、风俗制度环境、交流系统环境、社会基础、个人环境、情境性环境。因此，民族文献遗产隐性信息传承的表述环境可以泛化到信息表达主体生活的民族、国家、社会、历史、文化等宏大背景，也可以具体到信息表达主体进行表述过程中的具体情境。

信息表达主体进行表述过程中时空、听众等因素，构成表述的具体情境，将会直接影响到传承人表述的效果。表达隐性信息的理想情境状态应该是由熟练的传承人在熟悉的时间、地点以熟悉的表述方式为熟悉的信息接收客体表述。这种理想的表达情境即所谓"自然状态下的表述语境"，不为非熟悉因素所干扰。民族文献遗产中的神话、传说、歌谣、故事、民间戏剧等往往在特定的节日庆典、巫术祭仪、人生礼仪、庙会社火等熟悉的情境中讲述，在村落、社区传统的时空背景下举行的各种民俗活动，其构成的表达情境便是不为陌生因素所干扰的"自然状态下的表述语境"。表达隐性信息的时间，既是自然时间，也是文化时间、社会时间、历史时间。不同文类、不同类型或主题的民族文献，有相对固定的、约定俗成的表述时间，信息传承人和信息接收客体都会自觉地沿袭传统形成的习惯。表述隐性信息的空间既是承载具体表述民族文献内容的物理场所，也具有深刻的社会、历史、文化意义。文献中的故事传说多在漫长冬季的火塘边讲述，情歌多在山野地头对唱。不同的民族文献内容，具有相对约定俗成的表述空间，具有社会历史文化意义的时空紧密相连，共同构成口头传统表演的具体时空。在民族文献隐性信息的表达过程中，信息接收客体与信息传承人共同构成了一个交流互动的表述场景，信息表达是信息传承人与信息接收客体交流过程的产物。信息接收客体的知识水平、理解能力、兴趣爱好、现场即时反应等因素，会或隐或显地影响到传承人的信息表达效果。

当代民族社会中学习、传承文献隐性信息的环境氛围出现了日趋消极的态势，传承后继乏人、社会生产生活使用文献隐性信息的场合逐渐减少，传承中的社会环境因素已经遭到改变或破坏，限制了文献隐性信息的继续生存。新中国成立后尤其是改革开放以来，民族地区进入了社会建设时期，民族社会和外界交流日益频繁，现代化交通、电力设施、通信设施、广播电视媒体日益普及，外界汉文化乃至西方文化进入民族地区的社会视野，民族社会中的生产、生活和文化教育的各方面逐渐接受了汉文化。民族社会与外界的接触占用了当地人大量的时间、精力，原本用来学习民族文献的时间被看电视、对外交流、接触新事物等新鲜事情所挤占，人们没有更多的时间去学习传统的文化知识，演练隐性信息及其表演、仪式内容。

受到外界文化、工作方式和生活习惯的影响，在与汉族广泛接触的过程中，民族群众逐渐接纳了汉族的饮食、服饰、语言、通信、医疗等生产、生活的方式，在孩子出生、丧葬习俗、医疗卫生、婚嫁习俗等方面有越来越趋向汉族的趋势，虽然也有坚持传统生活方式的，但毕竟只是少数。与此相关的民族文献中记载的这些事项在实际生活中缺少了使用的场合和人群，很少再使用这些文献来再现隐性信息的表演和仪式了，自然而然地民族文献隐性信息的传承也就难有用武之地了。生活环境的改变导致了民族文献隐性信息的使用和传承人群、场合的减少，进而民族文献的使用机会越来越少。

民族语言、文字担负着族群交际、传载历史、族群认同等多重功能，组成了民族文化的核心，也是文献隐性信息传播、教育、传承的媒介。发展经济、对外交流服务扩大了民族地区对汉语的需求，各种传播媒介使用汉语作为不同民族间的通用语言工具。民族语言、文字的使用场合被严重压缩，只是在民间文艺、仪式表演、地方宗教等现代社会边缘领域中还在使用，民族文献隐性信息的传承释读得到制约。受过汉文化教育较多的人群一般在公共场合不再使用民族语言、文字，很多人即使回到家乡也不会使用民族语言来称呼一些现代事物。民族语言、文字使用范围的缩减、使用人群的减少为民族文献隐性信息的可持续传承增加了不确定性。

学校教育承担了民族地区文化教育的主要任务，也决定着民族文献隐性信息现代社会中群体性传承的重要责任。当前，民族地区的汉语、汉字教学水平都普遍有所提高，为适应客观环境的变化和发展，学生学习汉语的积极性已经远远超过了民族语言、文字的学习。各级小学、中学的教学普遍使用汉语，中考和高考制度成为学校教学水平的评判标准，学校在教学过程中较少涉及传统文化的教学，使得学生对汉语、汉字的理解掌握程度远远地超过了民族语言、文字。民族文献隐性信息的学校传承阵地在逐渐丧失，本应成为主要传承场所的学校已经无奈或被迫削弱本民族文化的传承。

由于强势外部语言、文字的进入，政府、教育、现代媒体对普通话的推广力度加大，加之随着与外界人群的社会交往日益频繁，苗族的母语"苗话"与外界的沟通障碍日益显现，使得青少年对母语的认同感较之他们的父辈、祖辈降低，甚至出现了一些错误的看法，比如认为苗话没有用，讲苗话会被人看不起。一些年轻人内心深处有较强的自卑感觉，害怕被外部人群唤作"乡巴佬""瑶古佬"而不愿说母语。据苗族当地群众介绍，现在他们那里的年轻人之所以不愿学习苗话，其中一个原因竟是因为苗话中的"食饭"（吃饭）发音与当地"客话"（官话）中骂人俗语谐音，所以认为苗话"粗俗""丑"而不愿学习。另外，年轻人也希望将"苗话"完整地传承下去。这也反映了苗族年轻人对待自己母语的比较矛盾的心理：一方面认为母语是本民族的标记，是祖祖辈辈传下来的财富，不希望苗话消失；另一方面也深刻感受到母语在社会交往中给自己的信息沟通、交流带来的种种障碍，因此迫切希望学习通行的普通话，从而为自己提供融入主流社会的信息工具。这种复杂的心态导致了苗族父祖辈对晚辈、外来媳妇不学习、不说苗话的宽容，甚至为了迁就晚辈交流的外部语言，父祖辈与他们沟通时也改说汉语普通话。民族地区经常发现这样的情形，祖辈与父辈相互沟通是使用本民族的通行语言，但是与孙辈、曾孙辈沟通时却讲汉语普通话了。这种心态当然也影响到青少年对本民族母语的认同感降低，而以会说汉语普通话为标准，所以在大部分的民族地区的年轻人中间，掌握最为熟练的语言并非本民族的历史通行语言，而是汉语普通话，其次才是本民族语言。同样的情形存在于民族文字的使用过程中。民族文献隐性信息的语言、文字的使用场合逐渐减少，信息的显性化手段遭遇了信息接收客体人群数量下降、理解文献内容能力不足的困境。

第二节　隐性信息传承的社会根基动摇

民族文献在历代传承过程中，传承人在社会中普遍拥有绝对威严、高人一等的身份、地位、权力和传承技艺，拥有为大多数民众所认可的威望、声誉。传承人对于民族文献中知识信息的存贮、整理、加工和传播、教育能力，代表了本民族的最高文化权威，是本民族的文化象征和文化使者。民众对于传承人的知识运用、信息解释、社会规范的理解和事务的处理都是非常信服的。民族文献及其记载内容、隐性信息具有至高无上的社会认可度，任何成员都是不容置疑也无从质疑的。对于普通民众来讲，民族文献是神圣的、神秘的和能力超群的，任何集体和个人在生产、生活中的困难和疑惑都可以通过传承人的信息传授和仪式表演来解决。民族文献神秘、超普通人能力的内在本质和传承人神圣、权力、威严的形象代表是民族文献隐性信息得以在民族社会中长期持续传承的基础。

传承人作为民族文献的直接使用者，在社会文化传承和民众的心目中具有独一无二的地位，传承行为的垄断排他性使得他们在过去的传承活动中占据着强势的地位、身份。历史上，民族社会生产力低下，民众普遍对于祖先、神灵和自然界具有忠诚的崇拜信仰，在很大程度上推动了民族文献隐性信息的使用、繁荣。分布普遍的传承人在为民众解决各种生老病死、婚姻嫁娶、生产活动的事务中获得了比较高的评价，得到了民众的广泛尊重。历史发展到当代，科学技术逐渐得到普及，普通民众认识自然环境的能力得到提升，许多传承人的活动被民众摒弃，民族文献的应用范围大大缩减，民族文献及其隐性信息的受关注、重视程度已大不如昔。在适者生存的社会环境中，传承人神圣、权力、威严的文化使者形象被打破，甚至部分传承人被认为是封建迷信的代表。

民族文献的内容因为具有神秘的特征，在传承人掌握隐性信息的协同作用下于生产力相对低下的环境中产生了超越普通人能够理解的奇特效果，使得普通民众对民族文献产生了敬仰、祭拜、尊崇并自觉传承至今。然而，现代科学技术的普及、民众对于科技的日益重视对民族文献的神秘性、隐晦性提出了质疑。不可否认，民族文献中的内容及其隐性信息有相当部分是具有一定的科学依据的，比如傣族的医药文献中记载的医学、药学知识，但是医术与巫术一体的治病祛邪的神秘力量却是掺杂入很多非科学的因素。科学的本质和目标就是发现自然界的发展规律，揭示各种未知的现象，科技发展及其在民族文化中的应用必然会削弱民众对于民族文献的神秘感和敬重感。

历史上，水书文献及其隐性信息的解读和传承依靠水书先生来完成，民众对于水书先生的支持、认可程度很高，受到民众的普遍尊重并以其为榜样。水书先生在民族地区有一定的民众支持氛围，在一定民众范围内具有相当大的威望和号召力。水族地区日常生产、生活中如果遇到重大事件或发生严重纠纷，水书先生作为召集人和主持人来共同协商事务并能够取得令人信服的解决方案，此时水书先生起到了民间乡规民约引导者、规范者和判定者的作用。此外，水书先生还具备多重社会身份，既是为民众服务的布道者，也是为人师表的典范，还是具有调解民事纠纷权力的判官。由此可以断定，历史上的水书先生在水族社会的生活、生产各方面事务留存下深刻的时代烙印，发挥了调适社会事务、缓和社会矛盾、传承社会文化、引领社会发展的积极作用。在当代水族社会的日常事务纳入统一的法治规范，水书先生的社会影响力被逐渐削弱。水书先生逐步失去了历史上较大的影响力、号召力，往日的荣耀光环逐渐褪去，虽然他们仍然具有较高的威信，但是整体上水书先生正在回归传承文化的社会需要。

　　布朗族主要信仰南传上座部佛教（即小乘佛教）、原始宗教及基督教，历史上曾信仰过汉传佛教和道教。信仰小乘佛教的布朗族群众主要分布于西双版纳州勐海县，临沧市双江县、永德县以及普洱市澜沧县，其中西双版纳布朗族小乘佛教信仰主要受到当地傣族群众信仰的影响，而临沧、普洱布朗族小乘佛教信仰主要受到德宏傣族群众信仰的影响。信仰基督教的布朗族群众主要分布在普洱市墨江县。原始宗教信仰是布朗族历史上普遍存在的传统宗教习俗，信仰时间长、分布地区广，云南全省有布朗族居住的地区普遍存在原始宗教信仰。在布朗族信仰的原始宗教中，各地区信仰崇拜的对象种类各不相同，具体包括双江县有送火神、祭鬼田、祭寨神、祭竜神、叫魂及叫谷魂等；勐海县主要有祭竜洞、祭天地、祭寨心、祭寨门、祭祖等；澜沧旧苦寨地区有祭竜神、祭火神、祭棉神、祭新粮、祭寨神、祭鬼，打岗地区有祭竜神、祭天神、祭猎神、祭船神、祭路神；惠民地区有祭牛，那巩有祭竜神、祭谷神等；施甸县主要有祭山神、祭水神、祭刀、祭五谷、祭麦地、祭树神、祭祖；云县主要有祭山神、祭猎神、祭火神等。布朗族的宗教信仰受小乘佛教与原始宗教文化的相互融合借鉴，形成了以小乘佛教和原始宗教为文化内核的民族文化特质。主要表现为：一是布朗族的宗教观念中，起主导作用的主要是小乘佛教观念，其次是原始宗教的灵魂观念。布朗族相信人皆有灵魂，而且还能进行生死轮回。二是小乘佛教观念已深深地嵌入布朗族的社会生活中。除了祭竜仪式外，其他的布朗族仪式基本上都有小乘佛教的痕迹。三是村寨中的安章是小乘佛教与原始宗教融合而生的最重要的例证。安章一方面联系着寺庙和尚，另一方面联系普通信众，在一些宗教仪式活动中还担任"领诵"经书文献的角色，即在一些诵经等宗教仪式中，必须是安章先领念一段经文，然后和尚才开始念经。同时，安章的主要职责之一是在没有寺庙的村寨，为村寨人们念经消除灾难，凡逢年过节或遭遇家运不顺等诸多不吉之事时，都会请安章念经祈祷。布朗族文化除了宗教文化外，还有许多以宗教文化为底色以及受傣族等民族文化影响孕育而生的民俗节日、婚丧嫁娶、文学艺术等文化痕迹。同时也有一些因外部环境影响而形成的"文化次要特征"，比如饮食服饰和房屋建筑文化。

　　随着社会经济的发展，布朗族文化状态也发生了变化，有些布朗族地区基本不使用本民族语言，很多有特色的祭祀活动在一部分地区衰落消失，布朗族传统民族文化的传承出现了一些新问题与发展困境，隐性信息传承的社会根基发生了动摇。随着社会经济的发展，许多现代元素进入布朗族文化内容，其表现形式发生了不同程度的变化。宗教文化是布朗族文化的重要组成部分，居于核心地位，其当代传承的困境在一定程度上折射了布朗族文化的困境。近年来，布朗族宗教信仰出现了一些新的状况。一是表现为宗教信仰主体的变化，村寨中的生存主体青壮年外出打工，导致信仰主体多为老人和小孩。尤其是许多布朗族姑娘远嫁外地不再回归民族地区，而由于贫穷落后本村男青年则难娶媳妇，人口后代繁衍问题凸显，民族传续遭遇困境，导致传统宗教信仰和少数民族文化传承面临严峻考验。二是表现为传统宗教传承活动的衰弱，原始宗教部分祭祀活动逐渐消失，参与小乘佛教活动人数逐渐减少，程序趋于简单化。澜沧县布朗族宗教信仰出现后继无人的情况，寺庙中仅有老人维持日常的寺庙工作，缺少年轻人的参与和传承。传统的宗教信仰渐渐失去原有的生命力，在社会中立足的基础已经难以确立，逐渐衰微。

　　近年来，少数民族的自我主体意识逐渐增强，布朗族很多年轻人在外部世界与他人交往过程中被强化了自己的民族身份。但是，布朗族很多人并不清楚自己民族的历史，加之民族的历史隐藏于隐性信息中，民族身份成为其中最为直接的简单"符号"，使本身所具有的特色民族文化淡化和销蚀。表现在以下几个方面：第一，伴随着人类理性的发展与现代科技的进步，少数民族的思想观念、情感发生了很大变化，他们开始意识到某些原始宗教与日常生活并不存在必然联系，这种观念的转变使他们不再迷信各种宗教祭祀仪式。民族文献遗产隐性信息中依托宗教存在的内容在当代社会失去了能够传承的信仰根基。比如缅寺是布朗人精神生活的重要寄托场所，现在各村寨存留下来的缅寺减少，出家当和尚、参与宗教活动的人也逐渐减少，附着于这些活动而具有特色的民族文化隐性信息也逐渐消失。第二，随着城市化进程的加快，不少布朗族青年不断从村寨进入现代化城市，布朗族的音乐、舞蹈、文学等非物质文化遗产传承面临后继无人和即将消失的境地，古老的祭祀仪式逐渐淡出人们的生活视野。同时，由于布朗族只有语言没有本民族文字，相关的仪式和口传隐性信息随着祭司和民间老艺人的去世而失传。第三，布朗族大部分散杂居于傣族、汉族中间，受到傣族、汉族文化的影响严重，还有普洱澜沧、墨江地区的部分布朗族信仰基督教，基督教文化也影响了这些地区的布朗族文化，特别是影响布朗族传统的原始宗教信仰以及他们的生活习惯，民族文化的隐性信息被侵蚀后出现了本民族因素的退化。第四，随着部分人现代知识文化的增加和获取信息的各种媒介手段的出现，他们不再乐于在家中学习传统的布朗族技艺和具有宗教气息的本民族文化，这不但导致布朗族宗教文化难于找到传承主体，还使得许多传统文化信息消失于人们的生活视野中，取而代之的是与汉族、傣族相同的生活方式与习惯。民族文献的社会存在根基难以在当代继续完整全面地传承，其记载内容、隐性信息并不能完整地显性展示。

第三节　隐性信息传承人文化心理弱化

以往的民族地区，作为传统文化根基深厚的地域，民族成员身份的社会格局保留较为完整，民族文献的历代传承关系或心理教化关系，主要以年长位尊、技艺高超的传承人为主导，年幼位卑的人总是模仿、接受文献的信息、暗示、行动指导、思想辅导和文化教化。年龄、阅历和社会地位的高低，基本决定着民众的文化水平、身份地位和社会话语权。这种文化传承形态源于民族地区以体力劳动为主的传统生产方式，生产知识、社会经验基本上是通过家庭内部在劳动实践中获得。传承人拥有民族文献中这些经验形态的知识，其掌握程度的深浅、多寡大致上与参加劳动实践时间的长短呈现正相关状态。

年长的传承人接受教育的时间长，经验知识自然丰富，掌握的隐性信息及其表演活动、仪式流程自然娴熟。他们汲取了更早前辈的知识遗产，加上自身多年的独到观察、理解、领悟和总结，能够在民族文献传承中凭借多年的经验把隐性信息的表达运用到随心所欲的地步。因此，年长的传承人具有民族文献及其隐性信息文化传承的优势，在民族社会中居于文化优势地位。在一般民众看来，那些年长而劳动经验丰富的传承人的言行举止、是非观念、行为倾向、情感好恶和行事规范准则，对年轻传承人产生了强烈的暗示、示范和榜样的作用，促使年轻人去模仿、效法。民族文献及隐性信息中反映社会中的老幼之序、师徒之规的习俗、道德、章法，把这种文化优势关系又加以强化。在民族文化传承过程中，年长传承人的文化优势主体地位得到了维护，社会中尊老敬贤、取法先祖的倾向是维护、强化他们强势文化心理的重要组成部分。可见，在传统的民族社会内部，民族文献及其隐性信息的传承以年龄、阅历和社会地位为主体的分类标准构成了社会各阶层的文化心理分类，各级成员之间的关系维系亦以此为标准，年长与年轻传承人之间呈现出稳定的文化心理状态，极少出现逾越情形。

就民族社会整体与外界其他民族社会的文化、经济交流的状态而言，历史上民族社会与汉族文化之间处于基本公平、稳定的平衡状态。汉族传统社会以农业文化为主的文化形态决定了汉族社会整体呈现为比较保守的文化传承形式，以促进文化融合、传播文化理念为目的与各少数民族地区相互融通、共同发展。少数民族社会与汉族社会之间的经济发展水平、文化传承、宗教信仰和社会治理都是处于比较缓慢的发展趋势，汉族社会并没有在某些方面呈现出特别突出的领先优势，因此民族社会的文化传承与汉族社会之间并未出现较大的差距，民族文献及其隐性信息的传承人的文化心理也并未呈现较大的落差。

近年来，民族社会的经济格局、人际关系、行为方式、社会角色、文化取向、价值观念等发生了显著的变革，因而社会民众参与外部社会变革并适应外部环境的过程中，文化心理上的能动与受动、优势与劣势的平衡状态被逐渐打破，发生了剧烈的变革，已经出现并且正处于重新整合、配置与转化的状态。社会的变革通过推行新的制度、措施而实现崭新的社会风貌和改革成果，无处不在的媒介把新产品、技术、知识、观念、思想向社会传播。年轻的民众以此当作时尚去对待、去接受并积极追求，其中那些头脑灵活、思想灵敏的民众先于接受改革措施而率先得利。民众逐渐形成追求时尚的社会心理，以重时尚为荣逐步取代以尊重习俗为重的传统。虽然传统文化习俗尚留存于民众心里的比重还未可知，但民众趋于时尚而并未一味恪守习俗，则已成为不争的事实。民族社会的文化传承与汉族社会之间逐渐出现较大的差距并呈加速势态，民族文献及其隐性信息的传承人的文化心理与外部社会也随之呈现较大的落差。

民族社会内部只靠经验的文化局面被打破，重视有经验老人的社会态度相应改变。年轻一代通过掌握新的科学知识，提升了综合素质，活跃了思想，开阔了眼界，取得了较高效益，受到了社会的普遍关注。民族文献及其隐性信息的传统传承方式在这一文化传承状态下，由年轻传承人来充当主体力量。一些思想开放的中老年人开始向年轻传承人来学习，文化优势主体发生转移，对于民族社会内部的文化心理平衡关系来讲则是伟大而深刻的变革。传承人的文化心理由取向历史逐步转到取向现在和未来，由相信自身的感性经验逐步开始相信现代科技，由只尊重年老传承人逐步转移到各层次传承人相互尊重，尤其是开始从心理上注重年轻人，而这些年轻人以前是处于文化传承底层关系上的地位。民族文献及其隐性信息传承的平衡状态被迅速打破并重新开始构建迥异于已有社会的传承方式。民族社会内部年老传承人的文化心理迅速弱化，年轻一代传承人逐渐占据文化心理优势，新的传承方式、手段正在由各层次的传承人共同主导，而并非仅仅由年老传承人单独掌握。

当代民族社会发展过程中年轻人逐渐成为优势文化主体，虽然暂时年轻人并不一定能够主导民族文化的传承关系，但是他们终究要成为传承的主体。当社会民众以传统文化信息的产品、收益、文明标准来判断传承水平的高低，掌握优势文化的年轻人就成为年长者的再学习、再社会化的榜样、模仿的对象时，年轻人自然就成为民族文献隐性信息传承关系的主体。隐性信息传承关系的主体实现转移，在于传承人的文化心理开始由只注重传统文化年长者主体，转为更尊重掌握优势文化的年轻人主体。隐性信息传承人在传承关系存续过程中，传承的主导权不再是以社会地位、资历年龄、劳动经验而定，也不再是论资排辈、以长幼尊卑断定事情对错，而是以传承人的科技知识、真才实学、管理经验为标准，以是否掌握隐性信息所需要的科学技术、传播渠道和现代知识为标准，以是否能够提升隐性信息的成果质量、拓展范围、提高综合效益为标准，以是否具备先进优势的文化素质为标准。相对来讲，外界新鲜的、进步的、适用的、有效的并能够为传承人群所理解、所吸收的文化知识，正是民族文献隐性信息传承过程中所需要的。年轻人获得民族文献隐性信息的传承优势，不再取决于主体的政治、经济地位、资历、经验和功劳，而是取决于主体的文化造诣、文明程度和心理品质。民族文献隐性信息传承关系尊重文化优势，是对传统传承关系中注重权利、经济利益、资历阅历、功劳经验的某种矫正，更加体现出看重人格的平等和文化的民主。

现代科技设备的使用、管理经验的运用、经济效益的综合提升为民族文献隐性信息的整体发展提供了更为全面、综合的外部持续可行性，但是也为传承关系的存续、传承手段的冲突提出了众多挑战。个性化、自主化的民族文献隐性信息发展环境使传承人在传承关系中突破了传统的封闭传承循环，年轻人可以不必从年长者传承民族文献隐性信息就能在社会立足、获得经济独立，多重的技能选择为年轻人从事民族文献隐性信息外的其他业态提供了可能。年轻人可以选择不从事隐性信息的展示传播工作就能够在社会中发展立足，多重的职业选择为某些民族文献隐性信息的后续传承带来了后继无人的困境。同样，为年长者选择合适的被传承人带来了困难，很多情况下只能扩大以往的传承范围，也为民族文献隐性信息的持续传承发展带来了不可预知的阻碍。年长者比历史上任何时代的传承人经历的社会变革都多得多，很多年长者固执地坚持他们已有的技艺内容，不甘愿主动改变并因此而竭力地限制、反对年轻人，同年轻人的思想观念格格不入，而年轻人则凭着外界的新技术、天生的创新禀赋和青春的学习优势，激烈地反对民族文献隐性信息的旧有传承关系。

综合来看，民族文献隐性信息的传承关系已经出现传承反哺的现象，而且形成了与传统传承关系相对应的新型传承模式，这种模式在那些交通便利、对外交流频繁、产品在现代社会应用广泛的文献信息类型中已经出现。民族文献隐性信息传承人的改变涉及价值观、生活态度、社会行为模式，甚至对各种新设备、新材料和传播途径的了解和使用，而在文化、行为、思想表层则更为明显。掌握民族文献隐性信息的年轻人向老年人传承相关知识的能力主要因为年轻人不甘受制于历史的价值观和行为模式的束缚，对外界的新事物具有较为新奇的学习心理和敏锐的信息接受能力，凭借语言和新兴信息传播媒介获取丰富的社会信息进而对民族文献隐性信息的原有体系进行改造、提升、完善，部分获得传承关系中的优势。民族文献隐性信息传承主体关系的相互更替动摇了传承过程中"以长为先"的年长者权威地位，弱化了年长者传承人的文化心理，使得年长者常常会受到年轻人的反对和思想挑战，也提高了年长者对社会变迁的适应能力。

第四节　年老传承人传承方式固化

民族文献遗产隐性信息大部分仍然由老一辈年长的传承人来掌握，并且由他们作为主要的传承主体，年长传承人的知识体系、思维习惯、行为方式限定了隐性信息的传承效果。以往隐性信息的传承过程，更多依赖于传承人以经验积累、言传身教、耳濡目染为框架的思维习惯，民族群众之间的日常沟通、交流、情感联络很少使用文字来直接表达，更很少使用专门的文字来描述文献中所记载事件、仪式和行为的详细情节，民族文献隐性信息的传承也与这一发展趋势一致，更多地使用非文字形式的面授形式来表达。

传统的民族社会是面对面交流的熟人社会，大家世代群居生长在熟悉的村寨社区中，动作、表情和声音的传承功能替代了文献的传承，隐性信息的传承以社会中熟知的行为规范作为前提条件，文字记载需求的场合相对有限。经历了时间的流逝、世代的更替，民众所得到的经验、继承而来的隐性信息都可以看作祖先们经验知识的传承。社会中的个人经验知识的集合，就等同于民族群体世代的经验总和。经验知识、隐性信息只需要言传身教、日常熏陶和机械记忆模仿即可，很少用文字记录供他人阅读。相同的生活环境、口口相传的传承形式、不间断的完整信息传承保证了社会总体文化信息的全面、有序、高效地传承，所以对于每一位民众来说，所继承而来的隐性信息就是整个民族社会可以传承给他的整体经验知识，依据这些传统的文献隐性信息形成了传承人多年固定不变的知识体系和思维框架。

这种过度依重经验积累的心理定式，往往使传承人的思维停留于文献遗产显性信息和隐性信息的外部特征的直接比较，而忽略对于同类文献信息的内部结构、外部联系、演变机制、发展趋势的深入探索，容易产生表面、片面、主观的缺陷。年老传承人常常依靠自己深厚的阅历、丰富的经验而自认为技艺、知识高深，看不到年轻人的知识长处，即使年轻人已经通过其他教育、学习手段学得了很多现代科技文化知识。年老传承人经验丰富、知识渊博、技艺高超是先天的优势，但是如今社会中许多隐性信息的传承单凭以往的经验知识是很难完成的。旧有的经验信息需要在社会发展过程中重新提炼、加工以适应时代的发展。文献信息传承中耳提面命、父传子承、师传徒授的传承方式，加上民族社会传统观念的影响，社会文化传承的主导总是以年老传承人的意愿作为主旨，因此，年轻传承人极少有自主传承的舞台和勇气，很难有表达自己意愿的权利和场合。

彝族毕摩文献隐性信息的传承必须使用专门的语言文字作为媒介，运用祭经祭词、仪式表演、咒语形式进行毕摩文化信息内容传承，老一辈毕摩掌握了丰富的语言，识得较多的文字，对于隐性信息的理解更为全面、深刻。毕摩文献隐性信息传承过程借助于民俗、表演、仪式、宗教活动来念诵祭经、祭词、咒语、谱牒以达到娱神育人的目的，其中念诵祭经祭词、谱牒是进行民俗表演、宗教仪式的主要手段，所以隐性信息传承具有使用本民族语言、文字的局限，具有民俗表演、宗教礼仪必须与祭经祭词、咒语相结合才能协同使用的局限性，具有特定人群接受、理解信息的局限特征。彝族毕摩文献隐性信息固定模式的传承过程限制了本民族其他人群接受完整信息的可能性，更限制了其他外来民众、研究人员对于毕摩文献隐性信息的深入理解。

彝族社会经济的发展相对滞后，民众生活条件较为艰苦。毕摩使用文献为民众择吉避凶可以获得一定的报酬，因此毕摩在文献隐性信息传承过程中难以提升到民族文化传承、发展的境界，而是以自我为中心的个体意识来指导传承活动。因此，在授徒传承技艺过程中，年老传承人很难竭尽全力将技艺传授给弟子以保证自己在周边区域内保持相对高超的技艺，年轻传承人的技艺也就难以超越师傅，可见，经济基础条件较差、知识经验保守不愿外传、主动传承意愿低也是老一辈传承人在传承文献隐性信息时有所保留的原因所在。

傣族文化传承过程中无论是佛经的传抄者、诵读者，还是职业作家、民间诗人、口头歌手等信息主体，都在面临着"老龄化"的问题。一方面是由于懂得傣文的人逐渐减少，另一方面是复印、打印、摄影等现代信息记录、转移技术的普及，导致传抄傣族文献抄本的人减少。至于傣文书籍、刊物的作者，如德宏傣文刊物《德宏团结报》《勇罕》的作者大部分是传统文献遗产传承人，人数已经逐年递减，能用傣文创作长篇小说的傣族作家更是凤毛麟角。除了作者减少之外，能够阅读傣文作品的读者也在减少，其读者市场极度萧条，处于令人担忧的状态。自 1953 年德宏自治州成立以来，傣文报刊出版发行量呈逐年下降的趋势。《德宏团结报》傣文版的发行量，历史最高纪录为 1 万份，2012 年全州发行量仅 710 份，全州 15 岁至 64 岁的傣族群众大约有 25 万人，平均每 1000 人才拥有 3 份傣文报；《勇罕》杂志自创刊以来其发行量一直在 1000 份上下徘徊，2012 年发行量虽然达到了 6000 份，但实际订阅量不足 200 份；其他傣文刊物出版发行量也在逐年下滑。

傣族文献遗产的隐性信息传承人情况也不乐观。2006 年西双版纳傣族"章哈"被列入国家级非物质文化遗产项目，并评选出若干位国家级章哈传承人。然而，根据调查章哈传承人数量虽然表面上有所增加，但是质量参差不齐，能够表述某些片段的章哈很多，但能够表述完整篇叙事诗的传承人寥寥无几。西双版纳勐海县国家级章哈传承人岩帕对于章哈传承人队伍的建设非常忧心，"文化大革命"时传承人不准唱歌，章哈数量剧减，章哈受到了严重的打击和阻碍。1985 年后，借着改革开放之风傣族传统习俗得以恢复，章哈传承人队伍逐渐增多。1963 年成立了傣族章哈协会，开展了各种活动，如演唱比赛。然而，岩帕最担心的依然是"后继无人"，因为现在的年轻人听不懂也不想学习章哈演唱。现在 40 岁以下的傣族年轻人基本上听不懂章哈了，只有 50 岁以上的才能听懂，这种情况同样出现在德宏和其他傣族地区。

不仅傣族诗歌文献的创作者、传播者、传承人缺乏，傣族诗歌文献的研究者也出现了断层。比较近 40 年来傣族文学文献的研究成果，也就是对这些遗产隐性信息的显性化成果，当前傣族文献遗产研究面临的问题大于时代带来的机遇。对傣族诗歌文献的大规模研究是从 20 世纪 50 年代开始，一直到七八十年代是傣族文学文献研究的丰收季节，前期的收集整理工作取得了显著的成就，大量的诗歌作品得以出版。收集、整理和出版工作到 90 年代仍然方兴未艾，相关研究成果开始出现，这时期出现了一些集成的综合性著作，如《傣族文学史》《傣族宗教与文化》《傣族历史文化求是录》《傣族村社文化研究》《傣族历史文化漫谭》《西双版纳傣族的历史与文化》等。然而，20 世纪 90 年代至今，傣族文献遗产的研究明显出现了断层。现在能搜索到的研究成果大部分是 20 世纪 80 年代学者的作品，而随着他们的退休、辞世，傣族文学及其相关研究成果越来越少。近十年来，随着信息发表的便利以及社会对于文化遗产研究的重视，才有了更多的外部人群也关注傣族文献遗产的研究。以"傣族文学"为关键词在中国知网的数据库检索，共有 107 条相关结果。其中 1979 年以前的成果有 4 条，1980—1989 年的成果有 23 条，1990—1999 年的成果有 8 条，2000—2009 年的成果有 18 条，2010 年至今的成果有 54 条。而这 107 条研究成果的作者中，傣族的本民族学者逐渐减少，20 世纪 80 年代及 2010 年至今的研究成果数量居多。从这个例子可以看出，傣族文学的研究领域也面临着"后继无人"的窘境，尤其是本民族学者的自我研究。老一辈的傣族学者为傣族文献遗产的研究奉献了毕生的心血，但他们却忽视了培养本民族的传承人和接班人。

第五节　年轻传承人传承意愿消极

民族文献遗产隐性信息能否不间断传承，关键是有大批不同年龄、热衷于学习本民族传统文化的青年人作为后续力量。大部分年轻传承人接受的是汉文化教育、汉语学习，使用汉语教材、图书和通信工具，很少有年轻人能够完全懂得本民族的语言和文字，更很难完全看懂民族文献，对于隐性信息很少有兴趣来深入学习。年轻传承人对于民族文献的隐性信息表达出漠不关心的意愿，并且没有多大兴趣主动参与其中的传承活动。当然，也有一些特别热爱本民族文化的自觉行动在文化程度较高的年轻人中悄然兴起，他们自觉传播语言、文字、历史传说和神话故事等文献内容，将现代技术与民族文化的传播相结合来实现本民族文化信息更大范围的交流共享。

当民族社会的经济结构与外界繁华的经济状态逐渐接轨之后，从事农业生产的效益与外出务工得到的收入产生了巨大的差异。年轻人通过求学、务工等形式离开民族地区，进入经济发展迅速的其他地区以追求充足的物质条件、富裕的生活水平，使得当前留守民族社会的大多为老年人、儿童，基本上没有年轻人主动求学民族文献了。仍然在世的年老传承人年龄越来越大，年轻人大量外出难以承担民族文献信息的传承任务，使得文献信息传承群体出现严重老龄化趋势，民族文献遗产隐性信息传承出现断层现象。

民族文献遗产的吸引力和兴趣点只是属于少数人的事情，尤其是缺少年轻人的长期持续参与就导致隐性信息的传承遇到了不可预知的困难。精湛地掌握民族文献并不能使年轻传承人到外面工作有多大的便利、帮助，也很难带来直接收益，外面工作需要掌握的是汉语、汉字、汉文化甚至英语。民族文献遗产隐性信息的各类民俗、表演、宗教事项在民族社会中的实践越来越缺乏普遍重视的氛围，以前这些频繁举行的仪式活动能够吸引年轻人的关注面越来越少。现在的年轻人不再像父辈、祖辈那样晚上跟年老传承人学习唱民族歌曲、讲述民俗故事神话传说、演奏民族音乐，民族节日时也不再像以往那样去本民族的文化空间参加仪式活动，大都以看电视、打牌、上网、玩手机等现代娱乐活动来打发时间，民族文化对年轻一代传承人的精神培育越来越淡化。

更令人担忧的是年轻人对于孩子的民族文化教育态度，很多年轻人认为民族语言、文字的使用范围有限，不再花费财物、人力、精力去教育孩子专门学习民族语言、文字和文献，也有年轻人担心孩子学了民族语言、文字会影响他们接受新知识的能力，特意去学习民族语言、文字会导致目光短浅，是没有前途和价值的。年轻传承人及其年幼儿童接受民族语言、文字教育的意愿呈现出消极态度，民族文献遗产隐性信息的传承范围急剧缩减。

云南德宏傣族地区对主持宗教仪式、吟诵佛经的传承人称为"贺鲁"，他们是传抄、保存经文的主要传承人。其使用的佛教经典称为"令"，然而傣族年轻人平时不接触佛教的日常活动，很多年轻人不知道"令"的属性和用途，不认识佛经上的文字和记载内容的意义，也不明白佛经的文化内涵。大部分年轻人接受的教育内容是以汉语为主要表达语言，接受的内容并非本民族的传统文化内容，他们不懂新、老傣文，不知道傣族诗歌的内容和文本形式，对口头诗歌也不甚了解。许多村寨中"贺鲁"的儿孙们从来没有了解傣族诗歌的兴趣，也从不过问诗歌文本的用途。即使是作为"贺鲁"的新接班人，也很难把"贺鲁"所掌握的全部傣族文化信息学全、学深，新的"贺鲁"主要工作是主持村寨中的各种佛事活动、简单吟诵佛经，而很少能够完整学会传抄和诵读长诗。

在当前的网络时代，许多民族的年轻人视野开阔了，了解了全国各个民族大家庭的状态，也不由自主地有了民族自觉心，了解传承本民族文化的重要性。许多民族文献遗产的传承人也希望自己的孩子能够学习好汉语，到外面的世界去寻找好的工作，立足于现代化的世界。保护民族文化的自觉行动在年轻人中已经悄然兴起，一些青年互联网技术人员，自己创制了一套新、老傣文的字体和相关输入法，还在网络上交流共享，方便了各地傣族民众的交流和学习。在德宏，越来越多的青年人意识到应该掌握本民族的语言和文字，这样能更好地认识了解和继承本民族的传统文化知识。但是，整体上来看，民族文献遗产隐性信息的传承人群中，年轻人持有积极保护、传承态度的数量还是非常稀少，大部分的年轻人对于本民族文化的传承还是难以达到精深传承的程度。

小　结

社会文化的变迁给民族文献遗产隐性信息的传承人和生态环境带来了深刻而急剧的变革，在其传承过程中遇到了前所未有的困难。民族社会中学习、传承文献隐性信息的环境氛围出现了趋于消极、淡化的趋势，传承后继无人、社会生产生活运用文献隐性信息的场合逐渐减少，传承中的社会环境因素已经遭到改变或破坏，限制了文献隐性信息的完整传承。

历史发展到当代，科学技术逐渐得到普及，普通民众认识自然环境的能力得到提升，许多传承人的活动被民众摒弃，民族文献的应用范围大大缩减，民族文献及其隐性信息的受关注、重视程度已大不如昔。民族文献神秘、超普通人能力的内在本质和传承人神圣、权力、威严的形象代表是民族文献隐性信息得以在民族社会中长期持续传承的基础，然而当代社会环境中传承人神圣、权力、威严的文化使者形象被打破，民众对于民族文献的神秘感和敬重感被削弱。

民族社会整体的文化传承与外部社会之间逐渐出现较大的差距并呈现加速态势，民族文献及其隐性信息的传承人的文化心理与外部社会呈现较大的落差。民族文献及其隐性信息传承的平衡状态被迅速打破并重新开始构建迥异于已有社会的传承方式。民族社会内部年老传承人的文化心理迅速弱化，年青一代传承人逐渐占据文化心理优势，新的传承方式、手段正在由各层次的传承人共同主导，而并非仅仅由年老传承人单独掌握。民族文献隐性信息传承关系尊重文化优势，是对传统传承关系中注重权利、经济利益、资历阅历、功劳经验的某种矫正，更加体现出看重人格的平等和文化的民主。

年老传承人经验丰富、知识渊博、技艺高超是先天的优势，但是如今社会中许多隐性信息的传承单凭以往的经验知识是很难完成的。旧有的经验信息需要在社会发展过程中重新提炼、加工以适应时代的发展。文献信息传承中耳提面命、父传子承、师传徒授的传承方式，加上民族社会传统观念的影响，社会文化传承的主导总是以年老传承人的意愿作为主旨，因此，年轻传承人极少有自主传承的舞台和勇气，很难有表达自己意愿的权利和场合。

年轻人大量外出难以承担民族文献信息的传承任务，使得文献信息传承群体出现严重老龄化趋势，民族文献遗产隐性信息传承出现断层现象。年轻传承人对于民族文献的隐性信息并没有给予特别的关注和强烈的传承意愿，也没有积极的兴趣主动参与传承活动。年轻传承人及儿童接受民族语言、文字教育的意愿呈现出消极的态度，民族文献遗产隐性信息的传承范围呈现急剧缩减的趋势。

第五章

民族文献遗产隐性信息制约因素

在前面对民族文献遗产隐性信息的保存困境和传承困境等保存现状比较透彻分析的基础上，可以意识到制约其保护的各种内外因素。民族文献遗产隐性信息的存在与显性表达受到文献记录信息的内部因素直接的制约，记录文献使用语言、文字以及使用习惯、使用方式和使用的场合都影响了隐性信息的最终的表征。而隐性信息所包含的内容记录了外部世界的物、人、事件等具体的现象，在当今的社会中很多情况下并没有相似的场景出现，隐性信息也就不能完整表达出原有完整的本源意义。同时，完整掌握隐性信息的传承人员也是能够掌握这些民族文献显性信息和隐性信息完整命运的人员。

第一节　民族文献隐性信息的内部因素

民族文献遗产隐性信息的保存、保护与传承均首先受到其内部因素的制约，明晰内容因素对隐性信息的影响，将能够对当前隐性信息保护、传承过程中出现的不利局面有清晰的认识，进而为保护隐性信息提供依据。民族文献遗产隐性信息在显现后被信息接收主体知晓的程度越高、传播的范围越广、传播的距离越远，信息的有效性和权威性也往往越强，发现、显现和传播隐性信息的信息表征主体越容易产生巨大的专业和社会影响。民族文献遗产隐性信息由于来自自身和外界的种种原因，在显性化保护、传承的程度上还存在较高的难度，还需要为寻求显性化保护的手段进行不懈的努力。制约民族文献遗产隐性信息保护的内部因素主要有以下方面。

一　隐性信息的认知缺陷因素

任何一个民族社会的有效运行都有其自身固有的特定的行为与知识，如农业生产实践的知识属于农业世界；传统手工技艺方面的知识属于手工业世界；祭祀仪式、风俗习惯现象方面的知识属于文化世界。要想获取信息的主体，在某些信息方面必须融入自己的信息客体中去。由于信息表达主体自身的缺陷而未能言传地要融入信息客体中去，并非是短期就能顺利实现的工作。信息表达主体忽视自己的知识认知水平、知识积累以及精神状态，而只是默默地认同民族文献遗产的隐性信息，从而会掩盖自身的思想、欲望、动机与情感。信息表达主体并没有认识到影响他们所有认知活动的精神框架，与显性的信息及历史经验相比，生活经验被理性化。这对信息表达主体的整体信息研究，对所观察到的隐性信息整体状态进行概括，尤其是在预测显性化能力方面制造了某种限制。即使信息表达主体意识到了这种限制，但这种认识结构的缺陷会影响后来的信息认知者，后来的信息表达主体难以脱离开从前人传承而来的民族文献遗产隐性信息。人类认知信息的本质以及能力决定了民族文献遗产隐性信息在表述过程中总会携带着某些缺陷。

二　隐性信息的信任交流因素

民族社会中的人作为社会群体中的个人，他们与社会中各种人群的交往过程中受到社会规则的制约。民族文献遗产隐性信息的表达主体作为自然人与社会人，双重属性决定了其需要在两者间寻求平衡，兼顾两者之间的利益。所有的社会系统要求信息表达主体应掌握一些民众生活的规则信息，即使这些信息只是个体信息之汇总，因为这些都掩盖了社会组织的整体现实。信息表达主体一般不愿把自己关于民族文献遗产的隐性信息全部展示给别人，害怕暴露自己的知识缺点，害怕失去自己对于隐性信息的独有垄断，这些因素成为信息表达主体与社会内其他成员之间建立亲密关系的障碍。社会中的群体组织对于信息表达主体来说并没有多少内在的吸引力，如果信息表达主体完全把自己的信息展示给研究者，信息表达主体就会暴露自己的真实能力，并泄露他们的意向和动机，这些是信息表达主体难以做到的。

信息表达主体与信息接收客体的亲密关系建立在相互信任的基础上，

这种信任可以扩展到社会交往层面的信息交换过程。信息表达主体与信息接收客体通过制定明确的法律协议来约束相互的权利和责任，同时伴随着道德约束的协议，这些行为的目的在于尊重信息表达主体的正式融合。在民族文献遗产隐性信息的决策过程中，信息表达主体的诚信是保持这一民族社会事件有效运行的必要因素，而民族社会被理解为是为了本民族共同的目的、整体利益而联系在一起的群体。民族社会之间的联系也可以看到这种基于共同信任的关系，合作是基于两者的共同信任、忠诚和容忍。

合作过程中信息表达主体所拥有的关于另一主体的隐性信息是他们亲密关系的直接表现，信息表达主体明确自己所知晓的部分隐性信息实际上仅是整个民族文献遗产知识体系的很少一部分。民族文献遗产隐性信息的信息表达主体知道而不能表述或知道而不愿表述，集中表现了民族社会中一致与所有的冲突，集中了对于隐性信息的认知、概念和理解。隐性信息表达主体与接收客体之间的信任可能被公开展示，也可能双方心照不宣仅有两者知晓，主要意图在于尊重双方的同时保持亲密关系的能力。两者关系完全暴露出来后，隐性信息的显性化表述就变成了程式化、再生化的内容。隐性信息表达主体意识到民族文献遗产的重要性，并把它添加那些其已经认识到的相关事物上，但并没感到需要和那些感受到并推测出重要性的事物之间建立某种基本的联系，隐性信息这种由一个表达主体到另一个接收客体的毫无保留的传递方式，促使了程式化、礼节性、宽容性策略的信任使用。研究人员在研究隐性信息传承人的过程中，介入他们的民族社会生活的环境中，包括情感的、感知的、认知的、内涵的及想象的，这只会迫使传承人按照对研究人员的信任以及研究人员的目的，遵循研究人员的思路来表述研究人员认为可表述的内容，而并非传承人真实掌握的民族文献遗产隐性信息的原有客观性内容。

三 隐性信息的社会结构因素

民族文献遗产有些隐性信息的存在并非由于民族社会中族群成员认知心理方面的原因，也不完全是因为隐性信息难以用适当方式表述，而是因为民族社会成员在日常生活中往往会受到自己所处民族社会结构的限制。社会心理学家罗迪科克认为，人们在用集体的办法相互欺骗、无法信任的时候，社会成员没有人会对说出或者证明大家都想维持的假象和虚假的信仰感兴趣。由于民族社会中成员都会意识到对集体意愿的抗拒不可避免地会带来被排挤出社会群体的威胁，这就有意识或潜意识地影响了信息表达主体在现实中表述隐性信息的真实效果。民族社会中许多信息表达主体都是迫于社会普遍的压力，或者受到从众心理的驱使，或者受到周边亲密人群的观点影响，而极力阻止自己去表达个人已经感受到的经验、想法和知识。

意识清醒着的人和圆滑世故的人不愿意表达出其他社会成员不愿听到的事实、经验和知识。社会规则和习惯默默地鼓励着人们彼此通过不成文的社会规则来舍弃某些正面真实性内容，这些规则使我们只能看到要我们希望看到的有利于我们的内容。民族社会成员不仅在日常生活领域中受到社会结构的限制，即使在民族文献遗产隐性信息生产和创造领域中，人类的社会角色和劳动分工也会成为不利于研究人员、传承人等隐性信息实践者发现和表述信息的社会结构。例如，由于任务和角色的不同，许多实践工作者不再以发现和表述隐性信息为使命，他们放弃了对发现隐性信息的"专业方法"的学习和研究，不习惯"科学的"隐性信息的显性化表述的话语，最终失去了表述个人信息、显现表述隐性信息的勇气和自信。

四　隐性信息的惧怕权威因素

与社会结构的制约相联系，民族文献遗产隐性信息受限于惧怕知识权威和他人的随意评价，这也导致了隐性信息得不到显性化表述。当信息表达主体受到知识权威的钳制、不敢说真话、只能说假话的时候，他们也就无法将个人的真实经验、感悟和知识用话语、行为表述出来。知识权威接触到了较为广泛的民族文献遗产的类型，在信息的话语权、信息传播的渠道、政治权利的掌控等方面具有绝对的优势地位，但是知识权威毕竟是以"他者"的眼光来对待民族文献遗产，并不能从"自我"的角度来发掘认识隐性信息。信息表达主体对于知识权威的政治地位、知识水平抱有卑微、惧怕、敬畏的心理，不敢将自己的真实看法表达出来，隐性信息的表述效果就大打折扣。

在现实的民族社会生活中，表现为：第一，缺乏对知识发现的信心。信息表达主体害怕自己的显性化表述只是他们个人感到有价值的信息，而这些信息会被知识权威和他人嘲笑为"幼稚""已经被人发现"或者"早已经过时"等内容。第二，由于不熟悉知识权威、学者陈述知识的话语，信息表达主体往往会感觉到自己只能用日常使用的普通话语表达自己的思想和经验，而不能用现代科学体系中所谓的"科学性""规范性"和"系统性"的词语来表达经验和信息。所以，信息表达主体在表述他们自己关于民族文献遗产隐性信息的真实看法时，也常常要"谦虚地"或者"无奈地"声明，自己表述的意见"不登大雅之堂"。第三，有时信息表达主体甚至在已经发现民族文献遗产隐性信息中的有用经验和实践知识，也找到了较好的显性化陈述方式的时候，也会出于人际关系交往方面的顾虑，屈服于学者专家的知识权威，而决定放弃表述的权利。

五　隐性信息的内隐学习因素

美国认知心理学家 A. Reber 从 20 世纪 60 年代起开始研究人类概念的形成和知识的习得问题，他认为内隐学习就是无意识获得刺激环境复杂知识的过程。人能够按照两种本质不同的模式来学习复杂的任务，一种是人们所熟悉的外显学习，另一种是内隐学习。例如解决问题、制定决策等凡是需要付出努力、采取一定策略来完成的学习活动都是属于外显学习；而在内隐学习中，人们并没有意识到或者表述出控制其行为的规则内容，但是已经掌握了规则。内隐学习过程中没有注意到这些规则的存在，或者难以用语言准确地表述这些人工语法规则，这种现象是"无意识"学习的现象。在研究"内隐学习"特点的过程中，A. Reber 提出了隐性信息与内隐学习的联系，为隐性信息的存在找到了认知心理学的依据。他提出，内隐学习有多个特点，其中有两点与隐性信息的存在有密切关系：第一，内隐学习过程是自我生成的，无须有意安排，也无须显性的操作规则；第二，内隐学习的本质具有无意识性，因此获得的信息也难以用语言来表述。这就是说，隐性信息的存在是因为内隐学习的存在，是人类"认知的无意识"现象的存在。

民族文献遗产在由信息表达主体传授给信息接收客体过程的时候，存在着内隐学习的因素，也就是信息传递会自动地产生，无须信息接收客体有意识地去发现任务操作中的外显规则。作为内隐学习通常的产物——隐性信息的特点，则深化了对于自动性这一特征的理解。隐性信息的首要特征是这些信息很难通过语言、文字或符号等显性记录手段进行清晰的逻辑说明。正因为隐性信息具有不可言传的特点，其通常要靠信息接收客体通过实践获得，而且大部分隐性信息都是在个体无意识、自动化的学习过程中获得的。正因为自我生成的特点，内隐学习和隐性信息通常容易被信息表达主体和信息接收客体忽略，隐藏在外显信息的背后。

信息接收客体在学习民族文献遗产隐性信息的过程中，以内隐学习的形式可以抽象出民族文献隐性信息的本质属性，所获得的信息不依赖于文献信息的表面物理记录形式。如果民族文献信息内在规则不变而只是信息记录符号变化的情况下发生了学习迁移，那么就足以表明信息接收客体学到了表面符号之外的其他抽象东西，即隐性信息被信息接收客体学习到了。随着信息接收客体适应规则能力的提升，他们也内隐地发展了更为丰富和复杂的隐性规则信息。

六　隐性信息的工具模糊因素

民族文献遗产隐性信息的表述受到信息表达主体知识水平、思想情感的限制而走向无意识的状态，这时信息的呈现受制于信息表达主体。很多时候信息表达主体并不能确切地表述一些文献中的隐性信息，因为这些信息对于他们来说是半清晰、半模糊的。未能够准确表达的隐性信息可以诉诸一定的表达工具，信息表达主体会通过以下手段来减弱过去或现在表述手段上的缺陷，如轻视某些内容、模糊处理某些观点、避免加入不确切证据或张冠李戴等手段。否则的话，这些缺陷是难以忍受的，委婉、模糊的语言处理方式可以用来掩盖隐性信息真正的内容。

在研究民族文献遗产过程中，民族社会的隐性信息传承人很多并不情愿来配合外部的研究者。这些民族社会传承人具有容易辨识的生理及心理特点，他们的思想与风俗习惯与外部人群保持着迥异的状态。民族社会中的隐性信息传承人完全从属于民族社会，而不管这在于社会结构的需要还是来自于个人的相互约定。民族社会中的信息表达主体通常保护他们个人的模糊性表述，这些内容甚至不能泄露给最亲密的亲人或最亲切的朋友，更不用说泄露给企图寻找漏洞、拆穿谎言的外部研究者。隐性信息传承人以自我的感觉试图说服其他任何信息来达到确证观点的正确性，他们避免获取任何关于自我信息之外的其他相关隐性信息使那种模糊的恐惧变得足够的明确，从而需要尽力去忽略所获取相关隐性信息的含义。最终，隐性信息的信息表达主体不能确保他们表述的信息准确性，即使被外部的研究者有所质疑，也很难推翻民族文献遗产的现有隐性信息内容。

七　隐性信息的历史遗忘因素

作为自然界生存的自然人，受到人类的记忆局限，信息表达主体不能表达他们所遗忘的隐性信息内容，他们通过以下手段发生遗忘：保留所喜欢的信息、理性化吸收余下的信息、歪曲文献记载内容、依靠当前编辑方式来编辑历史文献信息。即使是通过内隐学习固化于内心的信息，仍然会被信息表达主体在一段时候后遗忘。这并不能说明信息表达主体对民族文献并非真诚，而是由于人类的生理属性所决定的。如果信息表达主体总是通过残缺的视角来看待历史信息的话，他得到的信息内容框架永远是不能清晰的。

信息表达主体对民族文献隐性信息的记忆并不总是真实的，如果意图回顾信息产生步骤的话，这些信息就好像脱离了信息表达主体的记忆。因为含蓄与非理性的隐性信息可能永远不能进入信息表达主体意识的直接记忆层面，因此最终信息表达主体对历史上民族文献内容的判断与当时的实际情况相距甚大。尽管信息表达主体并不清楚为什么要掩盖隐性信息的事实，但是他们很大程度上已经意识到这些信息的倾向。信息表达主体脱离了意识理性，但这并不意味着系统化地遵循着无意识理性。信息表达主体遵循着含蓄与无目的的心理，认为自身学习到的隐性信息总是独立于所认为的理性内容与所意识到的内容。也就是说，信息表达主体实际上察觉到的隐性信息比他们认为察觉的隐性信息要多，一旦被觉察并被同化为信息表达主体的隐性信息，但这部分属于他们的信息并没有被他们认识到。从中感受到隐性信息在显性化过程中，信息表达主体难以作为独立于社会环境并作为有客观判断能力的认识主体而客观存在。

第二节　民族文献信息使用的语言文字

文字是书写语言的记录符号，自从文字产生之后，就克服了语言的时空限制，扩大了信息传播，增加了文化积累。我国 55 个少数民族中，除回族、满族已不是用自己民族的文字而直接使用汉字外，有 29 个民族有与自己的语言相一致的文字，由于有的民族使用多种文字，如傣族使用 4 种文字，景颇族使用 2 种文字，所以 29 个民族共使用 54 种文字，其中包括一些只被少数人使用、未通行的文字，如水书、方块壮字、方块白字、方块瑶字等。此外，还有一些历史上出现过但是后来消失的文字，如突厥文、回鹘文、察合台文、焉耆—龟兹文、于阗文、粟特文、八思巴文、契丹大字、契丹小字、西夏文、女真文、满文等。这些文字记载的文献，目前很多内容并没有完全释读出来。

语言、文字是民族文献的记录用符号，是文献隐性信息的最直接明显特征。一般情况下，民族文献中的民族语言文字与普通的汉语言文字相比，具有文字原始、文字省略现象明显、书写记录习惯不同等特点。由于这些特征的存在，使得民族文献在解读过程中受制于文字自身的构字元素、构字方法及其文字使用习惯、使用方法等。下面以具有典型意义的纳西族东巴文献为例，来说明东巴文在记录东巴文献内容过程中体现出来的特点。

在东巴文献中存在两种性质不同的表达方式，即成熟的记录方式和原始的表达方式，两者混合使用于文献用字之中。原始表达方式有两种，即图画表意、合文。东巴文的原始表达方式使得文献记录中的原始隐性信息在当代普遍使用成熟的表达方式氛围下难以有效地、完整地表达出来。图画表意，即一个独体符号或复合体符号在具体使用中，记录了两个或两个以上的词。如果是复合体符号，它的构成部分之间密不可分，不与所记录的词形成对应关系，它们共同记录一组词义。这种单体或复合体还没有完全脱离图画的性质，是对客观现实的一种生动描绘，随客观事物的变化而变化，没有与词义形成固定搭配，也没有与语音一一对应。这种图画式的表达方式与成熟的记录方式之间存在着密切的联系，它是成熟文字的主要源头。严格地说，东巴文的图画表达还不是真正意义的文字。它没有完整地记录语言，更多的是与客观现实的画面相对应。它重在表意，而不在记言。东巴文的图画表达也已经不是真正意义上的图画，因为它已经开始对现实进行抽象。可以看到，在一些图画表达中，开始出现一些类似"线""点"的抽象符号。例如，表人说话，往往在人的口部画一条细线。又如，表人多，往往在几个人形之中，加上很多点。可以发现，很多东巴文象形字已经不是对客观现实的细致描绘，而只是对客观事物进行简单的勾勒或只是突出它的特点。例如，东巴文"牛"有些地方只是绘出它的牛头。所以，文献中的这种图画表达开始朝文字靠拢。东巴文图画表意开始消失，或凝固、或分解，正向意音文字过渡。在《崇搬图》中，可以发现很多这种发展迹象。如表"牧羊"，画一只羊、一个人和一根木棍，似人牧羊状。而在文献中的其他地方，它已经开始独立表"牧"一词，忽略了"羊"意。这是图画凝固为文字的一个典范。又比如，东巴文中的"我们一家"，绘人在屋内，而在文献的其他地方则开始将人和屋分离，并添加一些表虚词的字，图画表意分解为多个独立的文字。

所谓合文，即一种文字的组合，由两个或两个以上的文字组成，记录多个语言单位。它不同于图画的那种客观现实上的影像组合，只是书写上的组合，可以分离，并不影响意义的表达。因为它构成的每个部分都对应了语言单位，所以它更不同于像"会意字"这样的合体字。合文也是文字原始的一种表现，是对图画文字的一种模仿，它的存在说明书写者仍没有深刻理解文字记录语言单位的这一理念。在东巴文献中，存在着一些合文，它将图画文字、成熟的意音文字杂糅于其中。东巴文中的合文往往比甲金文中的合文更原始，有着自己鲜明的特点。这种合文有时更像图画，它的各个构成部件之间一般具有语意上的密切关联，而并非单纯的部件排列。在东巴文献中，分析一个组合是图画还是合文，很多时候依赖于对其的解读，同一个组合，可能分析为图画，也可能解读为合文。合文是文字发展过程中由图画文字向成熟的意音文字发展过程中的一种过渡形体。它特有的组合与图画表意的构造相似，同时它也没有与语言形成一致的对应顺序。但是，它却完整地记录了语言单位和内容信息，并且它的构成元素已经具备了成熟文字的形态。合文或直接源自图画，或采用图画式的构形方式。因此在它的身上仍残留着图画文字的特性，体现了文字发展中的保守性和滞后性。

东巴文字序的不固定排列也影响了文字自身对语言内容的记录。文字越原始，其书写顺序与语言顺序关系越疏远，字序似乎与语言顺序无关。字序似乎脱离了语言，而直接与思维、客观世界相关联。字序似乎也不存在，而是一幅反映客观世界活生生的图画。研究东巴文，不但要研究单个东巴字的构成、表达方式及其记录语言单位的情况，而且也要研究多个东巴文在记录一个语言系列的排列组合。语言存在着时间上的序列，这种序列也反映在文字的空间序列上，这就是字序问题。由于成熟汉字及其一些字母文字的字序已经是整齐划一，字序排列的影响似乎已不存在。然而，在东巴文献中，字序却纷繁复杂，东巴文的性质和发展程度也常反映在字序之中。东巴文字序看上去杂乱无章，但却隐含着内在的规律。东巴经书书写的格式，一般采取从左到右、从上到下的走向，书写经书的图画象形文字，是一种不完备的、任意性比较大的原始文字，书写的时候，字形的位置常有变无一定常规，所以有时又由下而上排列。东巴经书的书写方法极不规则，任意性很大，虽然有从左到右、从上到下的基本格局和走向，但其位置和用字多寡，常因人、因地而异，甚至同一个人写的同一句话，在同一本经书里，字形的位置前后也各不相同。东巴象形文字的应用，尚处于较为低级阶段，虽既有的字各具其形、音、义来表达，而各字组合相互关系，保留较浓厚的图画文字意味，既以经书的形式，横行分格，每格内众字的布局相关，构成一幅图画，虽没有把文字写全，但口诵经文，就是解说这幅图画，写书用以辅助口诵经文，每格（每幅）不把口诵的音读写全，只写若干音读以助记忆，且字序与语序不完全一致。东巴文尚未形成固定的书写形款，这种文字虽有大体上从左向右横着书写的走向，但还未形成从左向右的行列。本来可以从左向右书写的两个字，又可以任意从右向左写；本来可以从上向下书写的两个字，又可以任意从下向上写。甚至在同一本经书里，完全相同的一句话，其中字的位置，也可以不同。

民族文献中的记录文字多数具有字序多样性、随意性、杂糅性、过渡性等特点。《崇搬图》中具有代表性的字序就有 13 种之多。实际上，加之一些特殊字的特殊位置和文献中的各种字序的具体形式，《崇搬图》中的字序显得纷繁复杂。所以，当我们不理解文献的背景及其基本内容，面对东巴文献中的一个个小节，很难断定其为何种顺序，这是理解东巴文隐性信息的一个重要障碍。字序的多样性也反映出这种文献的原始。字序的随意性主要体现在以下几个方面：同一小节，不同句子出现不同的字序；同一句话出现不同的字序；两句意相近，但两者的字序从整体上看截然不同，前者从上到下书写，再下起一列，从上到下书写，而后者则是先从左到右横行书写，再下起一行，从左到右。字序的杂糅性即东巴文献中，往往图画、合文以及一般序列糅合在一起。东巴文的记录语言单位和记录语言的方式都表现出由原始文字向意音文字的过渡性，同样，它的字序也表现出这种特征。例如在《崇搬图》中，常常出现图画式的文字与较为成熟的文字序列并存现象，即同一小节中，本有图画式的文字表意，可往往在它的旁边以较为成熟的文字重复进行一次记录。

汉字在演变发展中有"趋简、好繁、尚同、别异""致用、观美、创新、复古"等现象，这些现象实际上是书写者的主观意愿在文字的书写及其文字的演变中所起的作用。东巴文是一种尚未定型的文字，书写者在书写东巴文的过程中，其主观情趣就表现得尤为突出。东巴有争强斗胜的习惯，你的经书上只有三种神通变化，我的经书上便有五种，所以后世东巴添增文字的痕迹十分明显。东巴的这种书写习惯影响到了东巴文的各个层面，当然也包括东巴文的字序。除了这种"求新求异"的心理外，寻求书写的便利快捷也是影响文字序列的一个重要的主观原因。东巴经属于民间文学，经常使用排比的表达方式，致使有的词语反复出现，有时甚至句子或段落的反复出现。东巴经师当书写到这类文句的时候，往往进行省略，共用一个东巴字或多个东巴字，这往往影响了东巴文的书写系列。这在东巴文献中比比皆是。

东巴文的字序也受到书写环境、书写工具及其书写对象等因素的影响。首先，东巴文的字序受东巴文每个小节的空间约束。用象形文字写成的经书，每页长八寸至一尺，宽约二寸五分。经文从左向右横写。一页一般有三行，每一横行又用三条竖线分隔开，经书所用纸张是本地制的厚绵纸。书写者面对每个隔开的小节，又常常必须安排下所要书写的一句或几句话。当书写空间有余或空间不足的时候，必然出现穿插或空闲等现象，影响了书写的序列。东巴文大小不一，没有形成汉字式的整齐划一的方块字。这样，在有限的空间，又要保持疏密得当，必然出现各种穿插的局面，形成各种字序。东巴文强烈的图画性和表意性直接影响了书写者对东巴文的排列，也影响了一些较为成熟东巴文的组合顺序。

纳西族的东巴文献在使用东巴文过程中出现了许多内容省略的现象，这些省略的根本原因多与使用文字的语法和文字的性质有关。东巴文使用的语法与当代其他现代语言不同，倒是与年代比较久远的记录文字有某些共通之处，在语法的作用下东巴文会出现同节共用、承前省、蒙后省等现象，这些语法与甲骨文中的承前省、蒙后省是相同的。东巴文特有的语段文字省略的性质决定了东巴文献中隐性信息内容的复杂丰富。例如《古事记》中，东巴文字还不能够逐字逐句地记录语言的实际情况，在整个《古事记》中能够逐字逐句的节数除了题目以外只有最后一节得到了完整的记录，省略现象几乎成了全部语言内容表达的主要手段。另外，东巴文较强的图画性质导致使用文字在记录语言时，经常利用位置之间的关系来表达隐性信息。表示"水围绕着松树"的文字却并不记录"围绕"这一内容，仅仅通过文字表面的意思并不能直接显示出来，只是靠松树与水的位置关系来表示。

东巴文献使用的东巴文是一种早期的文字，所以很多抽象的词并没有为它们造字，或是有些字是后来才造出来的。但是，在记录经书时东巴们已经习惯于不将其写出，所以即便是这个字后来出现了东巴也不一定会改变原来的做法，遵循原有记录的写作习惯和记录内容就成为历代东巴的记录惯例。东巴文记录东巴经书不是为了逐字逐句地详细记录经书，而是通过书面的字符记录以换取对具体事物的记忆，是为了起提示事物特征作用以帮助记忆经书，因此书面的记录文字、符号起着提示大量隐性信息的作用。后世东巴教徒一般循规蹈矩地遵循前代师傅的传承不会随意改变经书。再者，纳西东巴文的经书主要写在专门的东巴纸上，由于制造东巴纸需要较长的时间，花费很多的精力，耗费很多的原材料，东巴纸在古代即为"奢侈品"，一般只为重要的场合使用。因此，东巴文献中文字少，同语言中的词不能一一对应，也有东巴纸太贵、要节省纸张方面的原因所致。

综合分析东巴文献中东巴文的文字特征、使用特点可以看出，以符号、图像为主要特征的东巴象形文字，图画表意、合文形式的原始表达方式使得记录内容大部分不能将文献隐性信息完全、正确地表征出来。东巴文字序的不固定性、随意性以及东巴书写习惯的各异性也使很多隐性信息的内容具有东巴自身的个人情感思想蕴含其中，后世东巴很难完整理解传承之后的东巴文献中的隐性信息。东巴文献在使用东巴文过程中出现的内容省略现象使得东巴文献的显性信息增加了理解歧义的概率，提升了其他人员对东巴文献的理解障碍。同样的，内容省略现象也使得隐性信息的解读、提取更加依赖于文献的原作者，否则，其他人员对特定作者的文献根本无法正确释读。可以说，文献使用语言文字自身存在的构词造句、非常规语法、文字排序以及文献作者的用词用语的写作习惯都对民族文献显性信息的直接读取和隐性信息的后期加工、内容完整提取带来了先天的阻碍。民族文献所使用的语言文字是文献内容留存于世的基础性必要条件，只要其中的某一部分内容出现当代无法释读的障碍，那么整个文献的完整信息就会受到影响，尤其是隐性信息影响更为明显。

第三节　民族文献隐性信息的传承方式

民族文献遗产中隐性信息传承是指民族文献遗产中隐性信息在一个人群共同体（如民族、社区、村寨）的社会成员中作接力棒似地纵向继承、交接的过程，这一过程因受生存环境和隐性信息背景的制约，具有内在的强制性和模式化要求，最终形成隐性信息的自我传承机制，使民族文献信息在历史发展中具有稳定性、完整性、周期性、延续性等特征。也就是说，民族文献遗产中隐性信息传承是民族文献具有民族性、隐蔽性的基本机制，也是隐性信息维系民族文献整体的内在动因。从文化遗产的角度来看，作为一种继承关系的遗产，民族文献是特定"共同体"从祖先那里作为"家庭遗产"似的获得的遗留下来的文化财富，隐性信息不仅有继承、交接的过程，而且是长期习得的结果。与其说这一过程具有内在的延续性和模式化特征，不如说是一个民族或族群的长期形成的习惯使然。在不同的时代背景和生存环境下，民族文献遗产中隐性信息的传承犹如其他类别的民族非物质文化遗产传承一样，存在着自我调适的内在机制和能力。

　　人类的思维观念及其外部现实，使人类特有的社会化文化信息得以产生，同时这也是人们传递文化信息的最基本的条件。在没有文字来记录的历史条件下，不但整个精神文化必须用口头语言、身体形态来传承，而且全部物质文化的经验概括也必须使用口头语言作为媒介来传承。人们之间面对面的社会交往，在生活模式、社会经验的直接影响的同时，同样少不了口语信息的依次传递，而远隔数代长久的历史传承，则全靠口承文化传统，否则一切都会湮灭在个人的生命局限当中。因此，每一个民族或社会文化共同体的口承文化传统，便成了他们各自世世代代认识和改造世界的各种经验的理论总结，汇集了他们各自精神文化成果和物质文化经验的最大量的信息，可以说是他们各自历史上保存下来的文化信息库。从口头语言到口承文化，从口头语言的文化信息传递到口承文化传统的社会历史传承，其间自然存在着一种天然的直接联系。而这些以语言为媒介的信息传递一直到当代语言表达比较成熟的知识记录体系下仍然具有重要的信息传播作用。在文字产生之后，虽然通过文字、符号、图画可以记载大部分的物质文化和精神文化的成果，而且人与人之间的信息传递也可以通过这些文字来完成，但是仍然有相当部分的文字记录隐藏下的隐性信息仍然需要通过面对面的口耳相传才能完成完整信息的传递。

　　正像生物基因信息的生殖遗传是生物种群得以不断延续的根本条件一样，人类文化信息的社会传承是人类历史得以持续发展的基本前提。人类在从事着自身所独有的生产实践活动和认识世界活动的过程中形成了各种各样的成果，这些成果或以物化的形式凝聚起来，比如建筑、工程和生产工具，或以规范的形式固定下来，比如生产经验和行为准则。因此，不管是物质文化的传承，还是精神文化的传承，人类的文化信息及其传递均以社会实践为基础的。人类社会之外无所谓文化传承。更深的层次来看，不论在何种情况下，作为一种具体化的典型特例，人类社会所有成果的经验形式和理论概括，全都可以也必须经过语言来传递。这一切也就决定了，生活现实里的社会化学习是人们接受文化信息的首要方式。在学习过程中，除了通过文化信息的语言传递来学习以外，更经常也更普遍的，则是经由特定的社会环境的熏陶及其生活模式的因袭来接受社会化。后者即是文化信息社会传承的宏观结构，其中包容了文化信息的语言传递这一微观结构。语言在社会生活里形成，语言交流也只有在社会联系中完成。人们之间的社会联系也无法离开必不可少的语言交流，语言交流是人类这一社会物种的一种特化功能。因此，民族文献遗产中隐性信息的传承也必须通过人与人面对面的语言交流才能具备基本的传承条件。

民族文献遗产中隐性信息的传承除了一般的信息交流中的语言交流的前提基础条件之外，还要受到其他各种条件的限制。从文化信息传播与社会交流的方式来看，民族文献文本的接受一般并不是单纯由个体阅读活动构成的，而是在特定场合下由集体听诵活动构成的，并且在林林总总的宗教仪式与民间生活仪礼中完成的。此时文本中的显性信息与仪式中的环境、物品、人员相配合，在文献朗诵者释读文本的过程中，完成了文献全部信息的传承，也实现了文献隐性信息的输出——接受的传承过程。

彝文经籍作为一种特定的书写文化而不同于一般意义上的书面文本。普通文献由于书籍的出版和普及，以物质形式传播而诉诸读者的视觉使显性信息得到了传播。而彝文经籍文本，由于其书写传统有着自身的特点，例如彝文是音节文字；和历史发展过程中的局限，诸如毕摩世袭传承的制度、垄断文字的学习对象狭窄、书写工具的匮乏、书籍流通的区域限制、印刷技术尚未普及等，普通民众作为文本接受者只能通过仪式活动听诵、听解作品，而不能诉诸视觉的直接阅读。书写文本的口头唱述本身是语言存在的另一种形式，文本在声音传达、仪式表演中获得新的生命。彝文经书在毕摩看来，不仅包括有形的、成册成卷的物质形式存在的实物书籍，而且也包含了无形的、以音声为表征的记忆文本口诵经，也就是书籍表面隐藏下的隐性信息。就彝文书写文本而言，其意义的发生与内容的激活，皆是在仪式经颂与口头演述的声音中获得生命的。任何一部书写文本，对彝族传统社会来说，一旦脱离了毕摩的口头诵演，都不过是一页页毫无用处的书页而已。

彝族的毕摩在各种仪式上吟诵经籍时，身边往往有数位幼年徒弟在逐字逐句地跟随轻声诵读经文。毕摩的领诵起着一种有声的演诵示范作用，学生跟着毕摩一段段地记诵，积段成章，直到能够背诵整部经卷后，毕摩才返回来让学生识字、抄写经文、释读并理解经书，并逐步掌握主持仪式的各种知识。学生从小就跟着老毕摩在各种仪式中修习背诵文献经典，这实际上触及了文献中的内涵隐性信息的重要问题，就是将隐形信息、文化记忆和表演与书面显性知识的习得、掌握和运用结合为一体。学生之所以能够背诵那么多经书，就是因为老毕摩们不仅言传各种隐性、显性知识，而且使用身体姿态和手势动作参与传授隐性信息的具体形态展示，而形象的、动态的仪式情境强化了他们对文本显性信息的理解和记忆。

纳西族的东巴图画文字可谓是目前世界上唯一存活着的远古文字，只有纳西族的东巴们至今仍在使用，一般民众很难能够准确释读，所以东巴文献一直被视为"天书"。东巴文献大都由诗体构成，由于东巴图画文字的数量有限，所以作为记录符号的使用，往往是借助于图画文字符号的能指，通过象征与隐喻进行所指的意义转换，使图画文字符号在意义的表现上具有了多向性。图画文字符号是从一般图画中分离出来的，它脱离了艺术与宗教的范畴，而成为一种特殊的存储信息的手段。从思维发展的角度看，图画比结绳和刻木更形象具体，所以，更容易实现信息的存储与转换。同艺术和绘画不同，记事图画的线条向着简单化的方向发展，并逐渐符号化，但它又不同于后来的象形文字，它仅仅提供一种整体性信息，又同象形文字有着极深的渊源关系。作为简洁的记录符号，东巴图画文字在完成对纳西族历史文化的记录过程的同时，也为其他人了解纳西族社会提供了原始性记录，但是这些记录符号后面的隐性信息的完全解读必须通过东巴等传统研习、传承人员才能顺利实现。

东巴音乐可以看作东巴文献中一种重要的隐性信息表达形式。在东巴音乐中，说本基本上是没有的，都是唱本。那么多的东巴文献要以唱的形式表现出来，这正是东巴音乐文化丰富的表现。东巴音乐的传承方式以口头为主，与其他的东巴文化信息内容不同，其他东巴文化可以以物体的形式所存在，而东巴音乐的形态是无形的、流动的。只有在祭祀仪式中被演唱时才可以被表现出来。因此，在祭祀之前，在东巴处于静态的时候，我们只能看到东巴经上的文字、图案等显性记录符号，却看不到文字结合东巴音乐的形态。因为东巴音乐没有乐谱，只有唱词，东巴仪式经典就是它的唱词。东巴音乐与东巴文献十分密切，在1000多部文献当中，只有几十种（不超过100种）占卜的文献或工具书不以诵唱的形式表现，只需要查阅即可，不需要用声音来表示。大约90%的文献都是通过东巴音乐的形态才能鲜活地表现出来。东巴文献显性信息的传承相对于隐性信息来说是比较容易的。因为是图画文字的性质，当东巴文字写在黑板上或出版成书后，人们可以自己识读出来。但东巴音乐是一种稍纵即逝的文化形态，如果没有现代化的记录方式及记谱手段，传统的东巴音乐无法以有形的物质形式保存下来。由于（东巴）音乐方面研究的滞后，对东巴音乐进行的记录和描述的资料很少，很多传统的东巴音乐事实上已经消失。在现在进行传承的过程当中，在培养年轻东巴师时，还是以老东巴带徒弟的方式教他们每本经书的诵唱方式。尽管可能无法完全保留下来，但还是保留了一部分传统的东巴唱腔。另外，东巴的诵唱音乐十分复杂，一是它的宗教性，二是它的地域风格性。宗教性体现在不同的仪式中，唱腔不一样；在同一本经书里，有时要表现出两三种唱腔的转换。由于东巴音乐中声乐部分的表现形态十分丰富，当年轻东巴师没有把东巴文献显性信息很好地传承时，东巴音乐无法作为单独的形态传承下去。因为音乐是要依附于文献上的，只有唱与词相结合时，东巴音乐才可以得到传承，这也是口耳相传的原始传承方式的特点。因此，这也限制了年轻东巴师无法在短时间内跨越式地传承纯音乐的内容。

东巴音乐中的唱腔由于其口传心授的传承特点，会因为各种主客观因素而丢失了很多原有的传统的唱腔音乐。同样的唱腔对不同的文献是可以唱的，但是如果不是同一种（地域性）唱腔的文献用同一种唱腔来唱，这一本文献的隐性音乐信息就丧失其原生性了。另外一个东巴音乐的复杂之处是不同地域的东巴音乐形态不一样，每一个地域都有一个风格形态。不同的地方语言影响着音乐形态，因此，在演唱不同地域（方言）的东巴音乐时会有困难。因此在传承的过程中，东巴音乐的地域性使得传承变得困难。东巴音乐的地域（方言）演唱方面是至关重要的一点。对于一个东巴祭师来说，在传承的过程中，每个东巴只能掌握其所在地域中的最多的音乐资源，不可能跨地域掌握。也就是说东巴文献中隐性音乐信息的传承要受到原有信息掌握人员自身的技能水平、语言能力、地域特征等影响。

第四节　民族文献隐性信息的生存环境

在特定的社会环境之下，生活、生产、实践其中的人们通过自身的言语、行为形成相互影响、改变的互动影响，彼此之间传递各种文化信息，这就是共时性文化信息的社会传承行为。生活在社会中的每一个人的全部生活感受、社会经验，直至观念意识和举止行为，一切都是在其身居其中的那个具体的社会环境中获得的。每一个民族、每一个地区、每一个社会阶层、每一个领域的一切独到之处，也无不是这样形成的。一个民族有自己的民族心理，一个地区有自己的地区传统，一个社会阶层有自己的社会意识，一个职业领域有自己的职业规范，其中的所有个人不可避免地总会受到极大影响。这些情况正说明，人类文化信息的共时性社会传承具有极为广泛的普遍性，社会群体中的个人不可避免地也都具有普遍被动接受的机缘。也可以认为，任何一种相对独立的社会文化共同体，也可以视之为一个相对独立的共时态文化信息系统网络。民族文献遗产的隐性信息是社会中的人群创造、记载、传承的，也就不可避免地受到其生存的自然环境、社会环境的影响和制约。

"橘逾淮而北为枳，此地气然也。"同样任何一种文化遗产，其创造与传承都与特定的自然环境、社会文化休戚相关：因环境而产生，因环境而传承，因环境而改变，因环境而衰落。这种生存环境反映在文化遗产的文化空间中就是其本土性，也就是它的本土环境。具体到民族文献遗产的隐性信息生存环境最少涵盖两个层面：一是民族文献遗产隐性信息特定的自然、气候、地理条件；二是特定自然空间中的人群、文化、文明条件。民族文献遗产隐性信息扎根于一个地方的传统文化历史中，能够作为一种手段来体现民族文献的内在文化特征，表现一个地区的文化特质和价值，对社会中的民众起到促进作用。倘若民族文献遗产只是重视显性信息的发掘，不顾隐性信息的特性，在民族文献遗产保护传承中舍弃对本土生存环境这一内核因素的发掘与保护，无异于使鱼儿离开了它赖以生存的水，文献遗产隐性信息也就不能完整地呈现出来，那么所谓保护也就会徒具形式。

清水江文书，又称"锦屏文书"或"贵州苗族林业契约文书"等，是明末以来直至新中国成立之初，在贵州省黔东南苗族侗族自治州境内的清水江中下游流域少数民族地区大规模形成并传承至今的民族民间文献遗产。根据保守的估计，目前在清水江流域各县民间还散存有 30 余万份。苗族、侗族群众使用汉字书写林业契约文书，乃是其吸取先进汉文化的显著标志，也是汉文化对清水江民族地区漫长的历史影响的缩影。明代以前，由于黔东南少数民族地区与汉族地区的政治关系松弛，经济关系进展阻滞，文化融合过程很缓慢，受汉文化的影响较小。明朝在贵州建省之后，加强了中央与地方的政治联系，特别是施行屯田中有部分汉族军民的迁入，使汉文化与苗侗民族文化的交流有了明显的增加。但是，一直到清乾隆年间清水江流域广大地区仍处于极其落后的自然经济状态，田地买卖并没有任何凭证用作依据，买者不知田从何来，卖者不知田向何去。据《苗族社会历史调查》记载，黔东南苗族人租田手续很简单，不交纳押金，不用请中间人做担保，只要是双方口头约定即成交。由于清水江流域开发较晚，相应地用于处理和记录社会生活尤其是经济关系的各种民间文献也出现较晚，除了下游地区有极少数明代后期或清初的文书外，现存绝大多数民间文书都是清中期至民国时期的。两三百年并不长久的历史，客观上使得清水江文书的遗存及其系统性与完整性的保持，具备了更大的可能性。而木材的种植、开采、运输这一社会经济生活的主题内容，也使得清水江文书保持了其始终如一的中心主题以及某种特有的时间周期与节律。可以说，构成清水江文书主体的民间契约文书，其记载内容的系统性、记载主体的多样性体现了这一民族文献显性信息和隐性信息所处社会环境的变迁过程。

　　清水江文书作为封建地主经济和相对发达商品经济发展相结合的产物，也是苗族、侗族村落、民众受汉文化熏陶的结果。清水江文书蕴含的隐性信息反映出当地的自然环境和社会文化环境的发展状况。清水江支流纵横，构织成为一个林业经济网络，如瑶光河、小江、亮江等，皆流经莽莽林区，后交汇入清水江，各地杉木就通过这些支流而运集于"三江"，转而运销长江沿岸诸城镇。号称"三江"的王寨、卦治、茅坪三个苗村侗寨，每年要接纳上千名外省木商和数以万计的本地少数民族木商在此进行木材交易。交易中汉语、汉文则成为各民族商贾的共同交际工具，这便形成了民族经济与民族文化共同繁荣的景象。关于当地的苗族、侗族人民普遍使用汉文状况在大量的民间汉文诉讼文书中得以体现。另外，契约文书均以毛笔写成，大多字迹端庄，部分俊秀挺拔，很有功力，体现了书写者较高的文化素养，大量的契约文书在清水江流域的出现说明人们汉文化水平的普遍提高和文书书写群体的存在。

契约文书的产生，具有与杉木种植及成材的周期紧密相关的突出特点。这很集中地体现在山场的租佃及相关活动上，如租佃关系的确立、木材长成后的伐运、木材伐卖所获银两的分成、新的租佃关系的建立等，其间都涉及各种契约文书的订立。就某一家庭或家族对其所有的某一山场的经营而言，这种通常每隔二十余年就会规律性发生的经济活动，构成了家庭或家族经济生活的一条主线。而且一个家族的契字文约，往往集中收存于某一家庭，而较少出现分割家产，更普遍的是山场田产股份不断重新配置的情形，这种特有的经营方式有何种成效以及对社会关系带来何种影响等，都是民族文献蕴含隐性信息的重要组成部分。

契约文书的实质是体现了土地的所有权和使用权受法律保护私人文书。契约虽普遍存在国内其他地区，但都根植于具有自由买卖性质的封建地主私人占有制的基础上，故各地契约的内容与契约格式都具有其明显的共性。从发达省份移植进来的土地契约应用在山林买卖、租佃，自然离不开土地契约的原型，而表现出更多的共性。土地契约虽然在形式上是双方当事人按照传统习俗订立的私人契约文书，但它却具有稳定社会秩序保障经济发展的社会职能，所以政府对各种土地契约是认可的，也被视为具有不同的证据效力。为了避免因契文不确切而引起更多的产权纠纷，民间教育有把书写契约文书作为知识传播的，政府也颁行统一的契约式文，这更加强化了各地契约文书的趋同性。

契约文书是地权关系较为明晰的前提下人们借以确定各自利益和规范各自行为的反映。如果说迄今所见清初甚或明末为数不多的契字文约，尚不能简单地被理解和解释为新型地权观念逐步渗入清水江流域，当地人偶然借助这些文书以分割各自权益，那么，清代中期开始愈来愈普遍地被使用并保留至今的契约文书，则是地权关系较为明晰的前提下人们借以确定各自利益和规范各自行为的反映。尤其值得注意的是，目前在清水江下游地区所收集并初步整理的这批民间契约文书，绝大多数都是未经地方官府"验讫"的"白契"，仅有极少数的所谓经过地方官府"验讫"的"红契"，因此，地方社会独特的信用系统就为清水江文书隐性信息提供了社会信用体系构建过程的典型。

清水江流域民间保存如此大量清代、民国的契约文书，有的家里有一捆一捆的土地契约及各种文书，这不单是林业商品经济的产物，也与本地重视文献资料保存和惜纸习惯有关。在天柱县的多个村寨中至今还留存有清代的以供焚纸用的"惜字炉"。外省商人用商业资本不仅打开了清水江流域民族地区自然经济的封闭状态，还带来了江南等地区先进的汉族文化，包括直接为经济服务的契约文化及相关的辅助文化，特别是徽商们到此做生意，使徽商文化中纸字神圣、不可亵渎的观念深入人心，在苗族侗族民间逐渐形成纸张和文字就像神灵般让人们无比敬畏的习惯。同时改变了苗侗民族地区的文化落后的面貌，受内地汉族文化影响和官府政策的刺激，普遍崇尚教育，在当时的天柱县，崇文、科举已成为人们追逐的时尚。

清水江文书作为典型的自然环境与社会生态环境相结合的民族文献遗产，其隐性信息的生存环境不但与清水江流域充足的林业资源密切相关，也与少数民族民众重视教育、敬重信用的社会传统相关，还受到了江南地区商品经济的规范传统融合入少数民族的经济社会从多方面影响了这一区域的经济、文化生态环境息息相关。

第五节　民族文献隐性信息的传承人员

民族文献隐性信息的传承人员大体上应该包括两个方面的人员：一是完整掌握民族文献或者具有某项民族文献隐性信息范围中特殊技能的人员；二是积极开展民族文献隐性信息研究、传承、传播活动，积极培养后继人才者。也就是，隐性信息的传承人员担负着"传"与"承"的双重任务。民族文献的隐性信息作为一种由"人"释读、演示、执行的"活文化"，必须由人去延续。传承是民族文献隐性信息保护的核心，传承的本质是使民族文献的隐性信息得以世代延续。人不仅是民族文献隐性信息的创造者、传承者，而且是隐性信息的拥有者、享用者。民族文献隐性信息的传承不能只见树木不见森林、只见物态不见活态、只见肌体不见灵魂。著名作家、文化遗产保护的积极倡导者与活动家冯骥才曾经说过："传承人所传承的不仅是智慧、技艺和审美，更重要的是一代代先人们的生命情感，它叫我们直接、真切和活生生地感知到古老而未泯的灵魂。这是一种因生命相传的文化，一种生命文化；它的意义是物质文化遗产不能替代的。""有史以来，中华大地的民间文化就是凭仗着千千万万、无以数计的传承人的传衍。它们像无数雨丝般的线索，闪闪烁烁，延绵不断。如果其中一条线索断了，一种文化随即消失；如果它们大批地中断，就会大片地消亡。"在这方面，古人早就清醒地意识到这一点，先秦《考工记》为百工立制时，就说"知者创物，巧者述之守之"。而"述之守之"的信息内涵，与记载历史、传承技艺的当代文化遗产保护的精神也是一脉相承的。

民族文献隐性信息的传承依靠传承人自身对民族文献的隐性信息及其本民族文化自觉地进行传承活动。民族文献隐性信息的相关各方人员对其文化有自知之明，并对民族文献发展历程和未来前景有充分的认识。也就是说传承人具备文化的自我觉醒、自我反省、自我创建。费孝通先生曾说："文化自觉是一个艰巨的过程，只有在认识自己的文化，理解并接触到多种文化的基础上，才有条件在这个正在形成的多元文化的世界里确立自己的位置，然后经过自主地适应，和其他文化一起，取长补短，共同建立一个有共同认可的基本秩序和一套多种文化都能和平共处、各抒所长、联手发展的共处原则。"

民族文献蕴含的隐性信息绝大多数并非是现代社会的产物，而是在历史上超长期稳定传承下来的精神财富。这是一个族群、民族乃至国家引以为豪的文化宝藏。然而，很多民族文献的创造者、使用者、保管者往往对其熟视无睹，基层的民族文献传承人对其价值认识不够充分。民族文献蕴含的隐性信息具有传统性强的特点，为年老的民众所接受，而年轻一代由于不熟知文献内容和其中的传统文化信息，往往看不起或不理解隐性信息的潜在价值。这是一种无意识的文化遗弃行为，是缺乏文化自觉的直接表现，其实质是不了解民族文献的潜在价值，导致自己的民族文化在文献上出现了荒芜的状态。

清水江文书由于具有和经济联系紧密的特征，所以人们在保管、收藏、流转过程均对文书及其记载的各类信息给予了极大的重视。无论是应付清水江地区木材市场交易动荡所带来的可能后果，还是精心组织开采、运输活动以有效扩展经济实力，人们都依赖各种契字文约来规范各自的行为和调节相互的关系。在生产、交易活动中，清水江文书仍然时时刻刻发挥着制约、规范的作用，所以清水江文书在收藏和归类方面体现出被使用保管人重视、珍藏的思想。在清水江文书的民间收藏方面，这种在收集、整理和保存管理过程中"归户性"特征非常完整而突出。迄今所见的清水江文书，绝大多数都是一家一户为单位收藏的——如某一家族或房族所共有的山林田产，相关的契字文约往往都集中由同一世代中的某个家庭保存，而且似乎没有固定的由长子或幼子承担此责的习惯。每一世代的男性子嗣成家另立门户，并不意味着要对山场、山林、田土、屋基等共有财产进行分割，而主要是对股份占有的进一步拆分。一旦出现分家析产的情形，预先拟定的阄书册籍除了清楚载明各阄所占山场田土详情之外，还对所有登记和管理这些财产的"老簿""新簿""分阄草簿"及部分"公契"的收藏处所加以说明，因此，相关文书的内在脉络也得以延续并可追溯。民众个人、家庭、村落对于文书及其记载的山林、田产等信息表现出积极地维护、传续的意识。

清水江文书的所有人、使用者在日常使用过程中特别注意保护原有的这种归户性与系统性。他们所收藏的本家族或房族的相关文书时，常常都是一包一包捆扎起来的契字文约及其他文书，收存井然有序。数十件甚或更多折叠起来的契约文书扎成一包，包契纸（或白布，晚近或旧报纸）上分别注明某处山契、某处田契，或专门的佃字合同等等，有的还注明清验时间。一包一包具体某处山场或田地、地基等内容的文书又分别捆扎在一起，或者再将几捆扎成一大包。也有的乡民似乎只是很粗略地将某些相关联的文书收归一处，它们或者是某一类性质相同的契字和约或其他民间文书，如锦屏县加池寨某家族所藏文书中，就有将上百件诉讼词稿及一些公私信函等文书归存一处的情况，而与此同时，在其他归存一包的文书中，又有包含了几乎各种契字文约及若干诉状、禀稿、信函等内容的情形。文书归集、收藏的系统性保证了其内容的有效使用，也为维护隐性信息的权威性、原始性提供了保证。

小　结

民族文献遗产隐性信息的保存、保护与传承均首先受到其内部因素的制约，主要有以下几方面：认知缺陷因素、信任交流因素、社会结构因素、惧怕权威因素、内隐学习因素、工具模糊因素和历史遗忘因素。

语言、文字是民族文献的记录用符号，是文献隐性信息的最直接明显特征。一般情况下，民族文献中的民族语言文字与普通的汉语言文字相比，具有文字原始、文字省略现象明显、书写记录习惯不同等特点。由于这些特征的存在，使得民族文献在解读过程中受制于文字自身的构字元素、构字方法及其文字使用习惯、使用方法等。

民族文献遗产中隐性信息传承因受生存环境和隐性信息背景的制约，具有内在的强制性和模式化要求，最终形成隐性信息的自我传承机制，使民族文献信息在历史发展中具有稳定性、完整性、周期性、延续性等特征。民族文献具有民族性、隐蔽性的基本机制，也是隐性信息维系民族文献整体的内在动因。隐性信息不仅有继承、交接的过程，而且是长期习得的结果。与其说这一过程具有内在的延续性和模式化特征，不如说是一个民族或族群的长期形成的习惯使然。在不同的时代背景和生存环境下，民族文献遗产中隐性信息的传承存在着自我调适的内在机制和能力。

任何一种相对独立的社会文化共同体，也可以视之为一个相对独立的共时态文化信息系统网络。民族文献遗产的隐性信息是社会中的人群创造、记载、传承的，也就不可避免地受到其生存的自然环境、社会环境的影响和制约。民族文献遗产的隐性信息生存环境最少涵盖两个层面：一是民族文献遗产隐性信息特定的自然、气候、地理条件；二是特定自然空间中的人群、文化、文明条件。民族文献遗产隐性信息扎根于一个地方的传统文化历史中，能够作为一种手段来体现民族文献的内在文化特征，表现一个地区的文化特质和价值，对社会中的民众起到促进作用。倘若民族文献遗产只是重视显性信息的发掘，不顾隐性信息的特性，在民族文献遗产保护传承中舍弃对本土生存环境这一内核因素的发掘与保护，无异于使鱼儿离开了它赖以生存的水，文献遗产隐性信息也就不能完整地呈现出来，那么所谓保护也就会徒具形式。人类文化信息的共时性社会传承具有极为广泛的普遍性，社会群体中的个人不可避免地也都具有普遍被动接受的机缘。任何一种相对独立的社会文化共同体，也可以视之为一个相对独立的共时态文化信息系统网络。民族文献遗产的隐性信息是社会中的人群创造、记载、传承的，也就不可避免地受到其生存的自然环境、社会环境的影响和制约。

传承是民族文献隐性信息保护的核心，传承的本质是使民族文献的隐性信息得以世代延续。人不仅是民族文献隐性信息的创造者、传承者，而且是隐性信息的拥有者、享用者。民族文献隐性信息的传承不能只见树木不见森林、只见物态不见活态、只见肌体不见灵魂。民族文献蕴含的隐性信息绝大多数并非是现代社会的产物，而是在历史上超长期稳定传承下来的精神财富。民族文献隐性信息的传承依靠传承人自身对民族文献的隐性信息及其本民族文化自觉地进行传承活动。民族文献隐性信息的相关各方人员对其文化有自知之明，并对民族文献发展历程和未来前景有充分的认识。也就是说传承人具备文化的自我觉醒、自我反省、自我创建。

第六章

民族文献遗产隐性信息显性形式

　　民族文献遗产隐性信息显性化过程就是隐性信息的实践性过程，是一个从一种信息到另一种信息的获取过程，是对于信息的重新认知过程，是信息形态发生实质性变化的过程。在隐性信息显性化行为当中，都有熟练解读文献信息的传承人员竭尽所能的贡献，即认知隐性信息传承人的全方位个人参与。传承人是隐性信息和认知活动的建构者，是隐性信息显性化的桥梁和纽带，整个隐性信息显性化工作都围绕这个中心展开。民族文献遗产中蕴含的隐性信息不仅仅存在于文献自身的符号记录中，还存在于文献信息记录中的具体表象和熟练解读文献信息的传承人员的理解记忆中。通过口传面授的即时传播、仪式实践的动态展示、实物记录的静态展示以及对隐性信息的直接解读等提取形式，可以实现对民族文献遗产隐性信息的显性化展现。

第一节　口传面授的即时传播

　　民族文献遗产隐性信息显性化通过传统的"师傅带徒弟"模式以口传面授的方式来即时传播是人类知识信息传播最古老也是最有效的模式。老一辈传承人通过文献隐性信息的转化分享经验，形成共有的信息思维模式和技术能力。在这面对面以语言交流的过程中，参与人之间的语言内容、面部形态以及辅助性的动作构成了信息传递的主要内容。虽然信息传承人不使用语言也可以将自己的隐性信息传授给别人，如徒弟仅凭经验、模仿和实践就可以学会一些技艺的操作，但是语言作为最直接、有效的信息传授手段是能够最全面来显性化传承人的民族文献隐性信息。这种口传面授的传授学习过程中掌握的隐性信息创新和技术的核心，大量经验、诀窍和直觉是在民族文献的显性记录符号上得不到的。通过潜移默化的口传面授，徒弟即使不能够掌握民族文献背后的系统化原理，也能够依葫芦画瓢的形式把师傅传授的隐性信息加以领会贯通融入自己的信息内容。

民族文献隐性信息的面对面个人交流常常表现为一种渐进的学习过程，学习行为和成果是逐步塑造而成的。在学习的环境中，人们往往通过聆听、观察他人的语言、行为，理解、悟通后就能将输入的隐性信息固化为自己的信息，并且可能结合自己的原有信息获得许多新的信息。这种信息接收客体通过与信息表达主体的交流形成的某些新信息或行为规范的观念，并在以后应用这种编码信息来指导文献隐性信息的显性化。面对面接触交流是得到文献隐性信息知识的最好方式，很多人从经常接触的人那里得到所需要的信息，而对于相对来说距离较远的人群传播的可靠信息，往往很难获得。特别是在大型社区族群中，信息表达主体和信息接收客体的自然距离阻碍了信息交换、交流的发生。

语言作为民族文化传播、传承的主要工具，承担了信息交流的大部分功能。语言作为民族文化的载体和标识，不管从学术的研究角度还是现实的生活角度都是人所共知的。语言并非人的生物本性，而是人作为文明社会中的形成标志，是社会化产物，表现了不同族群文化的功能。一定的社会人群、文化族群必然有相应的语言作为信息交流的手段和途径。民族之间的区别在于各民族的语言是其文化传承的重要载体，在于语言是各民族个性和族群认同的重要标志之一。在人类文明初期，社会的群体记忆以口传面授的方式来交流思想、传递生产生活经验、延续风俗习惯、传承文化。另外，很多少数民族一直没有创造出自成体系的、具有规律性的文字，就无法使用文字作为文化传承的载体来传承文化，也就没有成规模的文献留存下来，此时口传面授信息就成为这些族群交流思想感情、举行文化活动的主要手段，成为其文化传承不可或缺的重要方式。

口传面授的语言信息传播是各个民族在文字出现之前传承历史的主要手段，民族的所有历史以口头的方式传下来，在此过程中口头语言传递信息中的道听途说和添油加醋是不可避免的。口传面授的信息传承方式传递了人类历史的绝大部分内容，因此可以认为如果没有口传面授的信息传承，人类的文化便无以传承，则不会有人类的历史。虽然口传面授的语言信息存在着某些随意性、变动性，很难采用固定的形式来统一起来，但是作为人类文明初始的信息交流传承方式，仍承担文化使者、文明传续的重要角色。很多少数民族并没有自己族群的专用文字，古代社会交往中以及现当代一些族群也并不特别鼓励识读文献和识字，社会信息的口传面授传承是这些社会经验延续的主要手段。即使在当代社会中，能够使用文字记录、保存社会记忆、传承历史文化也是少部分人的事情，大部分人群是很难获得专门的时间、精力来记载历史、传承经验的，此时口传面授的语言信息传播传承是社会大部分人能够从事的方式，也是多数人传承文化的必要手段。人类的知识文化经验积累离不开口传面授的语言信息传承，民族文献隐性信息的传播，更是依靠广大群众世代以口耳相传、口传面授的语言信息传承方式才能保存下来。

口传面授的语言信息，反映了各族人民的社会历史、经济生活和精神文化，是人类文化宝库中的重要组成部分，是书写记录的重要补充信息。现代社会发展过程中，对于口传面授的记忆与传承的话语系统颇为轻视，而过度依赖显性化的记录符号。民族文献的书写符号的研究也必须联系口传面授的信息记录形式。语言是人类社会最重要的交际工具，自然在社会历史、文化的传承方面具有其他传承方式不可替代的作用。口传面授的语言信息除了日常用语的交流传递外，还有各种民族的历史、故事、神话、传说、寓言、歌谣等与显性文字记录的文献相同的内容。这些口传面授的语言信息出自于民族群众的真情表述，也是民族个性的真实表现，集中反映出民族过去或现在社会的一切人情道德、生活形态、风俗习惯、制度文化等内容，与显性的文献记录相互补充，构成了民族历史的主要内容。大部分民族的历史蕴含于口传面授的语言信息中，类型多样，种类繁多，不管生产劳作、交流感情、传递思想还是宗教仪典、精神文化生活，甚至关于宇宙的起源和哲学智慧等，都会以口传面授的形式传递给后人。这些口传面授信息反映的日常劳作、传达经验，反映文化价值、宗教信仰等内容，是民族文化传承繁衍的重要载体，蕴含着丰富的民族文化信息。

民族歌曲作为族群生产、生活过程中的产物，是民族文化的重要历史见证，尤其是对于无文字传承的民族或者较少文字记载文献的族群，歌曲更是这些族群的主要历史信息的载体。布依族的民歌中，有大量的劳动过程中演唱的劳动歌，也就是歌唱布依族劳动生产生活的歌曲。其中又以歌唱十二月的生产方式即四季劳作歌曲别具特色。即使是一些表面看起来与生产劳动无关的内容，同样能够生动形象、惟妙惟肖地描述着他们的四季生活、劳动场面和生计模式。此处以布依族的"铜鼓十二则"民歌①，来展现布依族民族文献遗产隐性信息的显性化传播形式。

布依族铜鼓上铸造了类型多样的纹饰，各种图案的数量将近千种。铜鼓纹饰既是装饰铜鼓的花纹，也是记载布依族历史的文献，表现了布依族依山傍水的环境风貌，具有浓郁的民族色彩和时代特征。铜鼓纹饰的隐性信息，在布依族服饰、礼仪、风俗、传说中可以得到解释，而使用铜鼓和关于铜鼓的民歌则是隐性信息的更广泛的内容。铜鼓上的太阳纹、云雷纹、水波纹、圈点纹、角形纹等图案与布依族人民的生产生活关系密切。太阳纹饰源于火崇拜，水波纹、漩涡纹与水崇拜有关，云雷纹饰来源于天崇拜、雷崇拜，齿形纹饰与山崇拜有关，三角纹、菱形纹来源于鱼崇拜，由鱼的不同部位演变分化而成。这些纹饰与布依族的原始崇拜有关，描绘了布依族祖先信仰、崇拜、欣赏的事物，反映了族群古老的审美情趣和对自然的朴素认识。布依族的民间音乐分为民间歌曲、乐器与器乐曲和戏曲音乐三大类，而铜鼓民歌则是介于民歌与乐器之间的一种独特音乐表现形式，这在布依族音乐文化的种类和品种中也极为罕见。从"铜鼓十二则"民歌可以清楚地感悟到布依族民众一年四季的劳作和娱乐生活概况，同时大体上也反映了他们的生计模式。

腊月、正月的一年初始是布依族的农闲休息时节。布依族以正月为岁首，在春节期间，击铜鼓为欢，敲击铜鼓，并非随意任性，而是有严格的曲调，如有悲调、喜调、散调等，所以歌词强调"远古以老人铜鼓算数"。悲调用于丧葬，尤其是"古谢"必不可少的内容，一般场合禁绝敲打此调；事实上，铜鼓在古谢时是重要的乐器、礼器和神器。喜调主要是在春节欢乐时节时所用，其中又以"十二则（调）"最为典型，民歌里唱到的"左照长""左照种"均是十二则曲调之一。喜调往往表达人们在一年辛劳后，享受应得的丰收成果，同时以民歌的形式歌唱十二个月的不同生活情况，展现布依族怡然自得、悠闲乐观的精神风貌。散调由一些零散的曲目组成，也可直接以十二调的几则构成，用于平时贵客来访或其他重要活动，这即是"哪月空了哪月打（铜鼓），哪月闲了哪月锤（铜鼓）"的原因所在。铜鼓敲打的技法和曲谱的传承一般在春节，这也是民歌"隔年来打一次"的缘由。歌词中有"打重锤轻锤来选相关重锤"的内

---

① 罗正副：《调适与演进：无文字民族文化传承——以布依族为个案的研究》，博士学位论文，厦门大学，2009 年。

容，主要是因为铜鼓敲击的部分主要在鼓心、鼓侧和鼓腰三个部分，即至少发出三种不同的声音。敲击铜鼓一般要配以皮鼓，所以歌中唱着与"皮鼓相欢"。

显而易见，铜鼓十二则民歌充满了浓厚的劳动生活气息。二月扫寨，宣告春节的闲暇结束，人们即将准备进入农作生产时期。春天一到，万物复苏，"春笋高齐人腰杆，春耕开始忙生产"。布依族地区在春分前后开始犁田、耙田、晒田一二道，秧田则犁、耙、晒三到四道。同时"拉猪粪放秧，挑马粪放田"。布依族对稻田的农耕生产极为重视肥力，从"有收无收在于水，收多收少在于肥""进一挑粪，出一挑谷""田里施肥足，谷粒就饱满""田靠粪，地靠锄"等众多有关施肥观念的谚语得到很好的印证。布依族在没有使用化肥之前的"肥料"种类较多，且格外讲究，大致有以下四种：（一）圈肥。即平时利用稻草、麦秆等农作物的干茎放入牲畜圈内；在春耕、栽秧结束，草木长得丰茂，又是农闲时，勤快的人还每天割青草放入圈内——即民歌所唱的"小伙子去割草"喂牛马，牲口吃剩下的部分与牲畜粪便搅和，经长期的踩踏，就自然形成了圈肥。圈肥的肥力很大，施肥效果很好，不仅对稻田泥土没有损伤，而且起到重要的保护作用，使用圈肥能使稻田变得越来越肥沃。在没有生产工业化肥之前，布依族农业施肥主要就是靠圈肥。（二）灰肥。就是人们利用烧过的植物灰烬和家禽、牲畜甚至人粪，以及榨植物油所剩下的渣滓等，一层灰一层粪地堆积、晒干，用时全部搅和，既无臭味，又省运输劳力，且肥力比圈肥更好。灰肥一般因为产量相对较少，布依族更多地用于秧田或其他精细的菜地等。（三）粪肥。布依族一般每家在自家房屋附近修砌茅厕，利用粪坑长年积肥，是秧田必不可少的肥料。当然还有多种农作用途。（四）绿肥。绿肥是稻田犁好第一次（道）或者稍后，直接在山上或田边割一些浸泡在水中容易腐化的植物，在晒田的过程中就实现了给稻田补肥的效果。有民歌唱道"拣粪积肥勤加紧，每亩完成万斤肥，来年丰收有保证"，进一步说明布依族对稻作农田积肥重要性的认识。布依族传统社会经过一年的充分积肥，完成当年所有农事所需的肥料。即使是今天利用工业化肥，人们也没有减少农肥的运用。村里人总体上认为，工业肥料的主要功能在于"吸"肥力，即是将土地的肥力吸到一起，以滋养农作物生长。但长期如此，土地肥力会被吸收殆尽，最终泥土板结，直接影响往后的生产。另外，工业化肥用少没有效果，多用又会导致庄稼被"烧死"，一则要注意量的运用，二则需要把握度的权衡，关键还是在于致死庄稼的问题上，不像农家肥料用多肥多，用少肥少，一分肥见一分效。因此，现今以化肥为主的人家，也同样要大力补充农家肥料。当然，部分经济条件较艰苦的人家，难以支付购买化肥的开销，就少用工业化肥了。

春耕的开始是犁秧田。秧田的选择条件是水源好、土地肥，原则上离村近。水源好可以保证在没有下春雨、河水未涨前也能按农时耕犁，这是一季的前提和基础。土地肥沃能保证秧苗长势良好，可以说是稻谷丰收的保证。离村子近便于田间管理，因为秧苗在水田里需要精细的管理和培护：谷种撒到田里四五天，秧苗长至约 5 厘米时，要把田水放干晒秧，晴天晒一两天，阴雨天晒三四天，待苗根扎入深土后又放水进田，并随着秧苗的长势慢慢加深水量，而且不能让水淹没秧苗，否则秧苗就被淹死。因此这段时间必须每天都要到田里察看秧苗的水情，正如当地俗话所说"要得富，田坎走成路；要得穷，田埂起刺蓬"一样。等秧苗长到 10 厘米左右，要施一次灰肥、粪肥或尿素；长至近 15 厘米后，才将田灌满水。将来扯秧移栽时，如果希望秧苗长，就让田里保持深水的时间稍长；如果想栽矮秧，就提早些日子减少田水。一般在农历四月八前后，秧苗可以从秧田扯出移栽到其他犁好的田里，这时"上寨的父母（长辈）叫我们扯秧，下寨的父母（长辈）叫我们栽秧"。需要说明的是，在农耕社会里，生产经验和智慧的获得，依靠长期实践的积累，因此长者具有某种优势或权力，所以要教导子孙后辈。

栽秧之后，水稻并非就此唾手可成，还要历经一番管理和培护。秧栽下去，等秧苗的根深入固定在泥土里，发芽"一天一天长绿油"，然后薅秧，"双手捞起水上的浮漂，双手扯掉田间的稗子"。薅秧的目的一方面在于除杂草，这样一则可以避免长势比水稻好的杂草抢了田里的肥力和阳光等，二则拔掉诸如稗草之类长成熟时生出的草籽，否则在收割谷子时会杂入大量的草粒，不利于将来的饮食。另一方面，由于烂泥长期泡在水中，沉淀之后泥土就变板结，不利于水稻的生长，薅秧有给水稻松土的作用。一般薅秧二至四次，过程中追肥一次。薅第三或第四次，水稻开始抽穗，稻子抽穗后就不能再薅了，否则会碰断穗秆。待谷粒长饱满成熟后，就放干田水，直到田干开裂，这样既可让谷粒长得更充分，又便利收割时下田不踩湿。

当谷子完全成熟，人们先选择长势好，没有受旱、涝、虫灾的稻田，彻底剔除稗子，留下纯种稻子作为谷种，然后才开始收割。与传统稍有不同的是，现在大多数布依族地区都用政府发放或售卖的谷种，经过试验而得的新谷种，既增产，又可以减少虫灾。当然，有部分人也担心买到假稻种，因此更放心亲自从田里筛选摘下的种子。

水稻的生长期为150天左右，大约于农历八月十五中秋节前后开始收割。人们在田里用挞斗脱粒，然后挑回家，在晒坝翻晒两三天，就可以储藏在粮囤里，保存一两年谷子也不会发霉腐坏。水稻的种植过程共七个月，即从农历三月到九月，其中七月农事不多，算是农闲时节。最忙的是五月栽秧和八月收割。收割结束后，有些地区犁田种"小季"，如蚕豆、豌豆、油菜、小麦等；有些地区直接就"犁大田晒霜，犁大田抗冬"，荒田等待来年的耕作。

尽管这首民歌以唱颂铜鼓为主题，但仍系统详细地叙述了布依族春耕、施肥、管理、秋收等生产生活过程，反映了布依族劳动和休闲的生活情景，传播了生产劳动知识，积聚了布依族人民生产劳动的实践经验。有学者研究发现，在反映布依族社会现实生活的民间文学（包括神话、故事、民歌等口头文本）里，布依族的稻作文化得到了充分的反映，认为以稻谷为种植核心派生出的一系列文化事象，构成了布依族文化的主要内容。稻谷耕作是布依族文明的重要催化剂。事实上，布依族的很多节日和习俗都与稻作文化有关，进一步说明布依族以栽种水稻作为主要生计模式，并由此形成浓郁的稻作文化特点。

第二节　仪式实践的动态展示

民族文献遗产中隐性信息关于社会文化、宗教信仰、风俗制度等方面的传承方式，有赖于具有"言传身教"性质的实践记忆。即是说，实践记忆是文化传承方式之一，因此仪式实践不只是族群社会变得有序的一套认知性的体系，同样也是一套唤起隐性信息的工具体系。在整个社群的社会——文化生活中显得尤为重要和典型。通过仪式的操演实践，唤起民族追本溯源的历史记忆，促进民族群体的团结互助，增强社区族群的凝聚力，巩固社会结构的和谐秩序。如雷蒙德·弗思所说，仪式是用一套程序把信仰和愿望联系在一起的。仪式按照一定的程序，通过这一连接，使社区族群建立一套记忆网络，民族文献遗产中隐性信息以此为载体成为集体和公开地予以陈述的事件。因为在人类学研究的视野范围和意义范围内，仪式首先被限定在人类的社会行为。这一基本表述上，而且社会只有在行动时才能使影响被人们所感知，也只有当构成社会的个人聚集起来，采取共同的行动时，社会才能是一种行动。同一阶层共同体的风俗习惯具有结构上的亲和力，不需要借助任何集体性的意图或是自觉意识，更不用说谋划就能够产生出客观上步调一致、方向统一的实践活动。正是共同族群一致、统一的行为实践活动，为民族文化的实践记忆提供了展演的舞台。

民族文献遗产隐性信息的仪式实践的动态转换提取形式，是民族群体成员之间获得和建立民族文献遗产传统文化隐性信息的过程，成员获得这种知识的关键是通过观察、模仿和亲身实践等形式使隐性信息得以传递。作为仪式实践活动的动态展示方式的优点就是真实再现民族文献遗产中的隐性信息，这种信息资源的转换提取方式取决于传承人对文献遗产的熟悉程度和仪式实践的熟练程度以及被传承人的悟性、学习、模仿能力。

仪式实践中的形态表演作为符号出现最早，是古今人们使用最为普遍的信息传递方式，民族文献遗产隐性信息的显性化传承，特别是表演、技艺类信息的传承中应用形态表演是非常广泛的。形态表演语言在民族文献遗产隐性信息的传承中有着非同寻常的作用，它起着声音、文字、图像不能发挥的显示动态过程作用。形态包括眼神、表情、手势、姿势等，在传承过程中能够把民族文献遗产隐性信息所蕴含的人类特有的或者传承人特有的特质、态度、倾向以及愿望都可以从传承人传承的体态中反映出来。眼神的跳跃、表情的变化、手势的比划、动作的变化都反映着民族文献遗产隐性信息的现实和氛围，有助于直接表现民族文献遗产隐性信息的丰富多彩，增加传承方式的层次性，丰富传承中传播者与接受者内心状态信息的沟通，达到传情达意的目的。

仪式实践虽然有计划、有安排、有步骤地预设和筹备，尤其是一些祭祀活动，更是要求有规则、有程序地按部就班进行，但仪式过程瞬时即过的时间性，也并非按规则一成不变地展开。实践记忆的过程性质，与社会记忆、体化实践的"情境"不同，一方面，后者的时间链接立足于当前，主要指向过去，并根据现在演示过去；另一方面，后者的情境基于单方面身体的人，而没有顾及整体的"环境"。实践记忆不仅存在传统的规约，演示过去，而且通过当下的文化记忆，直指未来的可能性。即是在实践活动中，耳闻目睹、耳濡目染、潜移默化地习得民族文献遗产的隐性文化信息。基于其时间的情境性，储存既变又不变、合乎情理又有悖情理的思想、感情和文化记忆，并一代一代地绵延传承。

对于民族文献遗产中没有系统地文字、画图等记录方式记载的隐性信息，要追根溯源于信息的记载、创造、传播的传承人，这些人以本民族群体中的老人为主。老人们留在记忆中的历史，是在当前的情境下用语言表达的。社会通过赋予老人保存过去痕迹的功能，鼓励老人把凡是自己可能仍拥有的精神能量都贡献出来，用以进行回忆。到场的中青年及孩子在一旁倾听，继承本民族的历史，保存和增强民族的历史记忆。在整个仪式的一切演述，使在场的人"耳闻目睹、耳濡目染"仪式情境，潜移默化地接受和传承仪式的程序和规则，使民族文化在实践记忆中凸显出来。仪式有助于某一人群在特定的时间和地点进行社会化的交流。孩子参与仪式，一则喜欢热闹的场合是孩子的天性，二则也是对民族文化无意识、耳濡目染、潜移默化于演示场域的熏陶。

从文化产生的形式来看，文化信息的产生离不开人的生产和生活，没有人类活动，就没有人类的文化信息。少数民族中的游牧文化、节日文化、宗教文化和风俗文化等活动形式，是少数民族传统文化的一种综合体现，属于一种活动文化的形式，这种文化需要在具体的、生动的、形象的表演活动中继承和发展，而民族文献遗产中隐性信息的转换形式就是一种仪式表演活动方式的转换。以仪式表演为载体是民族文献遗产隐性信息生存和发展的重要方式，其主要特征是民族文献遗产中的文化信息依附于特定的仪式、表演、活动等动态地形象再现，依靠特定的宗教性质祭祀和议事仪式来体现传统文化信息的存在和价值。如苗族祭祖仪式、侗族条萨仪式、苗族议榔活动、侗族议款活动、纳西族东巴祭祀仪式等仪式的重复表演，不仅再现了苗族、侗族、纳西族的民族文化信息，而且也传承了民族文献遗产中的隐性信息。

就目前的生存现状看，用纳西族图画文字记录的东巴舞谱，可以看作一种仍活着的古老舞谱，然而也正面临着变成"死谱"的危险。东巴舞蹈尚能依仗着东巴的形体而活着，并非单纯就舞谱自身而言，如果没有书写这些舞谱的老东巴的再传授——言传身带，也就失去了这个赖以存活的生机，舞谱的文化内涵也就无法得以再现。目前在纳西社会中，尚活着的老东巴已经濒临消失，如何抢救这份东巴舞谱已变成一个十分紧迫的问题。这套古老的用纳西象形文书写的东巴舞谱，对一些已掌握东巴舞蹈基本动作的人来说，是完全可以按谱起舞的。也许再过若干年，能跳东巴舞的老东巴可能在地球上消失了，但他们遗下的舞谱和舞蹈，有必要也有可能、有希望继续生存下去。东巴舞蹈虽属宗教祭祀舞，但它在祀神娱神和驱鬼镇魔的场景中，也起着娱人娱己的作用。它确实具备独特的套路神韵，是美的、高雅的。这些古代舞蹈可被艺术家们发掘整理出来，开发出既有时代特性、又兼具传统特色的文化表演，为传承发扬民族文化所使用，实现东巴舞谱的长久生存。

在纳西族传统文化中，东巴通过用东巴文书写的东巴经，掌握东巴教的各种婚丧嫁娶以及祭天、祭署、祭祖等仪式的规程，是纳西族传统文化最重要的传承者。云南省香格里拉县三坝乡白地古都村和志本东巴家藏有晚清时期形成的《和氏家族祭祖经》。由于使用了较多的古语、隐语，该本祭祖经蕴含有丰富的隐性信息。古语是较早的时代就产生但现在已经不大运用了的词汇和语句，在日常生活中，白地纳西语中保留的古语相对于丽江来说要多一些。因为仪式和经典大多是口耳相传一代代延续下来的，加上有仪式规程等方面的规定，纳西语的古语在仪式和经典中保留的内容比较多。隐语是出于各种文化习俗和交际需要而创制的一些以特征来指称事物的说法。白地纳西语中也有隐语，比如在白地翻译东巴经时，和志本东巴说，以前在丧葬仪式期间，称呼丧事家庭的家畜和家禽时要用隐语，不能用平时的称呼，不然它们会被亡者和鬼带走。因此，通过祭祖仪式的现场展示，可以将和志本东巴家的《和氏家族祭祖经》展示出来，以达到将经书内容重现于民众面前的目的。

纳西族祭祖的时间一般是春季、夏季、冬季各一次，具体在哪一天举行，与不同的家族和属于什么祭天群有关。白地和志本东巴家的春季祭祖仪式，是在正月初七举行的，夏季祭祖在农历六月初四举行，冬季祭祖在农历十一月初四举行。祭祖用到的物品有黄栎树枝祭木，除秽用的杜鹃枝、青松枝、柏树枝和花勒克若干和白石一块，用新砍树枝做成的筷子四双和小棍四根，碗几个，香炉一只，煮米饭、肉的锅两个。祭祖供品有茶、酒、腊猪肉、米饭、油煎糯米饼、麦饵块或米饵块、扁米、核桃、梨、柿饼、奶渣、酥油、稻谷、小扁白石等。祭祖的祭台设在祖屋火塘边格咕鲁家神龛下面，设一张小桌子，铺上松针，然后把代表祖先的三棵黄栋树枝祭木插在祭台上，摆上香炉、祭品。祭祖所祭祀的对象和其他家族不同，他家只祭祀自家的三代祖先，不祭祀亲家的祖先。

和志本东巴家藏的《和氏家族祭祖经》，按照祭祖仪式的先后，分成四段。第一段叫祖先之路，相当于丽江的《祭祖·迎接回归享祭的祖先》，内容都是请祖先从祖居地回归家里享祭，主要叙述途中的驿站，一站一站从远到近地把祖先接回来，越近地名就越真实可见，就是现在的地名。第二段叫秽的出处来历，讲述各种各样的秽的出处来历。第三段叫祭祖，和丽江的《祭祖·献牲》除了主旨相同，内容细节大多不同，主要讲述因为不会祭天父、天母即祭祖而三个儿子不会说话，学会祭天祭祖后三个儿子才变成藏族、纳西族和白族的始祖的故事，由此反复强调要祭祀祖先，祖先才会佑护后人、家业才会兴旺、粮食才会丰收等等。第四段叫献饭，和《纳西东巴古籍译注全集》中的《祭祖·献饭》一样都是熟祭阶段念诵的，内容是先给祭品——除秽，然后恳请三代祖先享用肉、饭、酒、茶等，反复祝祷祖先佑护赐福后代子孙，并在享用完祭品后送祖先又回祖居地。经书末尾没有像《全集》收录的祭祖经典那样明确地写着送给祖先粮食让他们不要欠债，欠了就用粮食去还，以及让祖先回祖居地后不去迎接就不要回来等内容，但仪式规程中写明了要边撒粮食边口诵这些内容。

从广义上来说，仪式规程包括：需要参加仪式的人员以及他们必须做哪些事情、祭台怎么布置、必须用什么物品和祭品、每个阶段需要做什么等等。因为祭祖仪式举行的时间都是每年固定的那几天，所以并不需要特别通知参祭人员，他们会主动回来参加，参祭人员包括主人一家、嫁出去的女儿、分家出去单过的儿子家、同家族分出去后还没有超出三代祖先的其他人家。

在举行祭祖仪式的前一天，需要做一些准备工作。首先到山上砍三根长45厘米左右比大拇指稍粗的黄栎树枝，稍微削尖修理，用来代表三代祖先。再砍几枝其他树木的树枝，削成长约16厘米的四双筷子和四根小棍，筷子用以表示请祖先夹肉吃饭，小棍子用来插生祭阶段的小肉块。接着摘一些杜鹃枝、青松枝和柏树枝，除秽熏烟用。到田间田埂上采摘一些花勒克，回家后浸泡在水里，准备除秽时当净水用。其次找出杀年猪时留作祭祖仪式专用的那块五花肉，祭祖前要切下约1立方厘米的四小块，然后用棍子插在黄栎树枝前，中间插两小块，左边一小块是顶灾之意，其他三小块各代表送给三代祖先的肉。再次洗干净的核桃二十五个、柿饼几个、梨子几个（夏天用树草莓代替）、奶渣一饼、酥油一饼、酒糟做成的饼四个、酒一碗、茶一碗、大米一碗、米酒一碗、扁米一碗、稻谷一碗、油煎糯米饼十六个、麦饵块或米饵块两个。最后截成碎片的高山柏树若干，重约半斤除秽用的白石一颗，重约二两的小扁白石四颗，在祭祖仪式中除秽后它们被放在祭祀树前用来放置油煎糯米饼。

　　以正月初七和志本东巴做正月祭祖仪式的过程为典型，可以在其他地点重现《和氏家族祭祖经》中记载的祭祖仪式。在这个祭祖仪式中，整个家族的成员都参与其中，晚辈们在和志本东巴的带领下或参与仪式过程，或从事辅助性工作等，《和氏家族祭祖经》中的隐性信息得以在仪式实践的展示中以耳濡目染的显性形式传承。

　　早上8点多，在厨房里，和志本东巴把准备好的一个重约半斤的白石头放进烧着火的火塘里，用热灶灰把它盖起来。吃过早餐后，就开始进行祭祖的第一个阶段：请祖先回家，然后进行生祭祖先。他先用一块做仪式专用的黑头帕裹在头上，然后用火钳夹出烧热了的白石放进一个平时已经不用的旧铁水瓢里，把杜鹃枝、青松枝放在白石上面，用泡了花勒克的水浇洒，让它冒烟雾。然后拿着冒烟的铁瓢到家里各处去转一圈，嘴里念着除秽经，这个过程叫除秽。回到厨房后，他把除秽瓢放在火塘边，开始布置祭祖的祭台。先把一些青松针铺在祭台上，祭台是由一张高约30厘米、长约70厘米、宽约50厘米的小长方形桌子充当的。然后把三枝黄栎树枝按左右中的顺序插在蔓菁上。左边的一枝代表第一代祖先，即和志本东巴的曾祖辈；右边的一枝代表第二代祖先，即和志本东巴的外祖母辈；中间的一枝代表第三代祖先舅父辈。

　　然后和志本东巴把纳西语叫格咕鲁的家神龛上平时烧香用的香炉拿下来，把一些高山柏树碎片放进香炉里加上热灶灰，把香炉摆到祭台上。然后开始摆放祭品，所有的祭品在摆放到祭台前都必须一一在火塘边冒着青烟的除秽铁瓢上面过一下，表示已经除过秽，给祖先享用的是干净的东西，这一段表示把祖先接回来，念诵《和氏家族祭祖经》第1—10页的内容。摆放祭品并没有严格的顺序，先把四颗代表猪油饼的小扁白石放在祭祖树前，再在每颗白石上放4个油煎糯米饼。然后在旁边放上四双筷子，以表示请祖先用筷子夹饭菜享用之意。然后把4根棍子插在黄栎树枝前。每根棍子顶部都插有一块约1立方厘米的五花腊肉。左中的那根棍子顶部必须用小刀划成十字形呈四丫杈状，插上肉表示顶灾，是抵挡纳西族始祖衬红褒白咪的舅舅之子穆则卡鲁施放的灾祸之意。其他三根顶部划成两丫杈插上肉代表送给三代祖先。除了每一代祖先之前必须摆放一份祭品外，还必须额外地给未娶和未嫁的祖先摆放一份，在家神龛上也必须摆放一份。然后不停地用青松针蘸一碗花勒克水除秽，并念诵经文驱赶秽鬼请祖先享用这些祭品，然后献酒、献茶。

这时候，招婿单过的三女儿回来了，带来了油煎糯米饼五块、酥油一饼，后来是分家单过的大儿子的儿子带来了两大片肥肉和几个油煎糯米饼，然后是嫁到相隔三里的波湾村的大女儿带来了一袋核桃、六个油煎糯米饼，最后回来的是嫁到本村的二女儿，带来了黄果、油煎糯米饼和高山柏树碎片一袋。最小的女儿嫁到 60 千米外的东坝，路程远，所以没回来，还有二儿子是去本村一户人家做上门女婿的，所以也没有回来，也不用回来。接过儿女们带回来的礼物后，和志本东巴把它们一一放在祭台旁边，表示是儿女们送给祖先的礼物。再祝祷念诵一小会儿之后，生祭结束了。

和志本东巴取下黑头帕仔细折叠后放在祭台上，然后取下棍子上的四小块五花肉放进一个洗净的陶罐里，再倒进一些开水后煨在火塘边，然后招呼大家休息一会儿喝茶吃点心。这段时间里，他的小儿媳在三脚架上煮一罗锅米饭。等米饭熟了以后，和志本东巴开始了祭祖的第二阶段——熟祭祖先。他先戴上黑头帕，然后在火塘边的热灶灰上放上一些除秽的青松枝、柏树枝和杜鹃枝，让它们冒青烟，再从煮肉的陶罐里夹出一块肉，从罗锅里舀一些米饭，一起放在除秽枝上，让它们发出肉和饭的香气，然后再夹取陶罐里的肉放到祭台的油煎糯米饼上，从罗锅里舀出两碗米饭，分别摆放在神龛和祭台上，在酒碗和茶碗里各添上酒和茶。再舀些米饭捏成一个饭团，插在那根顶灾棍上充当顶灾的角色，用点燃的杜鹃枝给祭品除秽。然后献饭，献茶献酒念经。这第二阶段念诵的是《和氏家族族祭祖经》第 10—35 页的内容。

和志本东巴用青松针蘸花勒克水除秽，念诵经文驱赶秽鬼后，开始献茶、献酒、献饭，把祭台上的核桃、肉用请祖先用的筷子夹到一个空碗里，再抓一些米饭放进去。这些动作重复做多次，嘴里不停地说请祖先吃饭，向三代祖先祝祷祈福并念诵经文。然后让在场的参祭人员向祖先磕头，请祖先享祭并请祖先佑护。再念一会儿经后，他把插了饭团表示顶灾的棍子拔了递给人送出门去，再边抓撒那碗稻谷，边念诵经文，表示替祖先还债，让他们不要欠债的意思。然后又边敬献茶和酒，边念诵送祖先回祖居地的经典片段。一小会儿后，和志本东巴从三代祖先树上各掰一些小枝桠下来放到祭台上。然后撤去祖先树，再念一小会儿经典的末章，念完之后合上经书祝祷磕头。然后站起来倒掉香炉里的灰，重新放入高山柏树碎片，盖上热灶灰让它冒出青烟，再把它放回到格咕鲁家神龛上，双手合十敬拜后脱下黑头帕，仔细折叠后放在神龛旁平时放经书和法器的地方。然后把吉祥枝拿过来，留一枝在祭台上，其余的送给参祭的所有人员，并在让来参祭的儿女带回家的礼物（每份礼物是两片煮熟了的肥肉和四个油煎糯米饼）上搭上一枝，表示三代祖先赐予的福泽。然后和志本东巴到大门口的烧香炉烧香，表示请祖先随着袅袅的香烟回祖居地。同时，他的小孙子拿一枝燃烧着的杜鹃枝在烧香炉周围除秽。整个祭祖仪式至此完毕，参祭人员稍事休息后一起吃饭。

第三节　实物记录的静态展示

民族文献遗产中隐性信息的载体性依附特征是指民族文献遗产中隐性信息的存在往往需要通过两种以上载体形式的整合才能顺利实现。运用文字描述、实物资料征集等传统手段和录音、摄影、摄像等现代科技手段尽可能地记录和保存民族文化生态环境的变迁、内容形式的变化等多方面情况，通过图片、影像、文字的展示，为民族文献的隐性信息做出立体、形象、生动地静态展示也可使人们更为简捷方便地了解其中的信息。例如通过实物载体和语言文字、图画等记录符号所承载的隐性信息、技术方案结合而成的侗族鼓楼文化、傣医傣药、藏医藏药等，这类民族文献遗产中隐性信息的价值只有在形式上的物质载体和内容上的由语言文字所承载的传统知识、技术信息的有机整合才能得以体现。正如傣族医药的秘方有其科学的价值，也有经济价值，但如果不与傣药的相关知识结合起来，这种药方很难被充分理解的。民族文献遗产中的医药记录与药用植物、药剂实物结合在一起才能形成傣族医药传统知识。

民族文献遗产是不可能离开物质载体产生的，也是不能离开载体而独立存在的，负载民族文献遗产隐性信息的物质载体有记录中的各种古代建筑、古遗址、古代石刻、考古发掘物等各种历史上存留的遗物，以及延续到现当代仍然在使用的生产、生活、文化、艺术中的实用物品。遗迹、遗物的静态展示可以通过在有特殊民族文化现象的地区和保留古代丰富遗迹、遗物的地方，兴建博物馆、陈列馆、文化生态保护区、古遗址展区、模型，让这些文献中枯燥的文化现象通过具体生动的实物展示成为直观的历史文化记忆，例如纳西族的东巴祀神场、东巴祭署场等。

实物记录的静态展示作为少数民族文献遗产隐性信息的转换提取形式受到愈来愈多的重视，这种信息转换提取模式通过收集民族文献遗产相关遗物，对其信息资源进行解读。实物记录的静态展示模式是把文献及遗物中的隐性知识向显性知识转化，是将隐性信息形象化和具体化的过程，转化的方式主要是实物和模型。这种提取形式通过收集大量遗物、解读遗物的性质、背景和功能特征，并且与文献中的隐形信息资源相互验证，用显性化概念和语言将文献及遗物隐含的信息明确表达出来。实物记录的静态展示方式用实物记录生动再现了文献遗产中的文化信息和文化现象，可以提供民族文献遗产隐性信息与相关遗物信息资源的互补性借鉴。

相对于隐蔽的隐性信息而言，外露的显性实物的存在更能唤醒和强化人们的记忆，因此有必要尝试将某些民族文献的隐性信息化"虚"为"实"，为其寻找适当的空间载体，还"历史"以"真实"，"虚""实"并重，强化隐性信息的外在记忆。可以说，所有的民族文献的隐性信息都有通过空间载体的营造达到信息显性外化传承的可能。民族文献的隐性信息营造空间载体并以实物记录的方式进行静态展示主要有两个方面的作用：其一，从物质形态而言，被物化的隐性信息，形成多个物质空间的形态表征。它是人们理解、记忆、传承民族文献隐性信息的物质中介之一，一旦消失，人们对民族文献记录的种种文化、心理活动就会减弱或消退。其二，物化了的民族文献隐性信息的空间载体，也是丰富民族文化生态环境的重要因素，它体现了某种场所精神和集体记忆的有意义的场所。民族文献隐性信息的物化还可以塑造民族文化的叙事性、人文性，并促进人们对自身文化的认识。这种认识不仅仅是感官体验的美学愉悦，更是人与文化，个体世界与集体世界的融合。

民族文献隐性信息中有许多脍炙人口的诗句和名人、传说故事，这些遗产大多是对城市历史文化以及景物的高度概括，或是表达对美好事物的向往，具有很强的美感。这些遗产浸染了作者的情感，是人物感情的载体，更是对历史文化的写照，因此往往能造成一种强烈的历史意象。还原意象就是通过对文化意象的理解，选择适当的地点，通过物化的手段，体现作者（人民大众）所要表达的意象以纪念历史、传承文化。这种方法在文化遗产保护中也是屡见不鲜。如以"曲水流觞"为主题的绍兴兰亭；以《钗头凤》为主题的绍兴沈园；以"雷峰夕照"为主题而修复的雷峰塔等。这些对古代历史故事、神话传说的记载的成功物化形式，可以作为民族文献隐性信息实物记录静态展示的有益借鉴。

构建具有民族特色复原场景是物化民族文献隐性信息、营造民族文化展览主题氛围的重要方式。场景的复原将少数民族文化置身于信息的原生环境和使用环境中，使观众了解少数民族事件的文化内容和文化生态环境，具有形象、直观、真实的艺术特征。复原场景的方式不仅可以用于展览环境美化，在对一些少数民族文献功能和文字使用方面的内容展示、主题氛围的营造方面，也可以制作一些场景来展示，把展览中一些较难用实物展品和文字表达的内容以复原场景表现出来，如丽江东巴文化博物院古籍文献厅内设计有纳西族祭祀场景复原，场景内置有纳西东巴文木牌，这一场景的复原展示不仅美化了展厅环境，而且也使观众以"身临其境"的方式了解纳西东巴文在纳西族宗教仪式中的使用情况，认识纳西东巴象形文的价值和内涵，感受纳西族东巴教独特文化。以此为例，场景复原方式也可以应用到其他少数民族文字功能、文字使用方面的展示，如在展示彝文典籍综合信息时，可以复原彝族毕摩祭祀仪式，场景中要摆放各类祭祀工具，制作一个正在进行祭祀仪式的毕摩，毕摩手中拿着彝文典籍；在介绍坡芽歌书时，可制作两个穿着民族服装的壮族沙人，展示她们在选择和演唱坡芽歌书上的情歌。

民族特色图片也是物化民族文献隐性信息一种简单而实用的静态展示形式。将一些具有民族特色的图片信息加入物化空间内，不仅增加了展示的民族文化气息，而且使观众能够通过图片资料直观地了解静态展示所表现的民族文化，以便更好地认识和理解记录和传承民族文献中的隐性信息。如中国文字博物馆的"民族文字大家庭"展厅的各少数民族文字说明背板上图片资料信息选自《走进五十六个民族》一书中的少数民族服饰、风俗和代表性建筑等。观众可以从这些图片中及时获得民族文化信息，以此更好地理解展示内容。图画与文字的结合，使民族文献隐性信息的显性图文并茂，更能激起接受者的好奇心理，不仅引人注目，而且有助于理解记忆，在接受者脑海中留下深刻的痕迹。图像经过语言解说，易于使人联想，产生立体感，加深人们对民族文献隐性信息的印象。由于图像具有刺激接受者视觉的巨大作用，它比单纯的语言和文字的传承更直接，有时起到的作用会更大。当然，辅之以文字和口头语言，就能够更加准确可靠地传递文化信息。图像能够引起接受者注意，刺激接受者的需求，撼动人们的潜意识，引导民众的思维方向。充分利用形象的优势，调动视觉的冲击力，增加人们对民族文献隐性信息的易读性、易视性和易记性。

记录民族文献的少数民族文字是一种用特定的书写工具依据一定的书写方式在特定的书写载体上遗留下来的符号。由于少数民族文字的地域性和民族性，一些少数民族文字的书写工具、书写载体和书写方式具有独特性。因此，在实物记录的静态展示过程中加入一些与少数民族文字相关的书写工具、书写载体、书写方式等方面的介绍，以辅助民族文献隐性信息特色和内涵的展示。如中国民族古文字与古籍陈列馆中的傣文部分，展示了刻写贝叶经的铁笔、贝叶经刻写过程图片、贝叶经贝叶制作过程；丽江市博物院古籍文献厅展示了东巴纸制作原料、工具和流程，书写所用颜料，书籍装帧的麻线、锥子、竹笔、铜笔、骨笔，书研石、刮刀等工具。

在我国的少数民族文字中，有部分少数民族文字仅在民族社会生活的特定范围内使用和传播。如宗教性是某些少数民族文字的重要属性之一，在一些民族的宗教活动中，民族文字是举行宗教仪式的重要工具，除了直接记载少数民族文字的民族文献，与民族宗教活动相关的各式器物也是静态展示常见的辅助物品。云南民族博物馆的"民族文字古籍"展中展示了彝族祭司"毕摩"在主持祭司时使用的法器，纳西族祭祀东巴在各种宗教仪式中使用的插地祭祀木牌画、法器等。这些相关器物不仅以实物的方式向观众介绍了民族文献中的特色隐性文化信息，而且使观众清晰了解了民族文字的功用价值，体现了民族文献的深厚文化内涵。

第四节　显性记录的直接展示

民族文献遗产的隐性信息存在于人们大脑中、未被编码完整表达的知识，如人们所拥有的经验、技巧等记忆，而显性信息记录是已经通过编码被完整、准确表达出的知识，其形式有书籍、资料、档案等。相对于隐性信息而言，大量可以高效管理显性信息资源的手段已经产生，如信息收集、组织、存储、检索、利用等，因此转换成为显性的信息记录、发挥其组织内部资源的应有作用就成为隐性信息直接展示的主要手段。显性化后的隐性信息也仅仅是传递出来的隐性信息的一部分，而大量的隐性信息经过社会化过程后，只是成为其他人的隐性信息，无法实现显性化，因此以直接的显性记录来展示民族文献遗产的隐性信息就成为必要的转化提取形式。

显性展示的提取形式是将隐性信息通过外化结晶清楚地表达出来，转变成人们容易理解的显性信息并且经过组合过程将其系统化后，通过某种技术展示平台显现出来，例如网络、知识库、程序、出版物等。隐性信息具有分散性与庞杂性，因此客观上需要对其进行整合。信息资源整合就是运用科学的信息交流方法对不同来源、不同层次、不同结构、不同内容的隐性信息进行综合和集成，实施再建构，使单一知识、零散知识、新旧知识经过整合提升形成新的知识体系。

隐性信息的显性化记录主要是在现有的学科分类体系的范围内，由专家或者传承人对各信息单位进行系统的整理、甄别、认定来确定各民族文献的基本信息单位。信息单位的格式、大小和内容由隐性信息的类型和所应用的具体环境决定。显性记录也包括用以连接或相互注解各个信息单位的体系，这些连接可以反映文献中各信息单位的概念联系、顺序系列、因果关系或其他联系等。利用链接理论与方法技术，实现信息的组织结构由等级式向网络式转变，实现由基本的信息单位组成新的信息结构。各显性化后的隐性信息之间的不同层次、不同学科的链接，是实现其生产、传播和有效利用的核心。

民族精英、民族文化的研究者、民族文献传播者自觉地借用汉字，固定保存和传承民族文献中的隐性文化信息，是具有"中国特色"民族文献文化信息显性化传承的一种形式。由于国家权力与行政理性不断深入民族地区，少数民族在长期与汉文化接触过程中，被动或主动、自觉或不自觉地借用汉文字记载和传承自己的文化。费孝通先生在谈到中华文化多元一体格局时，认为不同民族之间"相互吸收比自己优秀的文化而不失其原有的个性"的情况一样，其他民族在借用汉字的过程中，并没有照搬照套，而是与地方知识和民间智慧相结合，表达自己的价值、意义和信仰，不但表明认同国家权力符号，而且符合地方知识文化体系的自我要求。少数民族采借汉字表述本民族的文化事项，既是族际交融整合的结果，又是本民族传承文化的实况；既是国家行政理性的要求，也是地方民族文化意识的自觉；既保持民族固有文化形态，又产生文化变迁的新因子。不仅有利于各民族与汉文化之间的交融或交往，而且方便了少数民族文献遗产隐性信息的文化陈述和显性展示。

贵州安顺镇宁扁担山布依族光盘的兴起可以视为民族文献隐性信息通过转移承载方式而扩大传播范围、传承民族文化的一个典型实例。传统的民族文献以印刷物或手抄本为主，不但文化知识信息传播的效率低，而且传播范围有限，信息理解难度大。通过将传统文献载体中的隐性信息转换成现代的电子信息，可以有效地实现信息传播的速度、范围的急剧扩展。电子声像的文化传播和传承，并非仅仅让印刷物的传递性经验无法取代，其他的传承方式也替代不了声像传媒的文化传承作用。也就是说，除了传统的口头、图符、文字和实践记忆等文化传承之外，影视表现和承载的文化研究一直随着科学技术的进步而得到不断发展。有别于其他文化传承方式的是，影视通过镜头所建构的图像寻求对民族文献遗产隐性信息的另一种理解，记录场景并直接和具体地表现文化信息和现象。在当今，文化生产领域发生了深刻的变革，传统形式让位于各种综合的媒体实验，电视的普及使整个人类生活视像化，形象取代语言、文字成为文化转型的典型标志。与文化研究领域不同的是，布依族的"传媒"不是电视，因为他们没有自己的电视台；表现形式也并非完全是"形象取代语言"。布依族出现的山歌光盘，运用摄像机拍制的片子与主流意义上的传媒是有明显区别的，创作山歌光盘的伊始所要表达的语言也远远胜于形象的表现和诉求。

20世纪90年代以前，对唱山歌始终是布依族重要的文化生活之一。山歌对唱更是青年男女交往、恋爱及社会婚丧嫁娶仪式活动必不可少的内容，也是日常交流思想、传达感情的一种表达方式。历时悠久的布依族山歌具有重要的内部教育传承功能和文化认同作用。布依族的小孩子听民族民间歌谣、传说和故事，以及父母乡亲教唱山歌，都是本土社会习俗、礼仪、伦常和道德等文化制度的教育和传播。山歌的演唱方法和套路，规则的授受与传承，个人即兴的咏唱，既是特有口头文献信息的承载形式，又是逻辑思辨和口语表达的训练过程。对唱山歌在传统社会的重要性，最直接的表现即是前面所说的，不会唱歌的人难以找到异性朋友，以致可能找不到合适的人生伴侣；这种人将被社区的人视为"没出息""特别傻"，甚至认为这种人智商不高，至少是被看作受训练不够或缺乏交际能力的人。在传统布依族社会里，不会唱山歌的人，人们认为是一种缺陷，得不到大家的认可和认同。

后来，由于电视、电影等现代图像媒体和现代意识形态的渗入和影响，以山歌作为表达感情的方式被认为是"老土"，成长于这个时代的布依族青年男女便丧失了唱山歌的本领，这一文化传统出现了"断层"。但是对唱山歌仍然存活于中老年人的记忆之中，而且他们都有亲历的切身体验。基于山歌传统似断犹连的状况和人们对传统的认同，充满智慧和经济头脑的年轻人，抓准这个客观事实和心理认同趋向，运用现代摄像技术，自拍自演民族山歌，制作成为光盘，拿到各集市上销售。由于山歌光盘是用本民族语言传唱，又配有形形色色的图像，使不识汉字或识字不多的中老年喜闻乐见。他们外出的机会少，对外面世界的事情所知不多。因为他们平常看的电视电影用汉语言在记录陈述，因此更多的布依族人是在看图像，而不是听语言，影响他们对电视电影表达内容的理解，而且电视电影里的人都是汉族形象，民族认同情感相对浓厚的中老年就更不喜欢，即使偶尔观看也只是其他娱乐活动的辅助性补充。布依族山歌光盘的出现，使他们在电视里看到了布依族自己的形象，不仅演员是生活中的熟人，而且语言也是本民族的，表现的内容更是自己年轻时经历的"事实"。因此山歌光盘一出现就深受广大中老年群众的喜爱，同时也让青少年对父辈经常提起的"山歌"有了直观的感受和认识。

随着时代的发展，人类的文化传承形式也发生变迁。现代图像传媒技术的出现，不仅为无文字民族的文化传承提供了广阔的展示空间，而且给传统的文字表述学理特别是人类学学科理论建构和叙事方法提出新的思考。布依族山歌光盘具有极强的民族性，承载着丰富的民族文化信息，本地人（本民族）拍摄的影视，具有本地人对民族文化的理解。摄制者自己也是一定文化的产物，有自己的文化背景、学术修养及个性特点，这些都不可能不影响他对所研究事物的观察和分析。扁担山布依族光盘的摄制者大多数不仅是"自己人"，且是受演员之托而"代劳"的。制片人拍摄的构想、行动及其成果紧紧联系他对本民族文化信息的认识、认知和认同。

普通影视人类学片的都是人类学家所拍摄，其中贯注了人类学专业理论知识，是人类学与影视学理论和方法的有机整合，展现了民族文化的真实性和电影电视的艺术性。扁担山布依族光盘，都是本族人拍制自己的题材，拍者（被雇者）只是受拍者（雇佣者）"聘请帮忙"，其间收取一点费用而已，二者的出发点都不是为了科研目的。尽管如此，光盘内容真实性和叙事艺术性的完美结合仍是双方的共同愿望，一则是观众和受拍者的要求：真实性与艺术性完美结合的"好片子"受到欢迎，销售量大，受众认同，对受拍者产生的经济效益大（光盘的所有权归受拍者），关键还在于可以展现自己的歌舞才能。对拍者来说，拍摄的质量高，找拍的人就多，不仅名声好，而且收入也随之增多，更何况像有一群对民族文化有担当的拍摄者，对片子质量的要求就会更高。影视记录手段具有许多为传统研究手段所不具备的长处：它能够在比传统的笔录方式短得多的时间内收集到比笔录多得多的原始资料，而且这样的资料生动、形象、真实可信，并且可以重复放映，反复观察研究。

山歌光盘通过形象性、动态性、连续性的特点，不仅完整地重现了布依族青年男女交往对歌和恋爱的全过程，而且使民族社会文化形态得以超越时空局限生动地再现出来，既及时抢救了即将消失的民族文献中的隐性文化信息，又为观众的理解提供了极大的便利，起到很好的文化信息传播、传递和交流作用。布依族对唱山歌等传统文化现今已被视为"过时"，没有人愿意再提起、咏唱和学习，山歌光盘的兴起，使"旧的东西卷土重来"，在恢复民族历史记忆的同时，不仅把固有的文化遗产传递给后辈，使民族传统文化得以代代传袭，而且也使其他民族（他者）对其文化和历史有所了解，同时也使传统文化注入了现代元素，并做出适当的转化。

民族山歌光盘打破了以往电视电影汉语和汉民族的主流叙事话语，新鲜事物对好奇的人们总是有巨大的吸引力，一种文化信息在很强的娱乐性中无形地渗入人心，体现了巨大的传播性特点。意义不仅来自社会，而且人们通过自己的解释和描写，借助现代媒体，把自己所认为正确的意义赋予社会。布依族光盘正是借助现代图像媒体，不仅呈现社会意义的客观现实，而且是拍者、受拍者等个人对社会意义理解的"真实"描写。作为操作者，不管在后来的经验中如何发生变化，他都始终保持了主要的族群特征，并且把这些族群特征印刻在自己的种种"产品"之上，因此，布依族光盘的民族性在文化传承转向过程中不仅没有消失，反而成为附加在光盘上客体化了的对象。本民族自产片作为现代背景下民族文化的客观实体，本身既是民族文化的现代性体现，也是自我（主位）认识理解本民族文化的意义解释，是以"自我"为视角的信息记录手段在呈现民族文献遗产隐性信息中的特别成就。不仅是民族文化的直接陈述，而且为学界提供了有价值的民族文献遗产隐性信息在本民族内部传播、传承的有效途径。基于本地自产的"群众"自主性，布依族光盘在某种意义上可以解决传统媒体受资本和国家政策制约，而无法实现为数量较少人群提供特别服务的难题，它在传播机制上从政府和市场中分离出来，虽然布依族光盘有部分市场需求的成分，但并不受市场的控制，相反，是光盘市场依赖光盘的发展而存在的。

布依族光盘这样运用现代传媒电影、电视、网络传播技术，并非是对传统文化的冲击和弱化，相反是传统文化在当代技术发展过程中得以复兴和转化的一次机遇。也就是说，民族文献遗产中的隐性文化信息恰当地运用现代信息传播技术，自觉地调适自我传承机制，与时代技术巧妙结合，使本民族传统文化获得了前所未有的生机和机遇。更深层次地说，民族文献遗产中的隐性文化信息的转化，或者说现代信息传媒技术的运用，就如布依族光盘那样，关键在于信息的转化者是谁，信息的接受者是谁，及信息转化原因是什么。通常所认识的，现代的信息传媒技术对于传统民族文化的冲击不但没有预料的危言耸听的后果，民族文化的觉醒者、传承人反而利用现代的信息传媒技术为民族文献遗产隐性文化信息的转化、传递和传播创造了迅捷、高效的新渠道。

小　结

民族文献遗产中蕴含的隐性信息不仅仅存在于文献自身的符号记录中，还存在于文献信息记录中的具体表象和熟练解读文献信息的传承人员的理解记忆中。通过口传面授的即时传播、仪式实践的动态展示、实物记录的静态展示以及对隐性信息的直接解读等提取形式，可以实现对民族文献遗产隐性信息的显性化展现。

民族文献遗产隐性信息显性化通过传统的"师傅带徒弟"模式以口传面授的方式来即时传播是人类知识信息传播最古老也是最有效的模式。老一辈传承人通过文献隐性信息的转化分享经验，形成共有的信息思维模式和技术能力。在这面对面以语言交流的过程中，参与人之间的语言内容、面部形态以及辅助性的动作构成了信息传递的主要内容。

民族文献遗产中隐性信息关于社会文化、宗教信仰、风俗制度等方面的传承方式，有赖于具有"言传身教"性质的实践记忆。即是说，实践记忆是文化传承方式之一，因此仪式实践不只是族群社会变得有序的一套认知性的体系，同样也是一套唤起隐性信息的工具体系。在整个族群的社会—文化生活中显得尤为重要和典型。通过仪式的操演实践，唤起民族追本溯源的历史记忆，促进民族群体的团结互助，增强社区族群的凝聚力，巩固社会结构的和谐秩序。

　　民族文献遗产是不可能离开物质载体产生的，也是不能离开载体而独立存在的，负载民族文献遗产隐性信息的物质载体有记录中的各种古代建筑、古遗址、古代石刻、考古发掘物等各种历史上存留的遗物，以及延续到现当代仍然在使用的生产、生活、文化、艺术中的实用物品。遗迹、遗物的静态展示可以通过在有特殊民族文化现象的地区和保留古代丰富遗迹、遗物的地方，兴建博物馆、陈列馆、文化生态保护区、古遗址展区、模型，让这些文献中枯燥的文化现象通过具体生动的实物展示成为直观的历史文化记忆，例如纳西族的东巴祀神场、东巴祭署场等。

　　显性信息记录是已经通过编码被完整、准确表达出的知识，其形式有书籍、资料、档案等。相对于隐性信息而言，大量可以高效管理显性信息资源的手段已经产生，如信息收集、组织、存储、检索、利用等，因此转换成为显性的信息记录、发挥其组织内部资源的应有作用就成为隐性信息直接展示的主要手段。显性化后的隐性信息也仅仅是传递出来的隐性信息的一部分，而大量的隐性信息经过社会化过程后，只是成为其他人的隐性信息，无法实现显性化，因此以直接的显性记录来展示民族文献遗产的隐性信息就成为必要的转化提取形式。

第七章

民族文献遗产隐性信息保护策略

建立民族文献遗产隐性信息资源的保护机制，需要在揭示、转换、提取民族文献遗产隐性信息的基础上，利用传统手段和现代信息技术对民族文献中的隐性信息进行概念关联，形成共享的信息数据仓库。构建民族文献隐性信息的保护机制需要普通信息资源转换的基本条件，如组织机构、软件工具和系统平台、标准和关键技术等，还要满足少数民族传统文化信息资源转换的特殊条件，如传承人员、民族文化生态环境等。民族文献遗产隐性信息具体的组织措施包括建立隐性信息研究基地、建设长久保存隐性信息的数据仓库、健全隐性信息的收集共享机制、改善隐性信息传承人员的文化生态环境、创新隐性信息传播途径等。

第一节　民族文献遗产隐性信息保护的原则

民族文献遗产隐性信息的保护实践必须以一定的、适宜的保护原则理念为指导，由此，才能使保护措施不偏离正确的轨道，为具体的保护手段提供规范、统一的方向性观念保障。在保护的过程中应该坚持以人为本、原真性、整体性、创新性和可读性的原则。

以人为本的原则有两重意义：一是必须关注和尊重民族文献创造人、传承人等信息表达主体的现实需求。这是因为，追求经济发展和幸福生活，是人类天然正当的合理要求，不然便违反了人性。保护遗产决不能以妨碍社会的整体发展、降低人的生活质量为条件，否则就是本末倒置的行为。二是必须坚持只有特定民族群体的人才是本民族文献遗产保护的不可替代的能动主体，相信他们的聪明智慧和守护本民族文化的责任感。民族文献遗产隐性信息的全部生机活力，实际都存在于孕育、培养它的民族社区、民众之中——在精神和情感上他们之间是结为一体的。特定的社区族群，作为民族文献遗产的创造、享用和传承主体，决不会在满足经济物质生活需求的时候，忘记自己的传统文化。因为那是他们的精神之根，他们一定会想方设法积极参与，在困境中努力寻求两全，找到有效保护和弘扬之策；反过来，也只有依靠这些民族文献的真正主人，"保护"才能有可靠的主体保障——他们最知道保护对象的历史变迁和发展需求。

民族文献遗产隐性信息保护中的原真性就是要保护原生的、本来的、真实的历史原物，保护它所遗存的全部历史文化信息。从民族文化多样性与遗产多样性角度来理解民族文献遗产中隐性信息原真性问题，民族文献遗产隐性信息的原真性既包括原初性的遗产要素，也包括与之相关的文化新的可信度与真实性。这些信息包括民族文献遗产的形式与设计、利用与功能、精神与情感以及其他内在因素与外在因素。

民族文献遗产隐性信息的完整性体现在：既包括民族文献遗产隐性信息本身，也涵盖与之密切相关的生存环境；还包括民族文献遗产隐性信息所具有的历史、科学、情感、价值等方面的内涵和民族文献遗产隐性信息形成的要素。民族文献遗产隐性信息的整体性保护，包含从文化项目的整体性角度出发对民族文献遗产隐性信息所拥有的全部内容和形式进行保护；从文化与环境的和谐、稳定、一致的关系入手，将民族文献遗产隐性信息保护与遗产项目所处的生态环境、自然环境、人文环境以及相关历史传统等内容，视为一个有机整体进行保护。民族文献遗产隐性信息保护的整体性原则要求在对某一具体事项进行保护时，不能只顾及该事项本身，而必须连同与它的生命休戚与共的生态环境一起加以保护。一个具有悠久历史的民族（群体），所创造的民族文献遗产的隐性信息是多种多样、丰富多彩的，虽然在具体内涵、形式、功能上有所不同，但它们都是该民族精神情感的衍生物，具有内在的统一性，是同源共生、相通的文化共同体。民族文献遗产的隐性信息正是这样一个需要保护的文化整体。倘若忽略这一原则，在"保护"实践中，只重代表性事项，轻视乃至割弃其他相关事项，也会造成不应有的损失。

民族文献遗产隐性信息保护的可读性原则是指从历史遗留下来的民族文献遗产显性后的隐性信息能够辨识、解读出它的历史信息、演变规律，尤其是内在的精神内涵。民族文献遗产隐性信息的本质基础在于它的精神文化价值，即在于人同民族文化之间的关系。如果只是继承其表面的文化形式，而不能解读其实质内容，所继承和保护的东西就会丧失其真正的历史文化价值，就会人为地使它变成徒有其表的空壳。

民族文献遗产隐性信息保护的创新性原则是因为民族文献遗产是一种生命存在，它就不可避免地在与自然、社会、历史的互动中不断发生变异，因此需要积极的创新，促使保护对象得以应时而变，推陈出新，生生不息。细观民族文献遗产隐性信息产生、发展、繁荣、衰落的生命周期，贯穿其中的正是民族群体对文献的利用关键过程以及过去、现在和未来的创造力。因此，确保民族文献遗产隐性信息的生命力，最关键的是保护和激发它的创新能力。这样，保护才具有了本质性的意义。对于任何生命来说，创新能力都是自我发展的主动力，民族文献遗产隐性信息的保护措施也是需要保护工作人员具有足够的创新性观念，结合现代科技的手段来创新保护途径。

清水江文书相对集中地以家庭或家族为单位被保存下来，特别是其所具有的系统性、完整性、归户性强以及内在脉络清晰等突出特点，确实展现出了不可多得的文献价值和极为重要的学术价值。关于民间文献的收集整理并无现存体例或规范可循而言，根据清水江文书的性质及区域社会独特的历史文化过程，在收集整理清水江文书的过程中，坚持将这些民间文书保留在当地的原则，以维护文书原有的历史脉络、系统性和完整性，保证其在原有社会传统与关系网络背景下的可解读性。

少数民族民间文献遗产的价值，并不仅仅在于文献本身的遗存及文字所载之人物与事件，不同性质和种类的民间文书的产生过程、其在地方社会中所具有的价值、文献文本形式的地方性流变、文书的收藏及传承方式等，无不与其所在地区族群特有的文化传统和社会网络密切关联。作为历史资料，这些民间文书一旦脱离其原有的环境及传承的脉络，特别是在整理研究过程中有意无意将它们与特定的地方网络及实际功能剥离开来，往往就难以真正了解和理解其所反映的社会历史势态。清水江文书隐性信息包括这些文书的产生、收藏并传承至今的事实本身以及各种类型的文书从不同侧面记载或反映出来的历史人物和事件，又往往以不同的方式活在地方社会的历史记忆和传说故事中，所有这些都是民间文书隐性信息解读结合田野调查资料对地方社会文化发展演变一致真切的了解和合理的解释，所不可或缺、不可多得的。因此，在收集、整理、保护清水江文书过程中，坚持文献的整体性、环境原始生态性是维护其文献显性信息与隐性信息完整性最好的行为方式。

在清水江文书初步地收集与整理过程中，文献的综合性与系统性使其基本上都保持了其在不同历史时期未曾中断的某些内在关系，清楚地反映着地方社会的族群互动、经济联系和社会历史现状。在收集、整理和出版清水江文书时，坚持维持民间收藏既有的原则，以期不改变或损害民间文书的系统性及其内在关系的完整性，从而对通过收集、整理和利用民间文书，认识和理解其中隐性文化信息的传统及传承机制有所裨益。尽管清水江文书可能在文本形式上显示出某种"粗陋"，民间收藏方式似乎也零乱无章，但并没有必要、也没有理由人为加以改变。如有一份 1980 年两个生产大队处理山林问题的协议书，被收藏者与其他民间文书保存在一起，也就依旧按照时间顺序编入；再如，有的文书明显是草稿，也按照收藏者原来所做归类进行编目整理。保持民间文书原貌，尊重民间收藏习惯及文书原有的脉络，是理解这些文书的地方性特征和传承机制的关键所在。不仅如此，结合区域社会发展的历程、原有民族的文化生态以及当地比较短暂的汉字书写历史，不难发现其中可能包含了极具地方性的思想意识和历史观念，这对于增加研究者对清水江流域这一特定地域的历史感和文化体验，从而对清水江流域不同人群的活动和社会构成机制及其运作的动态过程做出更富说服力的解释，都有着不可替代的积极意义。

第二节　建立民族文献隐性信息研究基地

民族文献遗产隐性信息的保护需要由组织机构组织实施，通过联系各个收藏民族文献遗产的典藏单位和民间收藏者，依托收藏丰富、研究力量强的单位，聘请有关的研究人员和专家学者来建立民族文献遗产隐性信息资源研究基地为保护民族文献遗产隐性信息提供研究专家方面的学术保障。各少数民族可以针对某一民族文献遗产建立专门研究中心，例如云南省的贝叶文化研究中心、东巴文化研究院等，也可以联合其他少数民族建立综合性的研究基地，比如云南省社会科学院民族研究院以及云南大学、云南民族大学的民族研究院等。

民族文献遗产隐性信息研究基地的主要职责把民族文献遗产作为主要的研究对象，针对其中的显性信息资源和隐性信息资源制定具体的研究方案，以转换、译注、提取、揭示隐性的信息资源为主要任务，以显性化隐性信息为主要目的，以通俗、准确、通行的现代语言文字为记录手段，对民族文献遗产中的隐性信息整理、存储、加工、研究形成少数民族文献信息资源数据库。研究基地的设置就是将民族文献遗产隐性信息显性化，而形成的系列民族文献遗产隐性信息的研究成果则是隐性信息显性化的直接体现。研究人员还要把民族文献遗产隐性信息概念化、具体化和平民化，唯有如此，才能使普通的民族群众和其他研究人员最大限度地获取其中的信息资源，而获取资源首要是对概念的了解和理解，然后才能有效地接受信息。

一提起东巴文献遗产，人们很自然地就和纳西族联系在一起，而贝叶经也几乎成为傣族的文化代表。各个少数民族的文献遗产信息资源是其他民族无法复制、替代的特征性文化资源，其中蕴含着巨大的开发潜能和经济价值、社会价值和文化价值，但是隐藏于其中的隐性信息资源就成为研究基地要解决的重要课题，挖掘、开发、利用这些信息资源，加速其显性化的进程，成为研究基地的长期任务。

目前，云南省文化、民族、广播电视、古籍等工作部门，社科、博物、图书、档案、高校、民族研究等机构及研究学者均有涉及少数民族文献遗产的隐性信息采集、整理、研究工作，并将此类工作内容纳入各自行业范畴进行管理，导致目前大量民族文献遗产隐性信息及口述民族记忆资料散存在不同机构及个人手中，无法实现集中统一保管。如丽江东巴文化研究院录制了 100 多盘东巴诵经的录音资料，摄制了 8 个东巴教仪式录像资料，完成了 29 种东巴教仪式的文字资料整理工作；云南省社会科学院于 1996 年成立无形文化保护与研究中心收录民间有代表性的无形文化传承者的资料；省民间文学集成办公室编辑出版《中国民间故事集成·云南卷》《中国民间歌谣集成·云南卷》《中国谚语集成·云南卷》，收录云南 25 个民族具有代表性口传古籍 2000 余种；省民族古籍办公室编撰出版《云南民族口传非物质文化遗产总目提要》，收录云南 25 个民族流传于民间的 2 万余种口传非物质文化遗产等。针对这种情况，可以通过分类管理、通力合作、整合力量三项措施，逐步构建少数民族文献遗产管理体系，不断丰富少数民族隐性信息及口述记忆资源。一是分类管理，区分不同机构的属性和职能，通过协助建立少数民族文献遗产资料登记册、帮助建章立制、建立重点机构名录、保存隐性信息资料目录、建立跟踪服务机制、提供档案整理服务、创造条件促成资料捐赠、复制或寄存等措施，力争实现口述记忆的安全管理和资源共享。二是通力合作，确切掌握了解其他部门有关少数民族民族文献遗产隐性信息各种采集工作的动向，寻找工作的共同点，力争形成相对稳定的合作关系，发挥各方优势，克服各自资金、技术、人才短板，提升工作效率与水平，不断增加专业收藏、保管、研究少数民族文献遗产的显性信息、隐性信息及记忆资源。例如云南省档案局与云南省民族学会合作开展少数民族文献遗产资料收征集工作，与云南大学民族研究院合作开展口述记忆采集工作，并共享工作成果。三是整合力量，民族文献与民族工作、文化相关部门紧密协作，共同制定和完善少数民族文献遗产信息管理相关标准规范，开展相关理论研究，将隐性信息及口述记忆资料纳入各级综合文献、资料、图书部门的征收范围。

20 世纪以来，彝学作为中国民族学的重要组成部分，伴随着国民的觉醒和国际学术理论的前进而逐渐兴盛起来。从 20 世纪上半叶伊始，中国汉族学者开始运用西方的人类学和社会学理论兴起了对彝族研究的热潮，到 20 世纪下半叶，由于大量彝族学者综合运用多学科知识和理论，加入彝族研究的队伍，彝学研究发生了历史的转型。彝学研究在汉族学者研究视野里的研究领域涉及族源与人种、语言与文字、民间文学、宗教信仰、民俗文化、社会生活、教育等方面，学者们对这些进行描述性的陈述和客位的研究。而到彝族学者进行主位研究的时候，在基本上相同的研究领域采用了不同的研究方式，即从更广泛的文化事象来挖掘本民族的悠久历史传统的文化魅力，借此在主流学术话语中加入了彝族、彝族文化、彝族身份的话语，从而改变了以往的彝学研究的学术话语，逐渐加入了彝族研究自我角度的审视。这种研究范式的转变，不仅使彝学作为一个独立的研究领域得以彰显，而且也推动了当代中国民族学的发展，同时为人类学、民族学的延展提供了不容忽视的经验和意义。彝学研究的历史转型，是在政府主导、知识分子参与、地方势力辅助、民族精英倡导的共同努力下实现的，是在意识形态、学术自觉、民族自为的同构下形成的，是在后现代文化理论、民族文化主义、人类学发展转向的历史背景下建构起来的。正是在这些历史、文化、学术背景下，当代彝学研究发出了自己的声音：彝族学者刘尧汉和“中华彝族文化学派”通过知识考古的方法对彝族远古文明的思考，力图把彝族形象重新建立起来，同时也把彝族身份在中华民族中彰显出来；“巴莫姊妹彝学小组”努力把彝族生活的世界活脱脱地展现在世人面前，她们从彝族的祖灵信仰、经籍文学、口头传统、文化传播与变迁等方面，在彝族文化的原生语境中解读着彝族文化存在的真实意义；国外众多学者参与的国际彝学研讨会，他们的研究涉及彝族文化学、彝族历史学、彝族宗教学、彝族文学、彝族社会学、彝族语言学、彝族天文学、彝族哲学、彝族伦理学等等各个领域。总的来说，彝学研究的历史转型有如下几个内容：（1）以知识考古学方式，来挖掘、整理、翻译和介绍被历史湮没的彝族文化精粹，体现在一系列彝族文化研究丛书的出版和彝族古代诗文论的发现等；（2）以田野作业和田野研究的方法，深入彝区对彝族生活中的各种文化的调查、理解和研究，如巴莫阿依对彝族信仰的调查，巴莫曲布嫫对彝族口头传统的跟踪记录和研究，等等；（3）以文本分析为主，通过梳理彝族古代诗文论的理论来寻觅其背后的彝族生存理念和哲学思想，体现在对彝族诗文论的各种再度阐释中；（4）彝族主位学者的积极参与，充实了彝学研究的势力，再加上他们自行组织成立了各种研究机构和团体，并发行了相应的刊物，丰富了彝学研究的舞台展示；（5）彝学研究的国际交流与对话的趋势明显加强，国外学者对彝学的研究活跃了彝学研究的气氛，彝学研究成果能在很短的时间内进行相互之间的交流，在国际学术背景与国内本土文化和地方性知识的相互参照下，加快了彝学国际化的步伐。彝学在众多彝族学者和国际学者的努力下，已经架构起了彝学发展的学科框架，并形成了自己的特点。

二十年来，彝族文献、彝族文化研究队伍不断壮大，云南省社会科学院楚雄彝文化研究所、中国民族语文翻译局彝文翻译室、中央民族大学彝学研究所、西南民族大学彝学学院、贵州民族学院彝文文献研究所、贵州毕节学院彝文古籍研究所、四川省凉山州美姑县中国彝族毕摩文化研究中心等十多个专门的彝学研究机构，极大地推动了彝族文献、彝学学科、彝族文化研究的繁荣。同时关于彝学研究的学术会议已形成制度化、定期化。滇、川、黔、桂四省区彝文古籍收集整理出版协作会召开了十七次会议，全国彝学学术研讨会已召开了十届，中国彝族母语文学学术研讨会、彝族古文献与传统医药开发国际学术研讨会、中国彝剧国际学术研讨会、中国彝族文化国际学术研讨会、中国彝学信息化学术研讨会、新时代彝学学科建设及高层次人才培养研讨会也分别举办，国际彝学研讨会、国际彝学文献研讨会已召开了多届，彝学研究正逐步走向世界。彝学研究从最早的民族源流、地域分布、社会形态等问题，扩大到政治、经济、军事、文化、法律、宗教、文学、艺术、美术、天文、历法、哲学、科技等领域。

彝学研究中民族史与民族学、人类学、考古学及语言学等多学科研究方法的有效结合，大大推进了彝族文献、彝族文化以及彝学研究的向前发展。

对于水书文献遗产的研究，目前各级部门、各地区成立了由不同行政系统内管理的研究机构。2005 年以来，水书研究机构的相继成立为水书提供了前所未有的研究基地，如贵州民族学院贵州水书文化研究院、黔南州水书抢救领导小组、黔南州水书抢救翻译专家组等。各研究机构与地方政府联手成功举办了"中国三都·水书国际学术研讨会""贵州三都·中国水书第二次国际学术研讨会""水书及南方民族古文字研讨会"等研究交流会议。

第三节　建设保存信息资源数据仓库

要建立有效的民族文献遗产隐性信息资源保存体系，必须建立长久保存少数民族文献遗产隐性信息资源的数据知识仓库，其目的是通过信息资源的数据加工，形成民族文献遗产的信息资源总库。只有在收集一定量信息资源的基础上，才能利用现代信息技术有效进行隐性信息的关联和知识挖掘。民族文献遗产隐性信息资源数据仓库是利用网络及相关技术，依附民族文献遗产隐性信息研究基地而建立的数字化数据仓库。数据仓库是信息资源外部形态的整合，还不能形成一种内容形式的整合，在知识转化过程中分别属于群化、外化、融合方式。它通过民族文献信息研究基地所搜集和整理信息资源，以及保存少数民族特殊人才技能和民族研究人员所产生的科研成果，并将这些资源进行规范、分类、标引后，按照开放标准与相应的互操作协议，允许其他研究机构及其民族成员、研究人员通过互联网来免费获取和使用。隐性信息资源转换过程最重要的环节是信息的内化吸收过程，在此过程中已经显性化后的信息被再次抽象化，通过归纳和提炼使信息被民族成员所掌握、吸收和消化，并升华成为民族成员自身的隐性信息资源。在数据仓库的建立中，少数民族特殊人才技能库的建立应给予高度关注。在我国少数民族中的一些特殊隐性信息和文化技能是掌握在个别少数民族成员中，他们被民族文化研究者称之为这些文化的"活化石"，他们一旦离世，将会出现人亡艺绝的惨况。对这些特殊技能人才，要实行特殊的管理方式，由政府和相应的科研机构出资，由研究基地采用现代技术设备抢救性地记录这些智力型资源，使这些濒临灭绝的智力型信息转换成可保存的信息资源。通过对民族文献遗产隐性信息资源组织，动态地调整民族文献文化信息人才数据库，依据知识挖掘技术自动处理数据库中大量的原始数据，从中挖掘、抽取出必然、有价值的知识元。即对少数民族特殊人才技能的隐性信息挖掘，然后系统对这些知识元进行关联、对比、评价，形成数据仓库，使少数民族特殊人才技能中的隐性信息显性化。隐性信息在显性、吸收、转换、消化的过程中，将研究人员、传承人员的经验、技能、工艺统一在通用、开放的平台中，并为更多数量的民族成员和研究人员所共享。

数据仓库的建设过程是通过隐性信息资源的融合，用各种显性化语言或符号将各种相关显性化概念进行组合、整理和系统化处理后，把记录了民族文献遗产隐性信息资源的数据、文字、图片、音像资料，通过筛选、规范、分类、标引并数字化而建成可供查询的数字文档，按照开放标准与相应的互操作协议，而后通过各种途径的广泛传播可以使得更多的受众了解民族文献遗产的隐性信息资源及其所体现的文化内涵，通过网络的远程传输可以使信息资源的覆盖范围到达全世界。中国社会科学院民族学与人类学研究所、中国社会科学院民族文学研究所、中国国家数字图书馆、云南大学图书馆、云南省社会科学院图书馆、中央民族大学图书馆、中国民族图书馆、内蒙古民族大学图书馆等收藏研究机构分别根据自己的研究特色、区位优势和历史收藏建立了包括各种民族文献信息资源在内的民族文献数据库，为研究人员的研究工作提供了便利。很多研究机构的民族文献目录已经在网络上公开，读者可以检索到民族文献目录，需要查看文献全文还可以通过远程推送实现借阅服务。同时，在互联网上还有大量的介绍一个或多个民族文化和民族研究信息的网站。一些商业数据库中也有大量的少数民族文献遗产中传统文化研究的信息资料。但由于这些数据库、网站是使用不同的硬件系统、平台与软件建设的各自独立的数据源，并没有形成一个完整的知识仓储体系，所以其知识转换形式仍是一种由民族文献显性知识向显性知识的转换。

以联合目录为基础可以建立水书文献书目控制系统。联合目录是提示、报道水书文献收藏单位所藏水书文献的目录。计算机、通信技术、互联网技术的日益普及为水书文献联合目录实现统一标准、数据交换、集中排序方面提供了可能性和可行性。联合目录的建立使得所有收藏单位的水书文献的种类、公开出版物、非公开出版物及非书籍资料的数量、分布状况、收藏现状、存在问题一目了然，为书目动态控制系统的建设提供了基础保障，为建立水书文献书目信息系统奠定基础。水书文献书目控制系统包括：（1）"中国水族水书文献遗产数据库"。主要内容应包括原版水书文献、地方文献关于水书的记载等。如《贵州通志》（康熙）、《荔波县志稿》（清咸丰五年）、《三合县志略·民族条》（1935 年石印本）等都记载有水书的相关信息，这些文献弥足珍贵具有很高的历史资料价值，是最珍贵的历史遗产。（2）"现当代水书文献责任者数据库"。通过《社科新书目》和《科技新书目》及时了解作家、专家、学者；水族籍专家、学者、知名人士最新的研究成果并予以收藏。如收藏以潘一志、王品魁、潘朝霖、韦宗林、罗春寒、石国义、韦章炳等为代表的水族、民族学专家学者发表的最新专著、译著、论文等。

清水江文书数据仓库要成为一个通用的、可共享的数字资源，有专家对构建清水江文书数据库提出了具体的实施标准、规范，对清水江文书的收集范围、资源描述、知识组织体系描述、标识符体系和管理机制等描述标准进行了系统研究。

一　清水江文书数据仓库的收集范围

锦屏、黎平等县档案馆已经收藏进馆的约 4.1 万份契约文书是建设清水江文书数据库的主要资料来源，另外，清水江文书资料汇编出版物也是数据库的资料来源之一。由学术界整理出版的清水江文书资料有：2003 年日本唐立等主编的《贵州苗族林业契约文书汇编（1736—1950 年）》1—3 卷，收录了锦屏县文斗和平鳌两个苗寨的契约、文书 853 份；2007 年中山大学张应强和锦屏县王宗勋主编的《清水江文书》第 1 辑 1—13 册，收录了锦屏县加池寨和文斗寨的契约、文书 5000 余份；2008 年西南政法大学陈金全、杜万华主编的《贵州文斗寨苗族契约法律文书汇编——姜元泽家藏契约、文书》，该书收录了锦屏县文斗寨苗族村民姜元泽家藏契约、文书 644 份。其中《清水江文书》是根据锦屏县档案馆馆藏契约文书的复印件编辑出版的，其余两种资料汇编则是编者亲自到苗侗民间调查的成果，因而也是数据库的重要录入资料。

清水江文书数据库可以设计为 3 个基本子库：契约文书子库；家谱子库；论文、论著子库。契约文书子库主要录入锦屏、黎平、三穗、天柱、剑河 5 县档案馆馆藏的 4.1 万份契约文书，以及已出版的资料汇编中档案馆未收藏的部分。在契约文书一级子库之下再按县为单位设置 5 个二级子库，县之下再以村为单位设置三级子库，村之下再按户名设置四级子库。各级子库层层链接，方便读者查阅。

家谱库主要录入黔东南州民国时期及以前的家谱。黔东南州各县档案馆已经收集了一些家谱，由于民间蕴藏的家谱还很丰富，应广泛收集。家谱对于研究社会经济史有重要参考价值，其本身也属于清水江文书的范畴。特别是以家族为个案进行契约文书研究时，对家谱的参考就显得尤为必要，家谱可以看作清水江文书隐性信息的重要组成部分，是清水江文书生态环境的重要信息来源。如文斗寨《姜氏家谱》中其先祖对明清时期文斗寨社会与自然生态的描述就常被研究林业契约文书的学者引用。黔东南最具特色的一部家谱当属《龙氏迪光录》，虽列入家谱而体例与方志相同。它不仅记述了亮寨长官司长官龙氏家族在宋元明清的历史，而且还详细记载了清代亮寨长官司的基层行政、地理位置、物产、民风民俗和所辖各个村寨的人丁、田亩、赋税等内容，也是研究清水江文书社会环境的重要信息来源。论文、论著子库主要收集与清水江文书研究相关的理论成果。研究清水江文书的国内外学者主要有唐立、杨有赓、武内房司、罗洪洋、张应强、徐晓光、梁聪等，以及本土学者单洪根、王宗勋等。把他们的成果录入数据库，集中为学术研究提供参考，将有助于清水江文书研究水平的提高，从而扩大清水江文书研究的学术影响。

二　清水江文书数据库建设平台选择

通用并符合标准的建库平台，是建设高质量数据仓库的重要保障之一。建库首先要对平台软件进行选择，清水江文书数据仓库建设的软件平台应是一个通用和成熟的管理平台。为避免各县档案馆重复进行清水江文书数字化工作，平台应具有设置不同的管理和使用权限的功能。考虑到清水江文书资源、管理和使用的特殊性，并考察目前国内的数据库建设平台，在建库时，可以选择清华同方知网技术有限公司 TPIV60 信息资源建设管理平台作为清水江文书数据库建设平台。TPIV60 是一个基于网络平台上用于知识仓库创建、生产、管理、维护和发布的工具软件系统，该系统是基于非结构化文档管理而开发的大型智能内容管理系统，KBASE 服务是系统平台的核心模块，支持 C/S，B/S 模式。同时它具有管理文字、图片、多媒体信息，提供全文检索服务，支持网页的动态发布，提供了一套完整的包括全文检索服务器程序、内容管理与发布、数据转换、元数据加工、电子文档加工的数据库建设功能。系统平台可实现对清水江文书数字资源建设、使用成员单位的管理权限配置、实现分布式数据收割等功能。

三　清水江文书描述元数据规范及著录标准

元数据即数据的数据。描述型元数据，是指用来描述和识别信息资源的元数据，即是用于描述或识别对象内容和外观特征，对数据单元进行详细、全面的著录描述，数据元素包括内容、载体、位置与获取方式、制作与利用方法。由于描述对象的千差万别，国家现行的描述型元数据规范有很多，如图书、期刊、古籍、网络资源，甚至还有家谱、地图、拓片等描述元数据规范，但没有描述契约文书元数据规范。构建清水江文书数据库需拟定相应资源的元数据标准及著录规范。清水江文书数据库建设研究小组根据《我国数字图书馆标准规范研究》的成果以及清水江文书表现出的特有属性，拟定了《清水江文书数字对象描述元数据及著录规范》。

（一）清水江文书题名拟定规范

元数据著录，第一项就是对契约文书的题名进行著录。清水江文书除一些官府文告外，契约文书基本是无题名的，要对其进行资源描述，就需要对文书的题名进行拟定。为了使拟定出的题名简洁，并符合使用习惯，研究小组根据清水江文书的特征，题名拟定是按照"契约文书主体+契约文书类别+契约文书签订时间"进行的。从浏览到的清水江文书来看，契约文书虽没有题名，但每一份契约的契首都简要交代了立契人及立契的原因。把契约文书主体在题名中进行体现，是基于契约文书的特殊性要求。契约文书中，契约的签订是围绕着契约人的私权进行，立契人是契约文书的主体，在题名中体现符合使用和查找习惯；立契的原因可辨别出契约的类别。契约文书的类别主要有买卖契、佃山契、分合同、拨约字、分关合同、过继契、清白字等，把类别作为拟定题名的主要依据，有助于对契约文书的判断；契约文书签订时间是契约文书的重要内容，也是契约文书合法性的一个重要依据。清水江文书中的绝大部分是山林买卖契约，契约约定时间较长，同时还会出现与某一份契约延续和配套的相关契约。把契约签订时间在题名中体现，既能清晰地辨别与之相关的契约，也符合人们对契约文书的使用习惯。

（二）元数据责任人著录规范

立契人是契约文书的主要责任人，并进行元数据著录，符合数字对象描述的元数据著录规范。在清水江文书数据库元数据著录规范中，把"凭中"作为责任人之一，是根据契约文书的特点进行著录的。契约的签订，必有中人，称为"凭中"。清水江流域，民间中的林木交易以及不动产交易、家产分割、缔结婚约等契约签订时一定有中人参加，并在他们的介绍、参与下，当事者商定契约的内容、确认各自的意思并写下契据、文书。在契约文书签订中，中人有不可替代的作用，在交易双方中起中介作用，包括寻觅适当的交易伙伴，参与议定价格，监督和证明契、价的两相交付以及不动产中的临场踏清界址等内容。被选着中人的人在家族中是有一定的地位和声望，买卖双方都信任，并且大部分中人在契约签订过程中分取一定的担保金。所以在拟定的元数据著录规范中，把"凭中"作为责任人著录，并提供检索，有其特殊的意义。

（三）元数据契约文书时间著录规范

契约文书的最后都要书明时间，清水江文书所标注时间是使用年号纪年或农历时间。契约时间在文书中起重要的作用，清水江文书中的契约既是长期有效契约同时又有时间段的限制。例如在《卖杉木契》中，就标注木质长大售卖后，土地要归还原主。像这样一类的契约，时间就有一定的约束力，所以立契时间是契约文书中的重要项，在元数据著录规范中规定立契时间采用照录原则。同时设立公元日期对应参照，并作为查阅项。

（四）元数据附注项的著录规范

对于附注项的著录原则是，凡契约文书需要说明的都加以说明。例如缺字附注项著录标准的设定，标准为"对记录和描述的文书所缺文字的描述"，在实际著录中采用：对每一份具体文书中的文字在文书起到关键作用，并且缺省的加以附注；对于虫蛀、残缺等文书损坏，无法完整扫描，又明确知道所缺文字的部位进行著录时加以附注。

（五）元数据收藏历史和馆藏信息的著录规范

清水江文书有别于其他文献，清水江文书既是古籍文献，同时清水江契约文书中的一部分到现在还发挥着确认林地产权的功能。在民间，契约中山林土地的最后拥有人，其子孙可作为山林土地承包首选人、林木所有权人等，在当下仍然具有合法性，所以契约文书的收藏沿革和归户性就显得尤为重要。在元数据著录规范中，明确著录契约文的收藏沿革、获得方式、购买价格，同时著录从何处对原件进行扫描。对馆藏信息的著录规范，著录原件现收藏地、馆藏号或收藏农户姓名。

四　清水江文书导航问题

清水江文书数据库要建成一个通用的，可供查询和浏览的数据库，需要对其进行知识体系的描述，即设立文献导航和检索标识。数据库导航的设立，同样需要考虑到清水江文书的特性。清水江文书数据库导航的设置是从数据的外部特征和数据的内容特征两方面进行。

（一）设置清水江文书的归户导航

清水江文书是特定地域产生的文书，在数百年历史长河中，由家族完整地保存和传承下来，并且有一部分文书在当下还起到辨析私产的作用。所以在对文书设立分类导航时，考虑到清水江文书的特殊属性，采用的第1个导航分类标准，是根据其外部特征建立的归户性导航标准。归户性导航分类标准的设定采用文书所属县、乡镇、自然村及归户4级分类原则。

（二）设置清水江文书的种类导航

清水江文书数据库设置的第2个导航是根据其内容特征建立的分类导航。在清水江文书中，民间契约主要有买卖契约、佃山契约、分合同契约、典当借贷契、拨约字合同、分关合同、过继契约、婚姻契约、清白字合同、乡规民约。官府文书主要有政府军队告示、土地执照与赋税文书、诉讼禀稿、判辞、民间纠纷调解；军队、团练的委札、功牌；保甲、户籍等。清水江文书以田土山林买卖和租佃契约为主，因而对经济类文书的分类设置导航是其重点。由于经济类文书主要体现的是封建社会生产关系，因而应该首先按生产关系性质来分类。按生产关系性质对文书进行分类之后，再按生产活动内容进行二级分类。在对清水江文书进行整理中发现，在清水江契约中如土地买卖、婚姻、过继和财产分析等契约受汉文化的影响，与内地各类契约无本质不同，但清水江契约中的《拨约字合同》有其特殊性，其中可以看到，有的《拨约字合同》与买卖契约无异，有的就是一个互换土地书，有的拨出土地既没有写明银价也没有对方给立约人所拨财产记录，所以把《拨约字合同》单列为一类；对于很多研究学者在他们的研究中列出的《分关合同》实际就是分家文书中的一种，所以把这一类文书设置在《宗族与婚姻文书》类下的分家文书类；清水江文书中的《清白字合同》是为解决因山林、土地等纠纷的诉讼当事人双方而制作的《了断》合意文书，在签订时，为了以示郑重，还有一定的仪式。从对文书类分的角度《清白字合同》，既可以入乡规民约，又可以入民间信仰与习俗。对这样可入多类的文书，采用归入《其他》类。这样把清水江文书区分为 11 个大类，并在大类下根据各契约文书的等级关系，区分出小类，在每一个小类下，列出数据条数。

清水江文书数据库要建设成为一个通用和分布式管理的数据库，需要解决存在的诸多问题。如对管理平台的管理和数据信息的发布，需要研究通用的中文管理元数据和技术元数据才能保证清水江文书信息资源的共享与交换。要准确地标引和著录每一份文书信息，需要研究和了解文献隐性信息、民族文化、历史史料。要使数据库拥有一定量的数据信息，需要解决现行的清水江文书管理方式并不断增加数据量。要能有效地进行共建共享数据库，还需要对数据库的兼容性和互操作进行研究，同时还涉及数据更新和后期的维护问题研究等。

第四节　健全隐性信息收集共享机制

民族文献遗产的隐性信息由于多种原因难以实现共享互通，例如传承人员多生活在乡间，对外界了解甚少，隐性信息传播空间狭窄；民族传统文化受外来文化冲击，年轻民族成员不愿花费过多的时间和精力去接受和理解民族文献遗产；受民族风俗习惯和价值观的影响，传承人员的智慧和技能一般秘不外宣，不愿为外人所知晓，甚至在本民族中也不广泛传播。要打破限制民族文献遗产隐性信息资源的各种桎梏，实现其多方收集、信息共享、充分利用的目的，必须建立适合民族文献遗产隐性信息的收集共享机制。

为促进民族文献遗产隐性信息资源的共享，有效地进行信息资源的转换，必须创造一种收集共享机制，使民族成员能积极贡献自己的智慧和技能。首先，应该建立民族文献遗产信息共享平台，使每一个民族成员和团体都能清楚地看到本民族和团体有哪些文献信息资源，哪些民族成员贡献了哪些文献信息资源。同时民族文献研究基地向国家和地方政府申请部分资金用于对这些民族成员提供的文化信息和技能进行奖励；其次，民族文献研究基地要帮助持有少数民族文献遗产隐性信息知识的民族成员、团体申请传统文化知识产权，以获得传统文化知识产权的保护。

各民族文献遗产收藏单位、研究基地要根据自己所处地理地域、民族文化、生态环境的隐性信息资源的内外特征来构建自身民族文献资源收集共享的机制，通过多层面、多渠道、多手段、多角度的征集、整理、存储、传播、输送民族文献遗产信息的研究成果，从更宽的范围、更广的角度构建起内容上具有地域性、民族性、宽泛性、分散性，载体上具有独特性、多样性的民族文献遗产信息资源体系。在民族文献信息资源的馆藏结构上，形成纸质、图片、音频、视频、实物、数据库等多元有机结合的混合型民族文献遗产信息资源的特色收藏。

各民族文献遗产收藏单位、研究基地要加强信息资源管理力度，全面整合各类信息资源，促进信息资源总量增加、质量提高、结构优化；加强多形式、多层次共享平台建设，推进服务机制创新，促进公开信息资源广泛利用和深度开发，推进控制使用信息资源在规定范围内合理使用。借助前沿的信息化技术手段，利用数字图像处理、计算机图形学、多媒体技术、传感器技术、虚拟博物馆、数字图书馆等多种信息技术成果，设置学术研究的虚拟信息化平台，处于不同地域的专家学者登录后，可以聚集在同一个学术研究频道内，选择特定对象进行研究和远程交流，实现信息资源的远程共享。

云南省档案部门建立的少数民族口述记忆数据库就是利用数字存储、多媒体等技术，将各民族的语言、风俗习惯、音乐、舞蹈、歌曲、传说故事等内容用数字化的形式进行保存，其目的是保存少数民族的口述技艺，同时也使其中的民族文献的隐性信息得到很好的保护和传承。在建库时要始终把社会公众的需求及档案的珍贵程度放在首位，在内容地选取上除考虑其全面性外，要尽量选取当前最需保护、最受社会公众欢迎的文化信息。此外，应确保数据的规范，保证文化信息数据库与其他数据库的转换、互联和互访。民族文献隐性信息数据仓库的建立，优化和丰富了馆藏民族资源，也为公众提供更加鲜活地、多维地了解少数民族历史文化的全新视角，还应该积极创新民族文献隐性信息的利用模式，通过向社会公布可以公开的访谈内容，举办文献展览、开展编研、制作专题片、提供网上查阅等方式，活化民族文献隐性信息的利用价值，推动民族文化的传承与延续。

云南省档案部门在建立少数民族口述记忆数据库的过程中，大部分的工作手段可以为云南省民族文献遗产的隐性信息收集共享服务。下面以其中与民族文献隐性信息有关的工作过程进行分析。

一　确定民族文献遗产隐性信息的征集线索和访谈对象

坚持以民族为单元、以人物为核心开展民族文献遗产隐性信息的征集和访谈工作。通过查看地方史志、文史资料、公开出版资料、少数民族工作及研究相关刊物、地方报纸、民族工作回忆录和馆藏档案等，征询民族、宗教、文化工作等工作部门及民族学会等机构及有关专家意见，了解掌握少数民族重大事件、重大活动、主要文化习俗等情况，从中寻找少数民族中的重要人物、重大事件经历者、重要学者、典型民族文化传承者和文献资料保存者的有关信息，并筛选确定征集内容和访谈对象。云南省档案局主要围绕以下内容采集民族文献遗产隐性信息的口述资料：少数民族历史文献遗产隐性信息资料，即土司、毕摩、东巴、僧人、巫师、长老、民间艺人等掌握传承的反映少数民族社会历史发展情况的民族文献遗产隐性信息资料，其内容涉及民族迁徙发展、家族世系源流、民族地方政权设置、官员的历任状况、功勋业绩、配偶子女情况以及少数民族生产生活状况等；少数民族文艺文献遗产隐性信息资料，即少数民族的诗歌、神话、民间传说、谚语格言、散文小说和文艺理论等文化艺术作品；少数民族科技文献遗产隐性信息资料，即少数民族天文、地理、医学、建筑、农牧业生产及工艺等资料；少数民族宗教文献遗产隐性信息资料，即经文等；少数民族伦理道德文献遗产隐性信息资料，即少数民族伦理思想和道德规范等；少数民族民俗文献遗产隐性信息资料，即祭师或长老熟知和掌握的少数民族节日风俗、婚庆典礼、丧葬礼仪等内容。

二　实施民族文献遗产隐性信息资料征集

民族文献遗产隐性信息资料征集有捐赠、征购、复制等方式，主要以无偿捐赠为主。在难度较大的征集工作中，聘请当地少数民族中具有较高威望的人士担任顾问，共同开展征集工作，解决难题；对于少数民族研究专家学者，往往较多考虑其在研究领域内的资料独有性，一般不会支持档案捐赠工作，通过派人帮助整理档案资料、建立重点档案登记册的方式，将其所保存的档案资料纳入规范管理，待时机具备时再实施征集；对于成功捐赠档案的人士，采取加强新闻宣传、举办捐赠仪式、捐赠档案人士联谊会、座谈会等方式宣传捐赠档案行为，进一步扩大影响，争取广泛支持；对于部分不可能捐赠或征购的民族文献及其隐性信息相关资料，使用制作记录文献原貌的复制件等现代技术手段解决部分文献实体无法征集的问题。

三　实施少数民族民族文献遗产隐性信息访谈

首先，制订访谈工作计划。访谈计划包括：访谈内容、项目成员、项目进度安排、经费预算、受访对象、授权书的制订等。其次，准备访谈提纲。由具体访谈人员在搜集掌握少数民族相关知识和地方历史文化以及访谈对象详细情况、必要背景、生活环境等信息的基础上，为每一类受访者制订兼具共性和个性的访谈提纲。例如对于少数民族文化掌握者主要以其亲身经历来阐述分析自身所传承的民族文献遗产隐性文化信息（如文化传承的过程、传承方式、传承原因等），同时注重将个人所处不同时期社会各个方面的历史穿插在采访中，并针对每个人的不同经历追问不同的细节，以采集到更多的内容。在实施访谈时，同时对其所掌握隐性文化信息内容进行直接录制，收集本人的个人档案资料及其保存的少数民族文献资料。此外对于已故的人，主要侧重对其相关资料的收集，可以对其亲属、朋友、徒弟等熟悉情况的人进行具体访谈。再次，积极争取支持，密切联系当地档案、文化部门，并取得当地政府以及民族工作部门的支持，解决好访谈向导、翻译及交通、食宿等问题。尽快适应当地文化习俗，争取得到群众认同。最后是注意访谈技巧。从具体实施口述访谈的情况来看，少数民族访谈技巧应注意四方面：大多数少数民族受访者因生活环境的局限性，受文化水平、语言习惯、思维方式等因素影响，表达难以流畅，访谈者必须逐步启发受访人，在受访者思路中断时，给予巧妙的提示，或者以其他民族的类似情况予以启发；对于受访者可能敏感的问题，应采取合理的方式进行提问，引导受访者自主讲述；受访人一般能够讲述传统习俗或者传统的过程，但未深入思考该传统文化形成和存在的原因，采访者应进行深度挖掘，准备好多角度的设问；访谈内容涉及少数民族歌舞以及技艺等时，应让受访人边示范边讲解其中的技巧、方法，将各个动作和手法有步骤地进行分解，并对其生成缘由及其背后的历史文化进行深入阐述。

四　整理归档口述记忆

对于征集到的民族文献遗产隐性文化信息资料按常规少数民族档案资

料进行分类整理。访谈资料的整理包括忠实完整的文字转录，音频、视频资料的格式转换，照片筛选和撰写文字说明，受访人签署相关协议书，明确访谈内容的公开范围、期限及使用，相关资料收集，数据库导入等步骤。一份完整的访谈资料共包含访谈计划，访谈提纲，事件或受访者背景资料，访谈原始录音、视频、照片资料，访谈录入稿，报纸杂志广播电视相关报道，受访人对文字转录稿的意见，受访人授权协议书，访谈时间、地点等文字说明，现场笔记，征集到的与受访人或事件有关的档案资料，访谈工作总结等内容。

水书文献遗产在资料征集、信息共享等方面也实施了比较成熟的工作流程。这些做法可以为其他类别的民族文献遗产及其隐性信息资料提供征集方式、数据库建设等方面的经验。

五　建立水书文献书目征集系统

水书文献遗产因其民族性、地域性、原生性和历史悠久性以及水书古籍生产、发行、传播的局限性、特殊性，载体形式的多样性决定了水书在收藏所有权上存在很大的分散性。尽管当地的图书馆、档案馆、民族研究机构、古籍办、史志办、地方高校等在水书文献挖掘、整理、保护上做了大量的工作，但因文献资源管理过程中各部门分割、行政壁垒、责任不明等也阻碍了水书文献资源征集的连续性、系统性，抑制了水书文献在公共建设、公共服务体系发展的作用。因此有必要建立一个有整套征集系统和科学管理制度作保障的水书文献书目管理中心，以有组织、有计划地整理水书文献遗产，使所有收藏机构之间对水书文献的保存情况做到"心中有数"，从而达到互通有无、查缺补漏，共同肩负起水书文献资源的收集、保存工作。此时，建立水书文献书目动态控制系统是目前水书文献系统性征集的有效手段。

六　成立水书文献征集委员会

组建以地方民众高校为主体的水书文献征集委员会。地方民族文化与教育研究紧密联系是民族地区高校办学最为显著的一个特点。民族地区高校在特色办学的进程中拥有丰富的民族文献资源、人力资源、现代化的技术手段和高级人才，为地方民族文化遗产的普查与申报、传承和弘扬、保护与利用等方面提供了有利条件。因此民族地区高校成为水书文献书目动态控制系统管理的中心枢纽，具有研究上的优势条件。确定以民族地区高校民族研究基地为中心，成立以地方政府、图书馆、档案馆、高校等部门组成的联合专家组，组织协调开展水书文献书目的系统征集工作。

七 建立水书文献的征集系统

水书文献社会收藏面广、出版单位多，虽然征订书目和联合目录掌握了新版和已收藏的水书文献信息，而非公开出版物、非书籍资料的水书文献隐性信息资料的获取难度大。水书文献征集委员会的成立为征集隐性信息资料提供了可能性和可行性。可以通过法定关系（如建立地方文献呈缴本制度）、协议关系（如建立单位与个人收藏之间的文献或信息交换关系）、默契关系（如建立在友好关系上的相互协作关系进行水书文献的征集），构成特定领域内的社会征集网络，对随时产生的水书文献信息实行有效的控制。

八 建立水书文献信息资源编目系统

省、市、县各级地方特色民族文化网站的建立，报纸杂志、电视台的专题报道，为水书文献信息资源的建设展示了另一扇窗口。如贵州省"贵州非物质文化网"（http：//www.gzfwz.com/）、三都水族自治县民族研究所的"三都水族网"（http：//www.sdszw.com/）等。《新华每日电讯》《人民日报》《参考消息》《中国档案报》《中国民族报》《中国青年报》《贵州日报》《贵州都市报》《北京日报》以及中央电视台《走近科学》等关于水族水书文化都进行了相关专题、专栏报道等。要充分利用这些网站、报纸杂志、广播电视等报道和信息资源，使之变成永久使用的稳定性的系统文献资源。并使用标准通用置标语言，统一资源名称，对水书文献资源进行网上编目，走实体馆藏与虚拟馆藏并存之路，使之形成具有完整性、系统性、适用性、针对性的水书实体文献与水书虚拟文献资源共存的收藏格局。

水书动态信息资源编目系统的维护与管理体现在两个方面：水书文献书目信息系统管理（书目信息系统包括联合基础目录、待征文献目录、文献订购目录和财产目录四个方面）；社会信息网络的维护（与有关单位或个人的信息交流关系一旦建立，马上要将有关信息归入联系文档之中）。其主要内容包括单位名称、单位性质、文献形式、地址、联系方式、联系周期，以及建立联系的时间和备注等项目。只有这样，才能保证水书文献资源书目动态控制系统的正常运转，实现水书文献真正意义上的系统征集，从而达到水书文献资源收藏的共建、共知、共享的目的。

第五节　改善传承人员文化生态环境

改善原生态传承人员的文化生态环境对于保护民族文献遗产的隐性信息具有深刻影响和重要意义。民族文献遗产中的文化信息资源以及社会生态环境中的民族文化现象、文化技能掌握在少数民族知识分子、特定人员的理解记忆中，这些传承人员是民族文献遗产的隐性信息资源组织解读的关键因素。民族文献遗产蕴含的丰富民族文化信息来源民族群众生活的自然环境和社会文化环境中，体现出民族所具有的鲜明文化特征。改善传承人员的文化生态环境可以通过从各方面扶持培养传承人员、多途径完善开发传承途径、强化拓宽民族文献的母语环境、发掘隐性信息中的文化内涵、综合整体保护隐性信息的生态环境等措施来实现。

一　扶持培养传承人员

政策法规对转换提取民族文献遗产中隐性信息资源的支持是传承人员开展民族文献遗产隐性信息资源保护传承的合法保证。因为民族文献遗产在历史传统上多用于宗教仪式中，文献内容所反映的文化信息如被认为是封建遗留糟粕，就会从根本上排斥文献遗产隐性信息的传承发展。目前，国家、省、市、县四级政府部门已经建立了文化遗产传承人命名制度和传承人管理办法，对各类文化遗产的传承实行传承人命名制度，这种制度需要在更多的省市县和更多的民族地区推广实行，而且对于掌握民族文献遗产的传承人同样需要建立这种制度。传承人命名制度的健全确保民族文献遗产传承人的身份与地位得到国家和政府的确定，并配套制定相关的政策，从国家和政府角度使民族文献遗产传承人成为一种令人羡慕、受人尊重的职业，鼓励更多民族文献遗产信息的传承人成为民族民间文化传承人，为优秀民族传统文化的传承发展创造良好的政治与政策平台。

建立民族文献遗产传承人补贴制度，让传承人的传承活动和生活保障无后顾之忧。掌握较多文献隐性信息内容的传承人员大多年事已高，在基本的生活温饱都难以保证的前提下，很难专心从事文献遗产的传承保护。

国家和各级政府应发挥在公共文化事业中的主导职能，解决民族文献遗产传承人经济贫乏、生活困顿、家庭贫穷的艰难境地，从各级财政预算中划拨出专门的经费，分别对各自命名的文化传承人给予一定的经济补助，或给予最低生活保障。

做好年轻一代传承人的培养，使整个民族文献遗产的信息传承永续进行。解困民族文献遗产信息内容传承人老化断代、大量优秀民族文献遗产记录内容和隐性信息传承无人、不断消亡的关键是有计划、不间断地选拔、培养年轻的传承人，让年老者以老带新、言传身教地把自己所掌握的精华传给年轻人，年轻人承接下了老一代传承人的精华内容后，并进行再传承、再创造、再生产。这个过程因受生活环境和文化背景的制约而具有强制性和模式化要求，最终形成文化的传承机制，使民族文献中的隐性信息在传承过程中表现出稳定性、完整性、延续性等特征。这样经过一代接一代的努力，才有可能实现民族文献隐性信息的永续传承与发展。

二　完善开发传承途径

传统上传承对象多是师徒或父子在长期的共同生产、生活和各种仪式活动中传教的，一般并不外传。保守的传承对象在一定程度上制约了文献隐性信息的公开，限制了文献信息的传播，因此开放扩大传承对象是传承保护文献信息的必由之路。历史上的传承方式多以口传面授为主，多是师徒或父子在长期的共同生产、生活和各种仪式活动中传教的，此时的文献隐性信息多是伴随着特定的仪式活动而存在的。

在日常交际或仪式实践活动中耳闻目睹、耳濡目染、潜移默化习得隐性信息是传承保护民族文献遗产内容的重要途径。东巴文献遗产在传承过程中，对学生进行东巴文献遗产的文化传授采用了传统的东巴培养方法，对学生的性别、年龄、学历等不做限制。老一辈东巴传承人教授过程中让学生读、写、诵东巴文献，读经不凭借注音符号，也不用现代录音工具，要求学生对所学东巴经能写、能读、能诵，所学东巴经按仪式逐一学习。在教授东巴文献内容中记载仪式的过程中，东巴要传授该仪式所要遵循的规程和仪式中所需的各种祭品，以及制作面偶、绘制木牌的相关知识。学完一些仪式之后，学生要不定期返回乡村，感受社区传统的生活环境，并且要主动参加一些具有传统性质的文化活动。需要东巴主持活动时，就要把学到的东巴技艺展示出来，在学以致用、巩固知识、提高实践能力的同时，也会觉察自己技艺的薄弱之处，并且激发周围村民热爱民族传统文化的热情。让文献遗产中的文化隐性信息渗透入学生的日常生活、学习、实践中，是完善传承途径的必由之路。

在东巴文化氛围比较浓厚的纳西族聚集社区乡村，在保存纳西族东巴文献遗产数量较多的机构、东巴家族中，建立集中展示、培训传承文化内涵的常设场所，在传统的节日、有机会实践时随时训练各种仪式，给周围的民族群众以熏陶。各级政府可以与高校和科研院所合作，积极组织民族文献遗产传承人进行深造与培训，不断提高传承人员的科学文化素质，增强文献遗产传承人进行文化传承的本领与能力，丰富民族文献遗产传承的方式与手段。鼓励民族文献遗产传承人强化学习、深入研究、大胆探索，在民族文献遗产传承、创新、发展方面做出成绩。

三　强化拓宽母语环境

民族文献遗产所使用的民族语言文字是文献隐性信息的直接外向表征，决定着隐性信息的主要文化特征，因此强化拓宽民族语言文字的母语环境是实现民族文献遗产隐性信息最大范围传播的有力保障。语言文字是文化的载体，是思想的直接现实，是一种信息载体，也是文化得以传播的主要工具，保存一种语言，就意味着保存一种文化。一种语言能否得以保存，关键在于它自身是否适应社会需要。语言对一个民族来说具有双重价值：实用价值、情感价值，在实用价值和情感价值发生冲突时，多数人往往选择了语言的实用价值，放弃了情感价值，虽然也有少数人坚持情感价值。与经济、使用环境等客观因素相比，主观愿望对于民族语言的使用所产生的影响是相对有限的，但是语言使用者对待自己语言的态度对本民族语言和文化是否可以完整地传承和保留下来却起关键作用，每一次语言文字的计划出台，成功与否很大程度上取决于语言群体的态度和参与的程度。

民族地区的政府相关部门除了制定民族语言维护的语言政策外，还应该提供更多使用民族语言的机会、条件，让民族群众在使用母语的过程中加强归属感，增强保存民族文化和民族语言的积极态度，提高民族自豪感和传承民族文化的热情。民族地区相关政府职能部门可以就当前民族语言的使用情况和文化传承情况作定期的调查，基于调查和社区参与制定保证本民族语言使用权力的法规、制度等，有意识地提高民族语言的语言地位，大力提倡民族聚居区的人们在日常生活中使用本民族语言交际。

民族语言除了作为交流的主要工具，更是民族性保持的最根本内容之一。在中小学开展切实有效的双语教育，支持民族语言的高等教育。双语教育的重要目标之一是"保存民族的、宗教的认同"。学习以汉族为主的其他民族的先进文化，掌握作为交流工具的主流语言是必要的。但如果现代文明的冲击超过民族语言及文化的承载限度，这些无形文化遗产就可能不可逆转的消失，不能因为眼前的经济繁荣而不重视民族语言作为母语和民族文化的传承。母语学习都必须从孩子抓起，文化教育部门应根据本民族的特殊情况制定针对性的语言政策。各中小学开展民族语言与汉语教学并重的双语教学，开辟特定时间进行民族语言和文化的学习。由政府或争取民间文化组织支持，定期开展热爱家乡的教育活动，让孩子们在学习民族语言的同时感受民族文化，以讲本民族语言为荣。

在发展经济的基础上，提高宣传民族文化所起作用的力度。比如电视台、广播电台使用民族语言广播传递消息以及用民族语言播报的新闻，都能够大大提升民族语言的宣传和实际使用率。在现代信息技术发达的今天，民族语言的传播不能光靠部分的人们口授相传，而应该同各种大众传媒方式结合起来。政府在给予一定经济支持的同时还应积极宣传使用，这一切举措都需要广大民族群众的共同努力。

四　发掘信息文化内涵

民族文化的传承保护并不等于原封不动、画地为牢式的静态保留，它应该是与时俱进、不断发展创新的。人类社会发展的过程，也是文化不断自我剥离和壮大的重构过程。只有随着社会的不断发展，民族文化内容和传承形式不断地得到丰富与发展，才会使得少数民族文化在新的历史时期更具有鲜明的时代性和顽强的生命力。民族文献遗产的隐性信息传承可以借助于现代化的技术手段与传播途径，进行文化的传承与普及。比如，一些濒危民族文献遗产的信息传承完全可以在政府主导、专家指导和社会参与下，运用现代化的多媒体、数字技术进行开发性的保护，同时还可以通过这些手段进行民族传统文化教育。一些民族文献遗产的隐性信息被民族艺术家、民族艺人整理和挖掘，借助于现代传媒技术，使得传统民族文化的精髓得以完美展现。民族文献遗产的隐性信息也可以利用这些技术手段在传承民族传统文化过程中融合新时期的文化内容，实现传承方式的创新发展。

比如用纳西象形文记录的东巴舞谱，就目前的生存现状看，可以看作一种仍活着的古老舞谱，单纯就舞谱自身的静态存续来看，也正面临着变成"死谱"的危险。东巴舞蹈尚能依仗着东巴的形体而活着，如果没有书写这些舞谱的老东巴的再传授——言传身带，也就失去了这个赖以存活的生机，舞谱的文化内涵也就无法得以再现。目前在纳西社会中，尚活着的老东巴已经濒临消失，如何抢救这份东巴舞谱已变成一个十分紧迫的问题。这套古老的用纳西象形文书写的东巴舞谱，对一些已掌握东巴舞蹈基本动作的人来说，是完全可以按谱起舞的。也许再过若干年，能跳东巴舞的老东巴可能在地球上消失了，但他们遗下的舞谱和舞蹈，有必要也有可能、有希望继续生存下去。东巴舞蹈虽属宗教祭祀舞，但它在祀神娱神和驱鬼镇魔的场景中，也起着娱人娱己的作用。它确实具备独特的套路神韵，是美的、高雅的。这些古代舞蹈可被艺术家们发掘整理出来，开发出既有时代特性又兼具传统特色的文化产品，为传承发扬民族文化所使用，实现东巴舞谱的长久生存。

五　综合保护信息生态环境

民族文献遗产内涵的文化信息受制于特定的生存环境，这种环境与民族文献遗产隐性信息构成了庞大的文化生态系统。系统内部各项因素相互作用、影响、制约，维持这一系统个体健康、稳态的发展。在对民族文献遗产内涵的文化信息进行保护的时候，文化生态系统的整体性要求所有的保护措施不能只顾及某一具体事项本身，而必须把它的生命休戚与共的生态环境综合对待，从整体、全面角度由外而内进行剖析，由内而外反向检验，一起加以保护。进行整体、实时、全面地保护，而不是进行局部、独立地保护；不因价值取向、损害程度不同而抛却系统性保护手段；最大限度地避免产生民族文献遗产文化隐性信息的保护性损害，尤其是要严格避免出现各自为政、不顾全局而只局限于小部分的保护性操作。

在对民族文献遗产实施各种保护的过程中，加强文献遗产内涵中的文化生态系统的整体性认识，坚持文化系统整体性的理念，从全局联系的观点来对待每一个文献遗产文化内涵的信息系统及其生态环境。把隐性信息的文化结构同生态环境的特征联系起来，从保护文献遗产隐性信息的角度对其进行完整性修复进行综合考虑，维护文献信息固有的整体风貌和遗产的系统性价值。在保护实践中不但要着重文献遗产的代表性事项，而且对相邻的其他相关事项同样要加以重视，对它们之间的千丝万缕的、或明显或隐晦的联系决不能轻视乃至置之不理。

为了整体、全面地保护东巴文献及其东巴文化传统，丽江早在 2009 年就公布首批东巴文化原始生态保护区。由于历史的原因，东巴文化的主要传承者东巴祭司逐年减少，民间开展东巴仪式越来越少，东巴文化面临失传。为了抢救和保护这一珍贵的文化遗产，丽江县人民政府决定将塔城、鲁甸、太安、大东、大具、鸣音 6 个东巴文化保留比较完整的乡公布为首批东巴文化原始生态保护区。根据要求东巴文化原始生态保护区要重视东巴文化自然传承的引导和扶持工作，鼓励开展正常的东巴文化习俗活动；支持老东巴对新一代传授东巴文化知识，并可根据各地实际组织举办东巴文化的传习机构；加强对人民群众进行传统文化宣传教育，切实搞好东巴经书、法器、画幛等实物的收集保护，以及东巴音乐、舞蹈、工艺的整理研究；把传承和弘扬东巴文化与地方经济建设结合起来，把传统文化建设与现代精神文明建设结合起来，同时要积极组织和选送青年（特别是东巴后裔）到丽江纳西东巴文化学校学习。这一举措实际上也为全面保护东巴文献以及隐性民族文化信息提供了有益的外部社会生态环境。

第六节　创新隐性信息传播途径

从民族文献遗产隐性信息显性化的形式来看，利用计算机互联网包括虚拟现实技术、现代自媒体技术来显现隐性信息，是一条很有效的途径。因此在保护民族文献遗产隐性信息过程中，应该充分利用现代科学技术来弥补传统的隐性信息显性化途径和手段的不足，以能够最大限度地来传播信息、扩大信息覆盖范围、拓展信息传播距离。在此利用虚拟现实技术、人工智能、"学习型历史文献法"和自媒体技术来说明民族文献遗产隐性信息显性化传播途径的创新。

一　虚拟现实技术拓展隐性信息传播途径

（一）虚拟现实中的隐性知识显性化

一般将虚拟解释为"尽管不是实体真实存在的，但却是有实际功效的"。从技术角度讲，虚拟现实是指基于计算机系统并辅以头盔和数据手套的三维图像跟踪装置，让主体产生一种身临其境的感觉环境。其基本原理在于利用计算机高速处理数据的能力，及时地跟踪处理在主体感觉器官上的输入输出的信息，是连接到主体感觉通道的信息输入输出装置。

　　虚拟现实作为信息主体认识的新技术，至少表现出四个特征：第一，实现远程显现的信息强度，能够通过获得和控制数据，通过信息处理，创造虚拟环境来实况再现远距离的各种现象，从而为主体的认识提供新的环境；第二，沉浸感，即使用者有沉浸于其中的感觉，能够让一个人的感觉从一个地方转换到另一个地方，从而使人感到真正的身临其境，就要有一些独立于主体感觉的计算机软硬件技术的支持，如 HMD（Head Mounted Display）头罩、数字手套、数字外套等；第三，交互性，计算机能够及时地处理人的感觉器官的变化以及描述这些变化，因此人机界面之间需要强烈地互动关系，以便人与电子象征物能够进行交互作用；第四，自主性，虚拟环境中物体能够自主完成任务。计算机互联网组成的虚拟现实包含了两方面内容：一方面可称为个人的现实，即使用者可以单独完成的现实，它侧重于模拟人的感觉，模拟人与物理环境之间的交互作用；另一方面可称为社会的现实，即使用者必须协同工作才能完成的现实，它侧重于对人与人之间交互的社会环境的模拟。

　　虚拟现实的理论来源包括哲学和心理学、社会学等，其中哲学是虚拟现实存在的依据，心理学是虚拟现实产生的直接科学基础，社会学是虚拟主体之间互相联系的理论基础。虚拟现实的应用领域主要包括军事、教育、设计、医疗等，利用虚拟现实技术进行环境的设计，扩展人们认识的视野，即人对环境的要求。

　　1. 虚拟现实的主要内容

　　第一，感觉信息转换成计算机能够理解的信息。凡对虚拟环境进行的各种反应是信息表达主体的感觉信息（模拟符号），不是计算机能够直接处理的信息（数字符号），所以必须把感觉信息转换为数字符号。对于民族文献隐性信息来讲，因为信息表达主体做的任何细微的有意识的、无意识的动作都应该能够让计算机感知，这需要较灵敏的传感技术，甚至能够达到像人的感知器官那样收集到有效的感觉信息，这样才能使计算机正确收集到人的信息，才能够让人完全沉浸在虚拟环境里。第二，信息表达主体的心理模拟能力、高级的形式运算能力。计算机智能的发展已经能够产生类似人的思维能力，已经能够依据人的要求做出各种合理的反应。在虚拟现实技术中，也只有计算机具有正确的思维才能够创造出使信息表达主体达到完全沉浸的环境。高级智能主体可以依据认知发生理论对环境及其中间的信息表达主体做出各种适应性的活动，更有可能发展自己独立的认知结构。第三，符号信息感觉化。主要是将计算机设计的环境能够通过传感器有效地传输给个人，其原理是和感觉信息转换成计算机能够理解的语言的原理相逆。这个转化过程中有很多由人的感觉、思维等人的本质属性来完成。技术上需要一些有效的传感器即可。

2. 虚拟现实中网络与人的交往

以互联网为基础的交往，通过网络技术直接地互动，直接又全面地包括了精神文化层面的内在交往。一方面，人们通过网络间硬件设施构建的泛网络系统瞬时快速地进行交往，信息在网络上以光速传播；另一方面，这种交往形式又具有一种内在化的精神特质，网络交往实质上是一种联结不同网络终端的人脑思维的虚拟化、数字化的交流和互动。网络文化本身是非实在精神空间，但同时它又将各色社会人群交往组合成为具有实效性的准社会组织，因而才称为虚拟现实。新生的网络文化有着不同于以往任何文化形态的两面性，这正是由其经济和技术上的本性所决定的。虚拟现实交往表现为交往的"对话性"和"全球化"特点。

（1）交往的对话性

网络具有传统媒体所不具有的特质，传统的大众信息传播形式是单向的，但新型互动式数字媒体的信息传递却是双向进行的，表现为网络消费者主动反馈信息，甚至直接成为信息的制造者与传播者。网络交往的对话性不仅表现为网络文化的生产者与消费者之间的对话，而且还包括了消费者与消费者、生产者与生产者之间的对话。例如处在不同地域的网络用户"共时性"地网上聊天，就是一种典型的对话形式。这种网络对话还具有一种实时性特征，其特点便是意念与行动、开端与结尾的时间间隔存在即时性特点。

（2）交往的全球化

网络推动了人类交往的全球化进程，全球化参与进入了人们的生存方式，同时加速着全球文化的流动和互生。个人正通过网络逐步地走向全球化，全球化使得个人交往的独立性大大增强，从而使个人主观上的自主性较之以往更加突出了。全球化的实现最终落实在个体的层面之上，而互联网正是维系和联通全球与个体的重要媒介，网络全球化时代的个人正聚合为新的社会群体。交往的全球化意味着一种新的交往方式的凸显，而这种新的行为方式不可避免地要求一种与之相匹配的新的规范方式与价值准则。

民族文献产生于狭小地域范围内的农业经济时代，与之相匹配的规范方式，主要是基于血缘或地缘共同体的礼俗、伦理规范方式。在交往扩展至民族国家范围内的工业经济时代，取代礼俗、伦理规范方式主要是基于国家强力的法治规范方式。而交往全球化的知识经济型社会，还没有发明出适应于这种交往方式的有效的规范方式，制约交往水平的进一步发展。网络人际关系的实质是一种联结不同网络终端的由点到线、再由线到点的人脑思维的虚拟化、数字化的交流和互动，在数字化的背后不能隐藏人与人之间的交往。

3. 通过虚拟网络获得隐性知识

人们在虚拟环境中接触的不再是纯符号的显性信息，而是进行与实践有本质关联的活动，因此在学习显性信息的同时，也学习了隐性信息。虚拟现实中，学习者所接触的学习环境是一个显性符号组成的具体情境，而这个情境又是根据学习内容设计的一个高度概括的场景。在这个学习过程中，学习者不仅认识了学习内容的基本原理，而且还能够在一系列对环境的体验中学习到比基本原理本身更多的内容，即隐性信息。通过虚拟现实进行的虚拟实践在学习活动过程中带有环境的依附性，学习者除了获得一定的明确信息外，还通过自身一系列活动包括身体的动作及大脑的探索、思维活动，获得在传统学习中无法获取的隐性信息。

（二）虚拟现实显性化民族文献遗产隐性信息的可能途径

第一，多人参与对民族文献遗产传承人的隐性信息进行记录、管理，并贡献给其他信息收集人。由信息收集人控制虚拟现实系统的思维部分，先由信息收集人设计问题的情境，虚拟系统执行情境的布置，在虚拟的环境布置完成以后呈现给民族文献遗产隐性信息的传承人。传承人对环境做出反应以后，环境一方面要记录收集到的所有信息并保存；另一方面再把所收集到的信息传送给信息收集人，信息收集人通过环境收到信息以后，分析判断后做出新的设计，虚拟系统执行设计布置新的虚拟环境传达给传承人。经过这样的多次循环后，信息收集人可以有效地获取传承人的隐性知识。这种方式就像多个人（信息收集人）与一个人（传承人）进行交流一样，所不同的是通过虚拟环境设置有效的真实情境，获得传承人在该情境下的所有反应（包括有意识的和无意识的），虚拟系统必要地记录传承人在特定的情境下所做的反应（包括有意识的和无意识的），并尽可能地把传承人提供的隐性信息显性化。第二，通过计算机有目的地设计情境，获得传承人对环境做出反应的各种隐性信息进行记录、管理。这种情境是上述方法的简化，但是需要虚拟现实系统有较高的智能水平，能够在感知到环境变化的同时，做出正确的反应。在这种方式下，一方面计算机的智能部分依据要获得信息的范围设计、布置环境，通过传感器传给传承人后，获得传承人的各种反应（有意识的和无意识的），虚拟系统分析出传承人所作反应的目的并记录，另一方面虚拟系统获得新的信息后，进行验证性的重新设计环境贡献给传承人，收集传承人的信息，并使得多次获得的信息逐渐一致，获得传承人的隐性信息。在这些工程当中，虚拟环境要每次都对传承人的反应做出准确的记录，并且可以将这些记录设计出新的环境给其他的人。第三，通过计算机有目的地设计情境获得传承人对环境做出反应的各种知识进行抽象分析，分析出一般的显性信息来进行管理。这种方式相对比较简单，是把第二种方式记录的信息通过计算机分析获得一般显性信息的过程。

（三）虚拟现实技术显性化实现隐性信息的障碍

运用虚拟现实技术显性化民族文献遗产隐性信息还存在着许多障碍，主要表现在隐性信息传承人和信息接收客体因学习和传递背景变化带来的障碍，隐性信息自身特性对转化信息造成的障碍，另外还有转化技术问题带来的障碍等。

1. 隐性信息传承人和信息接收客体因学习和传递背景变化带来的障碍

隐性信息传承人出于对所有权、优势地位等方面的考虑，往往限制自身的信息进入公共传播领域，不情愿将自己的信息与其他人共享，或控制信息的扩散和传播范围。由于担心隐性信息的显性化会使自己失去竞争优势，因此对于具有商业价值的思想、技术或信息进行控制，以此来确保或提升自身的地位。信用体系也是阻碍转化的原因之一，相互信任是信息交易的灵魂。族群的凝聚力、族群成员之间的相互关系以及成员的价值观，构筑了族群内部的信用体系，也是重要的制约因素。从信息接收客体接受信息方面看，主要障碍来自激励、吸收能力和保持能力。在使用新信息的过程中，缺乏激励将导致被动应付、暗地破坏或公然的反抗等行为。缺乏相应的吸收能力将制约族群内容对相关信息的吸收。同时这种缺乏会成为中止信息转移的借口，并使族群返回到原先的状态，而使信息转化无法得以保持下去。

2. 隐性信息自身的原因

隐性信息难以用明确的语言（包括身体形态）、文字、数字、公式或符号来表达的特性限制了其转换。

3. 技术与成本问题

目前虚拟现实技术还处在最基本的初始发展阶段，很多技术尚未成熟，尤其人工智能的问题并非短期内就能解决。虚拟现实技术设备昂贵，抬升了信息发掘管理的成本。人工智能、专家系统等计算机智能属于实践知识弱化的范畴，"专家系统"把知识从人转移到机器以代替那些传承人的评价和判断，但是电脑毕竟只是人的思维的替代，而并不具备人的复杂思维，把知识从人转移到机器就预设了这些知识是可以用陈述形式在语言上表达的。隐性信息究竟多么严重地阻碍了信息从人到机器的转移，或阻碍了人工智能计划，目前不得而知。

二　"学习型历史文献法"拓展隐性信息传播途径

"学习型历史文献法"是教师分享教学经验的重要手段，民族文献遗产隐性信息的显性化传承也是教育活动，同样可以使用这一方法。首先，隐性信息的管理者通过制度的形式，来营造隐性信息管理的文化环境，促使传承人、信息接收客体规范化开展隐性信息管理的活动。如在传承过程中可以采取相互评价、比赛、经验分享交流会等形式来促进传承人之间相互分享各自的传承经验和诀窍，整体提高传承水平和传承质量。隐性信息的管理机构可以通过改变传承教学环境的办法如采用设立传承人工作室、在传承场所设立模拟的信息原生态环境等工作来构建传承人之间、传承人和信息接收客体之间见面和交谈的平台，提高隐性信息分享的机会和效率。

特别是在民族文献比较丰富的集聚区域里，传承人之间的交往和交流会有更多的机会，享有更大的空间，产生的效果会更好。在面对面的交流过程中，管理机构应尽可能地将上述过程以录像、录音或文字的形式记录下来，然后整合到民族文献隐性信息的数据库当中，通过网络让更多的人来分享，以促进知识的利用和拓展，提高整体的传承水平和传承质量。

"学习型历史文献法"作为一种隐性信息分享模式，基于教学、学习的公开网络形式，类似于由管理机构主持的博客网站，是收藏、分享隐性信息的有效办法，也是揭开集体学习显性化隐性信息之谜的重要工具。"学习型历史文献法"之所以能够作为有效的民族文献隐性信息管理工具，关键在于信息接收客体可以从中发现经验教训背后的运转逻辑和动力，并将其内在思想应用到自己的信息创造活动中去。

"学习型历史文献法"的具体操作流程大致为：（1）管理机构选定民族文献中的讨论主题；（2）邀请多位民族文献熟练传承人；（3）传承人分别独立描述特定主题对象；（4）公开讨论所有主题对象内容；（5）由外部熟练传承人和内容传承人组成学习型专家小组对讨论内容进行分析评论；（6）揭示出隐藏在主题描述中不可表述的内容；（7）形成学习型专家小组的显性化总结报告；（8）公布显性化总结报告。

三　人工智能拓展隐性信息传播途径

人工智能通过电脑来模拟特殊的情境，以便于隐性信息的传递和交流。美国教授德赖福斯把现象学同人工智能研究结合在一起来开展研究，指出了隐性信息的存在和对人工智能研究带来的阻碍。

人工智能的研究对象是机器思维，也就是研究计算机如何能够模拟人类的思维模式。只有在对人类思维全过程的细节直至整体研究完成后，才可以进行思维模拟工作。人工智能研究中的所谓模拟，指机器按照人的思维功能的模拟，并非用物理手段再造具备思维能力的人造大脑。因为从现代生理学对于人脑及其机能的研究成果来看，人类对于自身大脑的研究还处于极其肤浅的阶段。从人类的大脑神经活动到人类的逻辑思维，还有很长的研究过程，还需要大量的研究来支撑这些深层次的难题，所以目前无法用生理模型来模拟人类复杂的大脑思维结构。

人工智能的研究分为数学学派和心理学学派两个派别。数学学派并不关心人与机器在解决问题时的独特物理特征，只寻求为机器寻找能够解决类似人类思维方式的算法，算法理论是人工智能的理论基础。心理学派认为人在思维中使用的各种方法是解决智能问题的最佳方案，主张把人解决各类问题时所使用的方法策略、经验技巧编制成程序来解决问题。因此必须首先致力于考察人的思维方式，把语言报告和行为表现的描述总结成为思维活动的规律，并把这些规律转换成程序，作为心理模型在计算机上进行模拟操作。

在人的智能研究中,世界分为三个层次:物理的层次、心理的层次和现象学的层次。在现象学层次上,人们感知的是物理对象,人们所做的是有意义场合中的有意义的行为。人行为中的各种意义实际上是指客体的功能,即客体发挥作用的是它在全部实践环境中的地位,这同时假定了人类的某些文化事实,即决定客体功能的社会环境和技能的网络。物理对象不能转化为被现象学描述发现的意向性对象,即不能直接转化为意义。意义网络的整体性是由意向性活动构建而成的既有非确定性的全局性预感或设定。这种智能行为的运行离不开有预设的文化实践和社会惯例等背景。

人类的智能活动——思维不可能离开躯体而独立存在,同样民族文献遗产隐性信息的显性化也不能脱离传承人获得全部的解释。人类的思维在各个方面都包含着诸如情绪、躯体的感觉——运动技能、对行为的深远意义的解释等内容,民族文献隐性信息的显性化手段需要人的充分参与才能有完成的可能。所有这些内容都紧密地融合在一起,人们无法用抽象的、明晰的观念网络把这种具体的日常生活实践整体重现。目前人工智能的研究尚未找到某些方法来模拟人这种实践生活的整体信息。人工智能真要达到人的智能水平,必须解决如何模拟人的躯体化及其技能的问题。同样,民族文献隐性信息地显性化也需要在人工智能有突破性进展的基础上实现更加精细的信息展示。

四 自媒体技术拓展隐性信息传播途径

在信息时代,最稀缺的资源不是信息资源,而是对信息资源的处理能力。传统的各种网络工具如搜索引擎、网上查询、数据挖掘以及各种软件工具等,越来越难以满足深层次发掘信息的需要。如何让信息和知识通过互联网,将零散、隐性的民族文献信息快速转化为具有使用价值的显性信息,这是当今民族社会最为关心的问题,博客、微博、微信、视频、论坛/BBS 等自媒体技术的出现为民族文献隐性信息的广泛传播提供了可能。下面以博客技术为例来分析民族文献隐性信息的显性化途径。

博客是目前互联网发展最迅速的新应用之一,该词来源于"Web Log(网络日志)"的缩写,是网络个人信息的发布形式。博客充分利用了网络双向互动、超文本链接、动态更新、覆盖范围广的特点,将使用者的工作过程、思路经历、思想精华、闪现的灵感等内容及时记录和发布,筛选并链接全球互联网中最有价值、最相关、最有意义的信息与资源，使信息和知识传播更加迅速、直接、高效，传播的结构更加扁平化，在博客创作者与阅读者之间建立了直接的互动联系。在博客技术的支持下，信息资源可以最大限度地传播，一些有价值的思想更容易被激发显示出来。

通过使用简单的软件工具，博客技术可以帮助任何一个普通用户实现不限制体制、编辑、技术、成本、形式的网上个人意见的发表。同时博客也是互联网上新兴的社会软件的重要组成部分，它极大地改变了组织沟通和社会交流方式的影响。对于信息管理的组织机构来讲，博客主要应用于社区内部新型的信息积累、信息管理和沟通交流方式。把博客技术引入民族文献所在内部信息网络可以用于知识管理、知识发掘和网络营销，构建内部知识管理和沟通交流的新体系，让成员发表评论，积累知识，链接相关的网络资源，促进彼此思想的交流沟通。从信息管理角度考察，博客代表着个人信息的过滤、积累和深度交流沟通的网络新方式，为组织沟通和社会交流带来了全新的变革。

博客在民族文献隐性信息管理过程中可以作为知识和信息的"过滤器"和"指南针"，通过网络形成创新的多重隐性信息积累模式，极大地帮助了社区内容的隐性信息真正实现显性化。非正式、分布式网络乃至传承人个体是民族文献隐性信息的主要来源，博客应用于信息管理，首先便是确立信息分布网络的范围。多数研究人员认为民族文献隐性信息不能用文字直接表达，因为隐性信息具有个体的独有垄断属性，所以只有通过传承人之间的交流才能进行传播和共享。实际上交流就是对隐性信息在某种程度上的表达，所以隐性知识不是不能表达出来的知识，只不过表达起来没有显性信息那么系统和严密。对隐性信息的理解也表达了隐性信息显性化并不一定要用语言的方式来表达的思想。只要是能够用一定的方式表达出来，且又能够让信息接收客体明白，就是实现了隐性信息的显性化，前面章节阐述的隐性信息显性形式就有很多非语言、文字类型的使用。

博客应用于民族文献隐性信息显性化过程就是创造出虚拟的交谈情景，将传承人之间甚至是自身内心深处的想法用文字的形式表达出来，然后通过阅读彼此的博客达到隐性信息交流的目的。博客的显性表述中聚集了不同传承人各种零碎的思考，对社区整体而言，包括有关传承人的心智模式、文献流转过程、信息运转状况、隐含规则、仪式技巧等内容，经常阅读这些博客可以帮助建立类似的专家系统，可以大致确定某些传承人在某些方面的权威性，共同确定民族文献的权威性隐性信息内容。这种交流对民族文化的塑造与发展特别有效，促进了族群局部与整体之间的互动学习、实时进行的过程，很容易达到交谈的效果。博客之间是多点对多点的联系，每个博客都是信息网络传输的节点，每个成员都被放置于网络中，使族群内部的隐性信息更加分散而广泛，大大提高了信息传播的效率。

民族文献隐性信息被显性化记录以后，就可以通过技术手段进行各种处理。对于社区、族群来讲，可能更多还是要依靠传承人的主观判断，因为对隐性信息语言表达的模糊性，很多时候表达出来并不意味着其他族群成员都能理解。技术处理中重要的程序首先是存储，特别是按照时间序列和人物进行存储，这样族群可以适当减轻熟练传承人流失对族群所造成的影响，因为熟练传承人掌握的很多经验、技巧能够保留下来。同样，族群内部因为兴趣、分工等原因而逐渐出现若干个边界模糊的信息群落，他们形成的原因可能比网络上情况更为简单，因为族群内部博客隐含的限制条件就是文献的实践应用。

博客的发展对应了全球范围内信息社会来临的背景。随着网络技术不断成熟和博客应用的不断普及，民族社会的成员都可能成为信息工作者，人人都可以参与信息管理，并在整个社会形成完整的信息运行机制。现代民族社会中，不仅仅由传统的传承人掌握民族文献的主要信息，信息已经真正面向社会每个成员，并以个人为主体的信息过程在网络中兴起，将为民族文献隐性信息的显性化带来颠覆性的影响。

小　结

民族文献遗产隐性信息具体的组织措施包括建立隐性信息研究基地、建设长久保存隐性信息的数据仓库、健全隐性信息的收集共享机制、改善隐性信息传承人员的文化生态环境、创新隐性信息传播途径等。

民族文献遗产隐性信息的保护实践必须以一定的、适宜的保护原则理念为指导，由此，才能使保护措施不偏离正确的轨道，为具体的保护手段提供规范、统一的方向性观念保障。在保护的过程中应该坚持以人为本、原真性、整体性、创新性和可读性的原则。

民族文献遗产隐性信息的保护需要由组织机构组织实施，通过联系各个收藏民族文献遗产的典藏单位和民间收藏者，依托收藏丰富、研究力量强的单位，聘请有关的研究人员和专家学者来建立民族文献遗产隐性信息资源研究基地，为保护民族文献遗产隐性信息提供研究专家方面的学术保障。各少数民族可以针对某一民族文献遗产建立专门研究中心，例如云南省的贝叶文化研究中心、东巴文化研究院等，也可以联合其他少数民族建立综合性的研究基地，比如云南省社会科学院民族研究院以及云南大学、云南民族大学民族研究院等。

民族文献遗产隐性信息研究基地的主要职责把民族文献遗产作为主要的研究对象，针对其中的显性信息资源和隐性信息资源制定具体的研究方案，以转换、译注、提取、揭示隐性的信息资源为主要任务，以显性化隐性信息为主要目的，以通俗、准确、通行的现代语言文字为记录手段，对民族文献遗产中的隐性信息整理、存储、加工、研究，形成少数民族文献信息资源数据库。

要建立有效的民族文献遗产隐性信息资源保存体系，必须建立长久保存少数民族文献遗产隐性信息资源的数据知识仓库，其目的是通过信息资源的数据加工，形成民族文献遗产的信息资源总库。只有在收集一定量信息资源的基础上，才能利用现代信息技术有效地进行隐性信息的关联和知识挖掘。民族文献遗产隐性信息资源数据仓库是利用网络及相关技术，依附民族文献遗产隐性信息研究基地而建立的数字化数据仓库。

为促进民族文献遗产隐性信息资源的共享，有效地进行信息资源的转换，必须创造一种收集共享机制，使民族成员能积极贡献自己的智慧和技能。首先，应该建立民族文献遗产信息共享平台，使每一个民族成员和团体都能清楚地看到本民族和团体有哪些文献信息资源，哪些民族成员贡献了哪些文献信息资源。同时民族文献研究基地向国家和地方政府申请部分资金，用于对这些民族成员提供的文化信息和技能进行奖励；其次，民族文献研究基地要帮助持有少数民族文献遗产隐性信息知识的民族成员、团体申请传统文化知识产权，以获得传统文化知识产权的保护。

民族文献遗产中的文化信息资源以及社会生态环境中的民族文化现象、文化技能掌握在少数民族知识分子、特定人员的理解记忆中，这些传承人员是发掘解读民族文献遗产隐性信息的关键性因素。民族文献遗产蕴含的丰富民族文化信息来源于民族群众生活的自然环境和社会文化环境中，体现出民族所具有的鲜明文化特征。改善传承人员的文化生态环境可以通过从各方面扶持培养传承人员、多途径完善开发传承途径、强化拓宽民族文献的母语环境、发掘隐性信息中的文化内涵、综合整体保护隐性信息的生态环境等措施来实现。

从民族文献遗产隐性信息显性化的形式来看，利用计算机互联网来显现隐性信息，是很有效的途径。因此在保护民族文献遗产隐性信息过程中，应该充分利用现代科学技术来弥补传统的隐性信息显性化途径和手段的不足，以能够最大限度地来传播信息、扩大信息覆盖范围、拓展信息传播距离。可以利用虚拟现实技术、人工智能、"学习型历史文献法"和自媒体技术来创新民族文献遗产隐性信息的显性化传播途径。

第八章

结　论

　　隐性信息资源是指如少数民族成员中的个人经验、特殊人才的技能或蕴含在少数人或普通民众的记忆中并不为文献内容所直接记载的信息资源。民族文献遗产由于制作传统有着自身的特点如图画、音节文字、排列方式等，历史的局限如世袭传承制度、垄断文字的保守、书写物质材料的不足、书籍流通的限制、印刷技术普及传播范围小等，普通民众在接受信息时只能通过仪式活动听诵、听解、感受作品，不能通过视觉的直接阅读就可获得文献信息的全部内涵，大多数是由集体听诵活动构成的，并且在林林总总的宗教仪式和民间生活仪礼中完成的。

　　民族文献遗产中蕴含的隐性信息具有解读的不确定性、来源的非理性、对个体的依赖性、对环境的依赖性、文化性、随意偶然性、相对性、稳定性和整体性等特征。隐性信息表达与接受的过程决定了文献遗产中隐性信息解读的不确定性，除非文献记录者本人来重新表达记载的信息，否则后人即使对记录者的思想非常熟悉，也不可能完全领会记录者的本意并且完整准确地表达出来。由于不能完全排除掌握者自身的知识水平、技能的影响，隐性信息掌握者在表达出信息时，仍然是带有非理性的内容在其中的。民族文献遗产中的隐性信息需要以表达者、接受者为载体才能完成学习、传授的过程，所以除了必备的民族文献，对人员的强烈依赖不但是隐性信息传承的必要条件，而且离开了传承人员，也就没有隐性信息解读、传播的可能。民族文献中蕴含的隐性信息总是依托特定情境中存在的，总是与特定的社会环境、自然环境紧密相连的，是对特定的任务和情境的整体把握。民族文献中的隐性信息保留了民族原始、纯粹的精神基因以及形成本民族文化身份的原生状态思维方式，所包含知识、理念、信仰、规则，弥补了文字表达方式的局限性，成为个人成长和社会进步不可或缺的文化知识。隐性信息具有民族文化、个人情感和认知水平的因素在里面，比较偶然随意、难以捕捉、限定和理解，所以获取隐性信息的时机和内容就比显性信息要困难。有些隐性信息甚至无法使用合适的语言和行为表达出来，也就达不到交流、传播的目的。

在一定条件下，隐性信息可以转化为显性信息；相对于一个人或一群人来说信息是隐性信息，但同时对另一个人或另一群人来说可能已是显性信息了，反之亦然。民族文献中的隐性信息不易受周围自然环境和社会传统的影响改变，在社会文化环境变迁和民族迁徙过程中，这些隐性信息依然保持了原有的民族文化内涵。隐性信息是民族文献信息的记录人、掌握者和传承人员个体思想内部认知、整合的结果，这些人员通过掌握、消化、吸收民族隐性信息中的文化知识，提高了自身的文化素养，使得隐性信息的显性表达更加全面、准确。民族文献隐性信息传承人员与其所处的社会环境、自然环境融合在一起，民族文献的隐性信息通过人员的媒介作用与环境发生联系，形成整体统一、不可分割的信息表达体系。民族文献隐性信息的表达往往通过两种以上的形式整合来实现，也体现了隐性信息需要与其他载体相关联的整体性特征。

少数民族的文献遗产在外来文化的冲击下，隐性信息所在的生存环境发生的急剧改变，加之自身隐性信息受制于语言文字、传承人员的内部因素，民族文献遗产隐性信息出现了文献隐性信息受强势文化冲击发生赋存环境改变、信息内容传承人员减少、信息内容母语环境弱化、信息内容传承途径单一、隐性信息碎片化趋势加剧等不利于隐性信息传播、生存的困境。民族文献遗产隐性信息的存在与显性表达受到文献记录信息的内部因素直接地制约，记录文献使用语言、文字以及使用习惯、使用方式和使用的场合都影响了隐性信息最终的表征。而隐性信息所包含的内容记录了外部世界的物、人、事件等具体的现象，在当今的社会中很多情况下并没有相似的场景出现，隐性信息也就不能完整表达出原有完整的本源意义。同时，完整掌握隐性信息的传承人员也是能够掌握这些民族文献显性信息和隐性信息完整命运的人员。

民族文献遗产中蕴含的隐性信息不仅仅是存在于文献自身的符号记录中，还存在于文献信息记录中的具体表象和熟练解读文献信息的传承人员的理解记忆中。通过口传面授的即时传播、仪式实践的动态展示、实物记录的静态展示以及对隐性信息的直接解读等提取形式，可以实现对民族文献遗产隐性信息的显性化展现。民族文献遗产隐性信息显性化通过传统的"师傅带徒弟"模式以口传面授的方式来即时传播是人类知识信息传播最古老也是最有效的模式。老一辈传承人通过文献隐性信息的转化分享经验，形成共有的信息思维模式和技术能力。在这面对面使用语言、神情交流的过程中，参与人之间的语言内容、面部形态以及辅助性的动作构成了信息传递的主要内容。民族文献遗产隐性信息的仪式实践的动态转换提取形式，是民族群体成员之间获得和建立民族文献遗产传统文化隐性信息的过程，成员获得这种知识的关键是通过观察、模仿和亲身实践等形式使隐性信息得以传递。作为仪式实践活动的动态展示方式的优点就是真实再现民族文献遗产中的隐性信息，这种信息资源的转换提取方式取决于传承人对文献遗产的熟悉程度和仪式实践的熟练程度以及被传承人的悟性、学习、模仿能力。运用文字描述、实物资料征集等传统手段和录音、摄影、摄像等现代科技手段尽可能地记录和保存民族文化生态环境的变迁、内容形式的变化等多方面情况，通过图片、影像、文字的展示，为民族文献的隐性信息做出立体、形象、生动地静态展示也可使人们更为简捷方便地了解其中的信息。显性化后的隐性信息也仅仅是传递出来的隐性信息的一部分，而大量的隐性信息经过社会化过程后，只是成为其他人的隐性信息，无法实现显性化，因此以直接的显性记录来展示民族文献遗产的隐性信息就成为必要的转化提取形式。显性展示的提取形式是将隐性信息通过外化结晶清楚地表达出来，转变成人们容易理解的显性信息并且经过组合过程将其系统化后，通过某种技术展示平台显现出来，例如网络、知识库、程序、出版物等。

　　建立民族文献遗产隐性信息资源的保护机制，需要在转换、提取、揭示民族文献遗产隐性信息的基础上，利用传统手段和现代信息技术对民族文献中的隐性信息进行概念关联，形成共享的信息数据仓库。构建民族文献隐性信息的保护机制需要普通信息资源转换的基本条件，如组织机构、软件工具和系统平台、标准和关键技术等，还要满足少数民族传统文化信息资源转换的特殊条件，如传承人员、民族文化生态等。民族文献遗产隐性信息具体的组织措施包括建立隐性信息研究基地、建设长久保存隐性信息的数据仓库、健全隐性信息的收集共享机制、改善隐性信息传承人员的文化生态环境等。民族文献遗产隐性信息在保护的过程中应该坚持以人为本、原真性、整体性、创新性和可读性的原则。民族文献遗产隐性信息的保护需要由组织机构组织实施，通过联系各个收藏民族文献遗产的典藏单位和民间收藏者，依托收藏丰富、研究力量强的单位，聘请有关的研究人员和专家学者来建立民族文献遗产隐性信息资源研究基地，为保护民族文献遗产隐性信息提供研究专家方面的学术、智力保障。要建立有效的民族文献遗产隐性信息资源保存体系，必须建立少数民族文献遗产隐性信息资源数据知识仓库。长久保存民族文献遗产隐性信息资源的数据仓库建立的目的是通过信息资源的数据加工，形成民族文献遗产的信息资源总库，只有一定量的信息资源数据库的基础上，才能利用现代信息技术有效进行隐性信息的关联和知识挖掘。各民族文献遗产收藏单位、研究基地要根据自己所处地理地域、民族文化、生态环境的隐性信息资源的内外特征来构建自身民族文献资源收集共享的机制，通过多层面、多渠道、多手段、多角度的收集、存储、整理、传播、输送民族文献遗产信息的研究成果，从更宽的范围、更广的角度构建起内容上具有地域性、民族性、宽泛性、分散性，载体上具有独特性、多样性的民族文献遗产信息资源体系。要打破限制民族文献遗产隐性信息资源的各种桎梏，实现其多方收集、信息共享、充分利用的目的，必须建立适合民族文献遗产隐性信息的收集共享机制。民族文献遗产蕴含的丰富民族文化信息来源于民族群众生活的自然环境和社会文化环境中，体现出民族所具有的鲜明文化特征。改善传承人员的文化生态环境可以通过从各方面扶持培养传承人员、多途径完善开发传承途径、强化拓宽民族文献的母语环境、发掘隐性信息中的文化内涵、综合整体保护隐性信息的生态环境等措施来实现。应充分利用现代科学技术来弥补传统的隐性信息显性化途径和手段的不足，以能够最大限度地来传播信息、扩大信息覆盖范围、拓展信息传播距离，可以利用虚拟现实技术、人工智能、"学习型历史文献法"和自媒体技术来创新民族文献遗产隐性信息的显性化传播途径。

参考文献

（一）期刊、析出文献

安群英、罗新本、谢木刚等：《彝族口头非物质文化遗产抢救、保护与利用》，《西南民族大学学报》（人文社会科学版）2008 年第 2 期。

巴莫曲布嫫：《口头传统与书写传统》，《读书》2003 年第 10 期。

包和平、何丽：《民族古籍保护及其策略研究》，《中国图书馆学报》2005 年第 6 期。

宝音：《中国少数民族古籍文献的保护与开发利用》，《内蒙古民族大学学报》（社会科学版）2008 年第 7 期。

陈海玉：《珍贵的云南白族石刻历史档案及其保护对策》，《兰台世界》2009 年第 1 期。

陈洪波：《少数民族传统文化信息资源转换模式研究》，《现代情报》2008 年第 9 期。

陈洪波、杨存林：《清水江文书数据库建设若干问题研究》，《现代情报》2013 年第 1 期。

陈兴贵：《彝族口头传统与民间文学的社会文化功能》，《四川文理学院学报》2009 年第 6 期。

陈子丹：《云南少数民族档案的厄运》，《云南档案》2007 年第 8 期。

戴群：《云南少数民族文献数字化与文字录入问题》，《云南图书馆季刊》2003 年第 3 期。

郝朴宁、李丽芳：《东巴图画文字符号的意义生成》，《现代传播》2006 年第 2 期。

洪社娟：《论民族文献的传播与民族文化的传承》，《贵州民族学院学报》（哲学社会科学版）2005 年第 4 期。

华林：《流失海外纳西族东巴经档案文献保护研究》，《云南档案》2009 年第 2 期。

华林：《论流失海外云南少数民族档案文献的历史与现状问题》，《兰台世界》2009 年第 2 期。

华林：《论少数民族文字历史档案的数字化技术保护》，《档案学研究》2006 年第 2 期。

华林：《论云南少数民族文字古籍的抢救与保护》，《云南图书馆季刊》1997 年第 3 期。

华林：《少数民族文字历史档案的数字化建设》，《中国档案》2005 年第 11 期。

华林、谭莉莉：《西南少数民族石刻历史档案保护技术研究》，《广西民族研究》2005 年第 3 期。

华林：《西部大开发与少数民族文字历史档案保护政策研究》，《档案学研究》2002 年第 2 期。

华林：《西南少数民族石刻历史档案的现状与保护研究》，《思想战线》2003 年第 2 期。

华林：《云南民间少数民族历史档案的流失及其保护对策研究》，《档案学研究》2007 年第 4 期。

黄天骥、刘晓春：《试论口头传统的传承特点》，《文化遗产》2009 年第 3 期。

李杰：《布朗族文化传承发展的困境及对策探析》，《大理大学学报》2016 年第 1 期。

李晓菲：《少数民族社会“未编码知识”的管理与创新》，《中央民族大学》（哲学社会科学版）2008 年第 3 期。

李燕兰、李莉：《迪庆少数民族文字档案史料的收集与抢救》，《云南档案》2003 年第 5 期。

李忠峪：《大理白族金石历史档案的保护——从南诏德化碑“迁址”说起》，《黑龙江档案》2008 年第 3 期。

梁雪花：《少数民族口述历史档案采集方法研究》，《中国档案》2012 年第 11 期。

林伯珊、曾纪钰、文毅：《论中国水族水书文献资源的系统征集》，

《情报探索》2013 年第 4 期。

林庆、李旭：《云南民族非物质文化遗产保护与开发的对策》，《云南民族大学学报》（哲学社会科学版）2007 年第 2 期。

刘瑞华：《档案信息资源共享组织模式研究》，《城建档案》2008 年第 3 期。

龙泽江、罗康智：《关于建立锦屏文书数据库的思考》，《凯里学院学报》2010 年第 2 期。

龙泽江、谭洪沛、吴小平：《清水江文书所见清代贵州苗侗地区的田粮计量单位考》，《农业考古》2012 年第 4 期。

罗洁璐：《东巴音乐文化的传承与保护——东巴学者和力民纪实采访与思考》，《歌海》2013 年第 1 期。

们发延：《民族文物保护现状及其对策》，《中国博物馆》2006 年第 2 期。

木基元：《民族文物征集抢救工作刍议》，《中国博物馆》1998 年第 1 期。

欧阳佩瑾：《民族地方性知识的隐性表象及其显性化》，《铜仁学院学报》2010 年第 4 期。

屈永仙：《论傣族诗歌传承的困境与机遇》，《广西民族师范学院学报》2015 年第 1 期。

唐锦铨：《隐性知识共享研究》，《海峡科学》2008 年第 3 期。

仝艳锋：《论民族文献遗产内涵信息的生存环境——以纳西族东巴文献遗产为例》，《原生态民族文化学刊》2010 年第 2 期。

仝艳锋、罗茂斌：《民族文献遗产隐性信息组织模式研究》，《内蒙古社会科学》（汉文版）2013 年第 2 期。

仝艳锋：《民族文献遗产隐性信息保存困境研究》，《内蒙古社会科学》（汉文版）2015 年第 1 期。

仝艳锋：《民族文献遗产隐性信息传承问题探讨》，《档案学研究》2018 年第 3 期。

仝艳锋：《民族文献遗产隐性信息特征探讨》，《内蒙古社会科学》（汉文版）2014 年第 1 期。

仝艳锋、杨博文：《云南傣族文献遗产研究价值与开发利用探析》，《档案学研究》2008 年第 6 期。

仝艳锋、郑荃:《丽江东巴文献遗产保管困境与对策研究》,《云南档案》2008 年第 6 期。

王炳江:《水书传承断层现象浅析——以榕江县水尾乡水盆村为例》,载潘朝霖、唐建荣《水书文化研究》,贵州民族出版社 2009 年版。

王嘉梅、文永华、李燕青等:《基于图像分割的古彝文字识别系统研究》,《云南民族大学学报》(自然科学版)2008 年第 1 期。

王治能:《论收集无文字少数民族口述档案》,《档案学研究》1997 年第 2 期。

韦述启:《访水书先生韦朝贤》,载贵州世居民族研究中心《贵州世居民族研究》(第 3 卷),贵州民族出版社 2006 年版。

夏吾李加:《藏文文献遗产保护机制的创新——以玉树地震灾区为例》,《西藏大学学报》(社会科学版)2012 年第 4 期。

谢蕴:《古籍保护中隐性知识转移影响因素分析》,《湖北函授大学学报》2018 年第 13 期。

徐晓光、龙泽江:《贵州"锦屏文书"的整理与研究》,《原生态民族文化学刊》2009 年第 1 期。

杨昌斌:《民族文献信息特征的新视角》,《农业图书情报学刊》2007 年第 11 期。

杨昌斌、欧阳佩瑾:《民族文化信息的载体特征与图书馆民族文献信息资源建设模式探析》,载中国图书馆学会《以人为本 服务创新》,北京图书馆出版社 2005 年版。

杨福泉:《论民族本土文化传人的培养——以纳西族的东巴为个案》,《云南民族大学学报》(哲学社会科学版)2005 年第 3 期。

杨福泉:《民族文化保护与传承新论》,《云南社会科学》2007 年第 6 期。

杨杰宏:《"非遗"语境下民族文献整理的路径思考及实践》,《云南民族大学学报》(哲学社会科学版)2013 年第 6 期。

杨雄英:《浅谈大理地方民族文献收集整理保护的创新与实践》,《大理文化》2005 年第 2 期。

尹虎彬:《口头传统史诗的内涵和特征》,《河南教育学院学报》(哲学社会科学版)2009 年第 3 期。

张邡:《论彝文古籍的收藏、抢救与保护》,《西南民族大学学报》

（人文社会科学版）2005 年第 9 期。

张美芳、秦佳心：《纳西东巴经数字化抢救过程中的技术保障措施的研究》，《档案学研究》2006 年第 5 期。

张民选：《隐性知识与隐性知识的显现可能》，《全球教育展望》2003 年第 8 期。

张应强：《清水江文书的收集、整理与研究刍议》，《原生态民族文化学刊》2013 年第 3 期。

［美］赵省华：《云南纳西东巴文化的再现》，甘雪春译，《云南社会科学》2000 年增刊。

赵世林：《论民族文化传承的本质》，《北京大学学报》（哲学社会科学版）2002 年第 3 期。

郑邦坤：《隐性知识信息组织研究》，《情报杂志》2004 年第 6 期。

郑荃、仝艳锋、罗茂斌：《试论云南少数民族文献遗产保护模式构建》，《档案学通讯》2009 年第 3 期。

朱崇先：《彝族古典文献的保护与开发利用》，《云南民族大学学报》（哲学社会科学版）2007 年第 6 期。

（二）著作

戴庆厦：《中国濒危语言个案研究》，民族出版社 2004 年版。

邓佑玲：《民族文化传承的危机与挑战——土家语濒危现象研究》，民族出版社 2006 年版。

邓章应：《西南少数民族原始文字的产生与发展》，人民出版社 2012 年版。

黄荣怀、郑兰琴：《隐性知识论》，湖南师范大学出版社 2007 年版。

［英］迈克尔·波兰尼：《个人知识：迈向后批判哲学》，许泽民译，贵州人民出版社 2000 年版。

潘朝霖、韦宗林：《中国水族文化研究》，贵州人民出版社 2004 年版。

石开忠：《侗族款组织及其变迁研究》，民族出版社 2009 年版。

仝艳锋：《民族档案文献遗产保护研究——以云南为例》，山东大学出版社 2013 年版。

闻曙明：《隐性知识显性化问题研究》，吉林人民出版社 2006 年版。

（三）学位论文

邓章应：《西南少数民族原始文字的产生与发展》，博士学位论文，华东师范大学，2007 年。

关鑫：《基于 SECI 模型的非物质文化遗产传播策略研究》，硕士学位论文，哈尔滨工业大学，2015 年。

刘秋芝：《口头表演与文化阐释——西北回族口头传统的"确认"与研究》，博士学位论文，西北民族大学，2010 年。

罗正副：《调适与演进：无文字民族文化传承——以布依族为个案的研究》，博士学位论文，厦门大学，2009 年。

罗正副：《无文字民族文化传承初探——以贵州省扁担山布依族文化社区为例》，硕士学位论文，贵州师范大学，2005 年。

麻三山：《隐藏在记忆里的文化符号——湘西苗族巴代文化研究》，博士学位论文，中央民族大学，2010 年。

孟莉秋：《基于 Wiki 的少数民族文化知识共享研究》，硕士学位论文，云南师范大学，2014 年。

文琴：《贵州锦屏苗侗地区"林契文书"的价值、生存危机及保护对策》，硕士学位论文，华中师范大学，2012 年。

杨亦花：《白地和志本东巴家祭祖仪式和祭祖经典研究》，硕士学位论文，西南大学，2010 年。

张艳花：《纳西东巴文经书中省略现象研究》，硕士学位论文，华东师范大学，2011 年。

周君：《少数民族文字的博物馆展示研究》，硕士学位论文，中央民族大学，2012 年。

后　记

　　本书的主体内容是在笔者主持的中国博士后科学基金第 53 批面上项目"民族文献遗产隐性信息保护研究"的研究报告基础上完善而成的。为了顺利完成民族文献遗产保护方面的研究工作，我在工作之余付出了比常人更多的时间和精力。徜徉在知识的海洋里，研究成果完成的快乐中平添了几份凝重感。回想自幼以来的求学历程，心中感慨万千，众多老师和亲人、朋友为我的成长付出了大量心血，才有了我现在的一点成绩。

　　虽然本书的大部分内容已经完成 6 年有余，但是最初接触民族文献遗产保护研究工作中的艰辛、困难和曲折以及对民族文献内容研究中的新发现所带来的喜悦仍然历历在目。在民族文献遗产保护研究过程中，我注意使用档案专业的信息管理方法来收集研究资料，以科学研究的角度来对待科研工作的每一步进展，及时总结经验、发现问题，充分将隐性信息、隐性知识的理论融合入民族文化、民族文献保护的研究工作中，在完成项目研究工作的同时也完成了本书的大致框架。

　　本书的完成得益于众多文化遗产系统同人的倾力协助，没有他们的通力协作，就没有民族文献的完整保存和本书的顺利写作。感谢在云南大学求学期间引导我进入民族文献遗产保护事业的恩师罗茂斌教授。自 2005 年追随他从事文化遗产保护科研工作以来，他为我科研能力的提升付出了大量的心血，倾注了数不尽的心血、精力。恩师教导我认认真真地读书、扎扎实实地做科研，注重结合自身优势，从每一处细节做起，悉心指导每一项科研项目，从论文、项目申请书写作中结构框架的宏观把握到细微之处的遣词造句，逐渐培养了我独立承担科研工作的能力。在论文、项目申请书的选题、论证、调研、写作、修改过程中，恩师在处理繁忙的日常事务的同时，经常给予建设性的指导。

感谢我的博士后合作导师崔大庸教授！自 2002 年跟随崔大庸教授从事田野考古和文物保护工作以来，先生严谨的工作原则、积极的工作态度、扎实的学术研究作风深深地激励着我，为我的个人成长和工作能力的提高提供了诸多珍贵的机遇。本人求学机遇的获得、科研能力的提升都得益于先生的大力提携。本研究的选题以及整体写作方向的把握均得益于先生的指导。自 2012 年从事博士后研究工作以来，总有各种学术问题想向先生请教，有各种工作、生活困惑想向先生寻求帮助，但每每念及先生各种事务繁忙而时刻为了文化遗产保护事业不停奔波，内心总有不忍。

在从事博士后研究工作及本书写作过程中，山东大学历史文化学院的各位领导和老师给予了多方面的支持。扈玉萍、杨杰老师在日常的博士后管理过程中提供了诸多便利。山东大学博士后管理办公室的朱文增、李新、毕于沛老师在博士后进站、项目申请、出站等日常管理过程中给予了细致的指导和极大的帮助。山东大学博物馆、考古系的各位老师对我的博士后研究工作给予了无私的帮助和指导。谨向各位领导和老师表示衷心的谢意！

感谢民族文献遗产实地调研、方案编写、数据分析、资料整理等工作过程中参与的各位同学，包括黄梅、张志军、和璇、乐淑芳、王娅、李忠峪、宋晓娅、翟彬偲、黄体杨、詹罗成等人，他们将民族文献遗产保护的理论知识贯彻到保护工作中，既加深了理论知识的学习，也培养了实践操作能力。正是有了他们的参与，才有了民族文献遗产保护专业技术人才的扩大培养和民族文化的持续传承。

在本书前期调研及写作中，云南大学公共管理学院的郑文、杨勇、华林、陈子丹、杨毅、张昌山、周铭、郑荃、吕榜珍、段丽波、王旭东、胡莹等众多前辈和老师都给予了细致的指导和极大的鼓励。云南大学历史与档案学院的李昆声教授、云南省博物馆的王海涛研究员、黄德荣研究员在开拓我的民族历史文化知识方面，给予了无私的帮助和指导。感谢西北大学文化遗产学院刘成老师给予我一如既往的全力支持。在此，谨向各位领导和老师表示衷心的谢意！

本书在调研工作和写作过程中，得到了云南省档案馆、云南省图书馆、云南省民族博物馆、云南省少数民族古籍整理出版规划办公室、云南省社会科学院丽江东巴文化研究院、昆明市档案馆、昆明市图书馆、丽江东巴文化博物院、丽江东巴文化传习所、楚雄彝族文化研究所、丽江图书馆、迪庆州藏学研究院等民族文献收藏管理机构的支持，在此致以诚挚的谢意！

感谢本书写作过程中文化遗产单位同人给予的多方面支持。感谢山东省文物局许鑫，山东博物馆李栋，山东省文物保护修复中心吴双成、徐军平、白广珍、蔡友振，山东省文物工程公司程留斌、张艳群、齐敏，山东省文物考古研究院韩辉、朱超，青岛博物馆项项，山东艺术学院艺术研究院刘剑对本书研究过程中的关心和积极配合。在此，谨向各位文化遗产专业人员表示衷心的谢意！

感谢我的工作单位山东艺术学院各级领导和同事对我从事文化遗产研究工作的支持，艺术管理学院、科研处等部门各位领导和老师的鼎力支持使我在从事教学、科研工作的同时顺利完成了文化遗产保护的社会服务工作。

感谢妻子的默默陪伴和不断的鼓励，感谢父母和岳父母对我教学科研、社会服务和生活倾尽心血的坚定支持。感谢所有曾经给予我关心和帮助的亲人和朋友。多年来，家庭、事业和学术科研工作都取得了显著的进展，离不开他们的一贯支持。谨以此书献给我年幼的女儿、儿子，希望他们在宽松、优越的学习环境下健康、活泼地成长。

感谢山东艺术学院科研成果出版基金、中国博士后科学基金第 53 批面上项目"民族文献遗产隐性信息保护研究"、教育部人文社会科学研究项目"非物质文化遗产隐性信息保护研究"、山东省社会科学规划研究项目"乡村振兴战略背景下山东文化遗产保护模式研究"对本研究工作的支持和资助。

感谢中国社会科学出版社任明编辑及其他各位编辑的辛勤工作，才使本书得以顺利面世。

感谢本书参考文献中已经具名和尚未署名的各位专家、学者以及热心于民族文化、民族文献研究、保护的各位文化遗产爱好者，得益于前辈们、朋友们的研究成果和努力工作，才有了我能够更进一步、更深一层的研究成果。他们先期从事民族文献遗产保护的工作成果为本研究提供了研究基础、研究资料、工作经验和创新的工作方法、学术思想。

为了这诸多感谢，我将继续在文化遗产保护事业的道路上努力探索，以自身的所学培养更多的文化遗产保护人才，以自身的经验为文化遗产保护工作提供更多的支持以回报国家和社会，为文化遗产保护事业继续努力工作。

由于本人水平有限，书中浅陋疏忽之处，敬请专家学者指正。

仝艳锋

2020 年 5 月